I contrari della pace

Narrazioni e linguaggio: analisi del reale e dell'immaginario

In copertina:

Michela Bernasconi, *Il bosco verticale* - dalla serie Metropolis, 2013.

IUSTITIAM COLIMUS

Lorena Forni

I contrari della pace

Narrazioni e linguaggio: analisi del reale e dell'immaginario

Giappichelli

VIA PO, 21 - TEL. 011-81.53.111

http://www.giappichelli.it

ISBN/EAN 979-12-211-2938-0
ISBN/EAN 979-12-211-5211-1 (ebook - pdf)

G. Giappichelli Editore

MARCHIO STORICO

Questo libro è stato stampato su carta certificata, riciclabile al 100%

Stampa: Rotolito S.p.A. - Pioltello (MI)

Ad Alma,
perché viva nella pace

Indice

pag.

Introduzione XIII

Sezione I
Elementi minimi di teoria del linguaggio

Capitolo 1
Teoria del linguaggio: una breve introduzione 3

1. Teoria minima del linguaggio 3
   1.1. La concezione essenzialistica del linguaggio 6
      1.1.1. Un'ulteriore teoria rispecchiativa del significato: il verificazionismo 7
      1.1.2. La concezione asimmetrica dei significati. Cenni al descrittivismo e all'emotivismo 9
   1.2. La svolta del prescrittivismo 10
2. Usi del linguaggio. Linguaggio in funzione descrittiva/linguaggio in funzione espressiva/linguaggio in funzione prescrittiva 12
3. Il linguaggio come costruzione culturale e struttura regolativa 14
   3.1. Il triangolo semiotico nella prospettiva convenzionalistica 16
4. Cenni ai problemi del linguaggio 18

Capitolo 2
Lo strumento definitorio, le definizioni persuasive e la *propaganda*

1. Definizione di "definizione" 23
2. Dalla statica alla dinamica della definizione nell'ottica nominalistico-analitica 27

pag.

3. Uso emotivo del linguaggio e definizioni persuasive 29
4. *Propaganda*: cos'è, a cosa serve e come viene usata 32
5. Le peculiarità del linguaggio di propaganda 35
6. La propaganda come strumento linguistico persuasivo ed efficace 38

Sezione II
Alcuni "contrari" della pace: terrorismo, guerra, pandemia

Capitolo 1
Un *contrario* della pace: la *guerra interna allo Stato*

1. Quali sono i contrari *della pace*? 45
1.1. L'esperienza terroristica della Brigate Rosse. La "guerra" interna allo Stato: un primo inquadramento 46
1.2. Punti di contatto e differenze tra *terrorismo* e *guerra* 49
2. Le Brigate Rosse: caratteri e peculiarità di un fenomeno italiano 56
2.1. Analisi del linguaggio brigatista relativo al sequestro di Aldo Moro. I fatti, brevemente 61
2.1.1. Il rapimento Moro: il comunicato n. 1, del 16 marzo 1978 62
2.1.2. I successivi comunicati: n. 2, del 25 marzo 1978 e n. 3, del 29 marzo 1978 64
2.1.3. Comunicati nn. 4, 5 e 6, del 4 aprile, 10 aprile e 15 aprile 1978 67
2.1.4. Il falso comunicato n. 7, del 18 aprile 1978 68
2.1.5. Il vero comunicato brigatista n. 7, del 20 aprile 1978 68
2.1.6. Il comunicato n. 8, del 24 aprile 1978 69
2.1.7. L'ultimo comunicato, n. 9, del 5 maggio 1978 70
3. La guerra delle Brigate Rosse e il linguaggio usato: alcune linee d'analisi 71
3.1. Una "rilettura kelseniana" dei comunicati delle Br 73
3.2. Insufficienza e criticità dell'autoqualificazione 74
3.3. *Grundnorm* e rivoluzione 82
4. Qualche osservazione a chiusura della rilettura kelseniana delle Br 84

Capitolo 2
La *guerra* tra Federazione russa ed Ucraina.
Un *contrario della pace* contemporaneo

1. La guerra tra Federazione russa ed Ucraina: quale vita si difende? 89

pag.

2. Due differenti ridefinizioni di "pacifismo" 91
   2.1. Pacifismo vitalista e pacifismo realista 94
3. La pace: una risorsa vantaggiosa 99
   3.1. Pace, diritto, diritti 101
4. Superare il più grave contrario della pace. Guerra, tra vita e libertà 104

Capitolo 3

Pandemia e guerra: due catastrofi e *due contrari* della pace

1. *Pandemia e guerra.* Brevi note introduttive 107
   1.1. "Guerra" e "pandemia": elementi comuni e sostanziali differenze 108
2. I discorsi *su* pandemia e guerra: una prima analisi 113
3. Contro il nemico invisibile. La pandemia e l'uso della metafora della guerra 117
4. Il linguaggio della guerra e la guerra come linguaggio 121
   4.1. Qualche esempio di *propaganda* nella guerra tra Federazione russa ed Ucraina 123
5. Il ruolo degli studiosi per promuovere la pace, oltre *pandemia* e *guerra* 127

Sezione III

I *contrari della pace* nella narrazione distopica

Capitolo 1

Linguaggio, potere e la ricerca della pace: una rilettura critica di *Fahrenheit 451*

1. Dalla realtà alla distopia. I *contrari della pace* nella narrazione letteraria: *Fahrenheit 451* e *1984* 135
2. Linguaggio e potere nel testo di Bradbury: un primo inquadramento 136
3. Leggere un testo letterario a partire dall'analisi del linguaggio: riflettere su distopia e propaganda 138
4. Il linguaggio del potere: la propaganda di *Fahrenheit 451* 140
   4.1. La specificità del linguaggio della propaganda in *Fahrenheit 451* 143
   4.2. Propaganda e credenze ideologiche fallaci in *Fahrenheit 451* 146
5. Perché (non) ci accorgiamo della linea sottile che separa la nostra realtà dalla realtà della narrazione distopica 149
   5.1. Il potere del linguaggio: un ponte verso la pace 151
6. Guerra, pace e linguaggio. Alcune considerazioni conclusive 154

pag.

Capitolo 2

1984. Il *contrario della pace* immaginato da George Orwell

1. Il linguaggio perfetto per demolire la pace 157
2. Distopia e assenza di libertà in *1984* 161
   2.1. La propaganda *positiva* e *negativa* in *1984* 163
   2.2. Cosa rende la propaganda in *1984* uno strumento potente? 165
3. La guerra invisibile di *1984* 166
4. La *guerra* tra reale e immaginario 168

Capitolo 3

Cosa resta della *pace*

1. Il linguaggio della pace … 171
   1.1. … è un linguaggio retorico? 174
2. La pace come linguaggio 179
   2.1. Alcune considerazioni al termine di questo percorso 182

Postilla 187

Introduzione

Il presente volume è il risultato di un approfondimento tematico proposto nell'ambito di *Bbetween Sustainability*, un insieme di percorsi formativi promossi dall'Università degli Studi di Milano-Bicocca che, a partire da differenti aree scientifico-disciplinari, hanno la comune finalità di contribuire alla riflessione e alla diffusione di saperi orientati alla sostenibilità [1], secondo gli obiettivi individuati nell'Agenda ONU 2030 [2].

Questo lavoro è la sintesi di quanto presentato nel corso *Il linguaggio della pace e la pace come linguaggio* [3], che ha offerto contenuti in linea con alcuni Goals dell'Agenda ONU 2030, per «promuovere società pacifiche e più inclusive per uno sviluppo sostenibile» (Goal 16).

I temi discussi sono infatti coerenti col Goal 4.1, volto a promuovere l'istruzione di qualità, e col Goal 4.7, per fornire una «[…] istruzione primaria e secondaria libera, equa e di qualità che porti a rilevanti ed efficaci risultati di apprendimento» e per garantire che «tutti i discenti acquisiscano le conoscenze e le competenze necessarie per promuovere lo sviluppo sostenibile attraverso, tra l'altro, [...]i diritti umani, l'uguaglianza di genere, la promozione di una cultura di pace e di non violenza, la cittadinanza globale e la valorizzazione della diversità culturale […]».

Ragionare su *I contrari della pace* ha significato prendere in rassegna non solo e non tanto i più rilevanti contributi teorico-giuridici o filosofico-giuridici sui concetti di "guerra" e di "pace"; bensì dotare, primariamente, l'uditorio di alcuni strumenti analitico-linguistici, per affrontare poi temi specifici di rilevanza teorico-giuridica, a volte suggeriti dalla complessità degli accadimenti che hanno segnato i nostri vissuti, anche recenti, a volte individuati in percorsi

---

[1] Per un approfondimento, si rinvia ai contenuti presenti al seguente indirizzo: https://www.unimib.it/bbetween/sustainability.

[2] La descrizione analitica dei differenti obiettivi è presente al seguente indirizzo: https://unric.org/it/agenda-2030/.

[3] Il modulo è accessibile a questo indirizzo: https://elearning.unimib.it/enrol/index.php?id=47818.

letterari, che aiutino a comprendere la densità semantica sottesa alle principali nozioni esaminate.

Il percorso è suddiviso in tre Sezioni. Nella prima si sono proposti gli elementi minimi di teoria del linguaggio e della definizione, con un approfondimento sull'uso emotivo-manipolativo delle definizioni persuasive e del linguaggio di propaganda.

Nella Sezione II, invece, sono stati trattati solo alcuni "contrari" della pace. Nel merito, si è portata attenzione alla guerra dentro lo Stato, nell'esperienza italiana del terrorismo brigatista. È stata inoltre effettuata un'analisi di alcuni profili tematici rilevanti nel conflitto tra Federazione Russa ed Ucraina. Si sono poi criticamente discussi *pandemia* e *guerra*, come termini che rinviano a due differenti situazioni catastrofiche e capaci di mettere a repentaglio "la pace".

La scelta di questi specifici argomenti ha consentito di offrire, specialmente (ma non esclusivamente) ad un pubblico giovane, uno sguardo sul nostro (recente) passato, che pur in un contesto democratico e repubblicano, è stato segnato da gravi conflitti e da un diffuso clima di guerra. Si è inoltre portata attenzione, in modo più consapevole, ad alcuni temi, di rilevanza filosofico e teorico-giuridica, sollevati sia dal più recente conflitto bellico nel cuore dell'Europa, sia dalla situazione pandemica, eventi che hanno connotato questi ultimi anni.

Nella Sezione III, infine, si sono utilizzati strumenti della teoria generale del diritto per analizzare testi e linguaggi letterari con nuove modalità, per comprendere la fertilità di certi contribuiti teorici, utilizzati per "rileggere" accadimenti (reali) e narrazioni (immaginarie).

Denominatore comune ad ogni Sezione è l'attenzione al linguaggio, inteso come insieme di segni e suoni aventi un significato, dai cui differenti usi possono derivare altrettanti diversi scenari, presenti e futuri, di pace o dei suoi contrari.

A partire dai contenuti dei testi esaminati, il percorso ha portato attenzione alle funzioni dei linguaggi in essi usati, di quello di propaganda o retorico in particolare, per comprendere, ad esempio, cosa c'è in comune tra la finzione distopica (in cui la pace non c'è) e la realtà in cui noi viviamo; oppure, per discutere criticamente alcuni significati di "guerra", così come sono stati usati nei decenni scorsi e nel nostro presente (dalla guerra dentro e contro lo Stato delle Br, alla pandemia e ai conflitti in atto, ad esempio).

La finalità di questo lavoro è incoraggiare l'uditorio ad una maggiore consapevolezza sulle molte "guerre" contemporanee e sulle peculiarità dei linguaggi con cui sono proposte o con cui se ne parla, per poter infine ragionare, in modo razionale e argomentato, sul nostro presente e, auspicabilmente, imparare ad usare un linguaggio di pace [4], per un migliore e più sostenibile futuro [5].

[4] A. Vischi (a cura di), *Global Compact on Education. La pace come cammino di speranza, dialogo, riconciliazione e conversione ecologica*, Pensa Multimedia Editore S.r.l., Lecce-Rovato (BS), 2020.

[5] E. Giovannini, *L'Utopia sostenibile*, Laterza, Roma-Bari, 2018. M. Séïde, *Per Una Pace Sostenibile. Educare Secondo Un Approccio Sistemico*, in *Rivista di scienze dell'educazione*, n. 1, 2023, pp. 86-105.

Sezione I

Elementi minimi di teoria del linguaggio

Capitolo 1
Teoria del linguaggio: una breve introduzione

1. Teoria minima del linguaggio

In questo lavoro porteremo attenzione alla dimensione linguistica, attraverso gli strumenti elaborati dalla riflessione teorico-giuridica di tipo analitico, per ragionare su alcuni *contrari della pace*, vale a dire ci occuperemo di discorsi e analisi impiegati per prospettare, discutere ed approfondire le (molte) accezioni che, in differenti contesti, reali o letterari, assume il concetto di *guerra* (vedi *infra*, Sezione II e Sezione III).

Avremo modo di comprendere quanto siano importanti i termini che scegliamo, quando vogliamo confrontarci con concetti densi e complessi, come quelli sottesi a questo percorso, "guerra e pace", prima di tutto, e come possiamo usarli, per giungere a diversi risultati o per ottenere differenti scopi, nei confronti dei nostri interlocutori e/o rispetto al nostro uditorio (riguardo all'uso strumentale o manipolativo del linguaggio, vedi *infra*, cap. 2 di questa Sezione e, in particolare, l'intera Sezione III).

Prima di entrare nel merito di alcuni profili specifici che riguardano *il linguaggio della pace e la pace come linguaggio*, dobbiamo tuttavia chiarire cosa intendiamo quando usiamo il termine "linguaggio".

In via preliminare e provvisoria, definiamo *linguaggio* ogni combinazione di segni/suoni aventi un *significato* [1]. Nella nostra esperienza quotidiana, abbiamo imparato ad utilizzare un tipo specifico di linguaggio, vale a dire il *linguaggio verbale*, che è un insieme di *parole* aventi un significato [2].

---

[1] M. Dummett, *The Seas of Language*, Oxford University Press, Oxford, 1993, p. 186. R. Simone, *Fondamenti di linguistica*, 2ª ed., Laterza, Bari, 1992, pp. 31 ss. Sul tema, si rinvia, all'interno della ricchissima bibliografia, internazionale e nazionale di riferimento, a U. Eco, *Trattato di semiotica generale*, La Nave di Teseo, Milano, 2016; Id., *Dall'albero al labirinto: studi storici sul segno e l'interpretazione*, La Nave di Teseo, Milano, 2017.

[2] Riproponiamo in questa sede, pur con alcuni intervenenti e revisioni, una parte del lavoro

Già nella prima definizione generale di linguaggio, abbiamo introdotto la nozione di *segno* [3].

Segno può essere definito *ogni elemento che sta per*, che rappresenta *qualcos'altro*. A è segno di B se A sta per /rappresenta B.

Le orme lasciate da un individuo sulla sabbia sono *segno* di un passaggio umano in un certo luogo; il fumo che si origina dalla legna che arde è *segno* che è stato acceso un fuoco; la pozzanghera che vediamo per terra è *segno* della pioggia caduta; le note di uno spartito sono *segno* di un'avvenuta composizione musicale, una mano alzata in aula è *segno* che uno studente sta chiedendo la parola.

Da questo primo elenco di esempi di ciò che è segno di qualcosa, possiamo distinguere tra due diversi tipi di segni.

Sono *segni naturali* quegli elementi che, rispetto a ciò per cui stanno, hanno un legame che *non* dipende dalla volontà degli uomini [4]. Se pensiamo ad una pozzanghera, ad esempio, essa è segno *naturale* che, poco prima, ha piovuto. Rappresenta un segno di un fenomeno/evento che non dipende dalla nostra volontà [5].

Sono *segni artificiali, o simboli*, invece, quei segni la cui origine e manifestazione dipendono dal fatto che sono il prodotto della volontà dei consociati. Essi hanno con le cose di cui sono segno un rapporto che dipende esclusivamente dalla volontà umana [6].

I cartelli stradali sono segni artificiali creati dagli uomini, così come le note necessarie per comporre una partitura sono simboli utilizzati nel campo musicale. Ciò per cui stanno (sia nel caso delle indicazioni stradali, sia nel caso dell'altezza e della durata dei suoni) è frutto di una *convenzione*, istituita dagli uomini. Ciò a cui rimandano avrebbe potuto essere determinato con l'introduzione di segni artificiali differenti (e, in linea di principio, nulla vieta che ciò possa verificarsi).

Il nostro linguaggio, il linguaggio verbale, è composto da segni. Ma di quali segni si tratta: naturali o artificiali? Insomma: le *parole* che utilizziamo sono simboli oppure no?

Le parole sono segni artificiali, vale a dire "simboli" [7]. Le parole di ogni lingua, francese, inglese, italiano, tedesco, etc. sono il frutto di patti, a volte

---

di L. Forni, *Il diritto e i suoi strumenti. Un percorso di teoria generale*, Giappichelli, Torino, 2021, in particolare pp. 13-44.

[3] U. Eco, *Semiotica e filosofia del linguaggio*, Einaudi, Torino, 1997, pp. 5 ss.

[4] U. Eco, *Semiotica e filosofia del linguaggio*, cit., pp. 30 ss.

[5] U. Eco, *Segno e inferenza*, Einaudi, Torino, 1997, pp. 3-4.

[6] U. Eco, *Semiotica e filosofia del linguaggio*, cit., pp. 40 ss.

[7] *Ibidem*.

espliciti, a volte taciti, stabiliti entro la comunità dei parlanti, volti a individuare significati convenzionali, per rispondere a bisogni comunicativi degli utenti [8].

La lingua italiana, come quella inglese, etc., è una particolare forma di linguaggio, in cui, ad una ulteriore analisi, si evidenziano precisi rapporti tra i diversi elementi che la compongono. In particolare, se si presta attenzione alla specifica combinazione di segni/suoni aventi un significato possiamo rilevare che vi possono essere relazioni differenti tra i suoni emessi (fonemi) e la loro traduzione in segni scritti (grafemi) [9].

A seconda della corrispondenza tra i suoni emessi nel parlato (fonemi) e la loro traduzione in segni grafici (grafemi), si hanno due diversi tipi di lingua-linguaggio.

Se la corrispondenza è *totale, tra parlato e scritto* (o pressoché totale), si parla di linguaggi (meglio, di lingue) *trasparenti* [10]. Se, invece, come accade nella maggior parte dei casi, non vi è tale corrispondenza, o la corrispondenza è molto limitata, si parla di *linguaggi opachi* (lingue *opache*) [11].

Pertanto, la complessa relazione tra segni e suoni può dare luogo a lingue di tipo *trasparente*, come l'italiano, oppure può dare luogo a lingue di tipo *opaco*, come l'inglese o il tedesco.

Ad ogni modo, le diverse lingue che oggi sono parlate sulla Terra sono senz'altro da intendersi come lingue frutto di accordi, di patti, stabilite sulla base di regole condivise e poste dagli stessi utenti. Appare pertanto controintuitivo affermare che le parole di cui quotidianamente facciamo uso siano segni naturali. Termini come personal computer, blog, treno, archivio, mensa, università, etc. sono frutto di convenzioni linguistiche, istituite nella comunità di parlanti la lingua italiana, in un certo periodo storico. Nessuno, attualmente, di primo acchito, dubiterebbe dell'origine convenzionale dei termini del linguaggio, e del loro essere, dunque, simboli.

Va tuttavia ricordato che ciò che oggi appare banale e scontato non lo è sempre stato e che, soprattutto per quanto riguarda un certo modo di intendere il diritto, sono state proposte altre teorie in riferimento al linguaggio.

---

[8] U. Eco, *Segno e inferenza*, cit., pp. 5 ss.

[9] U. Eco, *Segno e inferenza*, cit., pp. 8-9.

[10] T. Chiappelli, C. Manetti, A. Pona, *La valorizzazione dell'intercultura e del plurilinguismo a scuola sperimentando la varietà attraverso lingue, linguaggi, scritture*, Saperi Aperti, ed. Pistoia, 2015, pp. 80 ss.

[11] *Ibidem*.

1.1. La concezione essenzialistica del linguaggio

Nello studio della teoria del linguaggio, è importante conoscere alcune tra le più importanti teorizzazioni che sono state elaborate. La prima teoria che prendiamo in esame è l'*essenzialismo* [12].

La tradizione filosofica essenzialistica [13] propone una concezione del linguaggio di derivazione neoplatonica, che asserisce l'esistenza di un piano ulteriore di realtà, che sovrasta la realtà sensibile, indagando il quale si possono trovare già pronti, tutti lì presenti, i significati delle parole che utilizziamo [14].

In questa misteriosa realtà meta-empirica, vi sarebbero le proprietà distintive, essenziali, definite appunto *essenze*, di tutti gli enti, linguistici e non, della realtà sensibile. Vi si trova, dunque, non solo l'*essenza* di "cavallo", o "uomo", o "bicicletta". Nel piano superiore di realtà vi sarebbero anche le essenze di "diritto", di "proprietà", o di "testamento". Le parole non sono frutto della volontà e dell'esperienza degli uomini, ma sarebbero, al pari degli alberi, dei cavalli, etc., una sorta di enti. Le parole sarebbero "enti particolarissimi", *enti linguistici* rispetto ai quali, per coglierne il significato, non bisogna far altro che porre in corrispondenza l'ente-parola che stiamo esaminando con la sua essenza. Dal piano della realtà, pertanto, bisogna compiere un salto, operando con i potenti mezzi della mente umana – *intuizione* e *deduzione* – e indagare la realtà ultrasensibile che ci sovrasta per cogliere l'essenza (cioè il significato) dell'ente-parola in oggetto. Questa teoria stabilisce che vi sia un *rapporto rispecchiativo* e una *relazione naturale* tra i significati e le parole a cui corrispondono [15]. Le parole, affinché abbiano significato, devono essere messe in relazione (rispecchiare) solo con la loro precisa essenza. La relazione che unisce gli enti-parole e le loro essenze prescinde dalla volontà dei consociati; quelli delle parole sarebbero cioè significati perennemente presenti, non suscettibili di cambiamento. Cogliendo l'essenza in ogni suo aspetto, si potrà cogliere il significato *vero* della parola che stiamo esaminando. Al contrario, allontanandosi da – o cogliendo solo parzialmente – gli aspetti essenziali della parola, si incorrerà in un significato *falso*. È proposta dunque una teoria del significato dei termini secondo cui il significato delle parole può essere solo *vero o falso*,

---

[12] C.S. Nino, *Introduzione all'analisi del diritto*, Giappichelli, Torino, 1996, pp. 220 ss.

[13] Per una ricostruzione sintetica, ma esaustiva, delle radici lontane e della grande influenza della filosofia essenzialistica, sia riguardo al linguaggio, sia riguardo alla costruzione della conoscenza in generale, R. Baratella, M. Scarpati, *Essenzialismo e proprietà essenziali*, in *APhEx, Giornale di Filosofia, Periodico On-line*, consultabile al seguente indirizzo: https://www.openstarts.units.it/bitstream/10077/30169/1/APhEx_19_2019_Baratella_Scarpati.pdf.

[14] U. Eco, *Semiotica e filosofia del linguaggio*, Einaudi, Torino, 2005, pp. 33 ss.

[15] U. Eco, *Segno e inferenza*, cit., pp. 35-36.

a seconda che si siano colte (o meno) le caratteristiche essenziali del termine considerato.

Gli esponenti dell'essenzialismo concettuale, tra cui possono essere annoverati anche alcune scuole di giuristi, accordano preferenza all'analisi etimologica dei termini, ritenendola lo strumento più adeguato per determinare il "vero" significato delle parole. Se l'indagine etimologica è sicuramente uno studio importante per far luce sui procedimenti di formazione delle espressioni linguistiche, va tuttavia sottolineato che tale operazione risulta adeguata per comprendere i significati che hanno inteso affermare coloro che hanno coniato la parola ma che, soprattutto per i termini del linguaggio ordinario di cui fa largo uso il linguaggio del diritto, sarebbe ingenuo ritenere che tali significati restino immutati nel tempo, e che non siano suscettibili di innovazioni o cambiamenti negli usi futuri [16].

1.1.1. Un'ulteriore teoria rispecchiativa del significato: il verificazionismo

La concezione secondo la quale tra il significato delle parole (e degli enunciati) e la realtà vi è un rapporto rispecchiativo non è stata proposta, in realtà, solo dagli esponenti dell'essenzialismo.

Superata (anche se non scomparsa) la teorizzazione metafisica di piani trascendenti la realtà, si è radicata l'idea che, per essere dotati di significato, termini ed enunciati devono sì trovare un riferimento nella realtà, ma nel senso che devono essere sottoposti ad un controllo, che consenta di operare una verifica di tipo logico o di tipo empirico tra ciò che esiste e il termine che si sta utilizzando.

Il *verificazionismo* è una teoria [17] che afferma che i segni, per essere dotati di significato, devono essere posti in corrispondenza con la realtà. Tale corrispondenza (o collegamento rispecchiativo) può essere di due tipi. Un primo tipo riguarda la corrispondenza con i fatti del mondo di tipo empirico; un secondo tipo, si riferisce alla corrispondenza di tipo logico.

Un esempio del primo tipo può essere: "L'acqua bolle a 100°". Tale proposizione consente di sottoporre a verifica empirica quanto asserito. Ne consegue che tale proposizione potrà essere qualificata come *vera* o *falsa*.

Un esempio del secondo tipo può essere: "il triangolo è una figura geometrica composta da tre lati e tre angoli". Anche tale asserzione può essere qualificata come vera o falsa. Essa differisce dalla prima per il fatto che non vi è

---

[16] C.S. Nino, *Introduzione all'analisi del diritto*, cit., pp. 222-223.

[17] Per una definizione approfondita e per ulteriori profili del verificazionismo, si rinvia a J.C. Misa, *Il verificazionismo. Protagonisti, problemi, teorie*, Armando Editore, Roma, 2000, pp. 7 ss.

bisogno di una verifica empirica di quanto asserito, ma ci si può limitare ad una verifica della correttezza di applicazione delle regole logiche necessarie per impiegare il concetto di "triangolo".

Nel primo caso si tratta di una *verità empirica*, vale a dire predicabile delle proposizioni che possono essere messe in corrispondenza con i fatti del mondo; nel secondo caso si tratta di una *verità logica*, vale a dire riguardante proposizioni correttamente prodotte rispettando regole (logiche) di formazione e di trasformazione. Nel primo caso l'ambito di significanza è *empiricamente vero (verità come corrispondenza)*; nel secondo caso l'ambito di significanza è *logicamente vero (verità come coerenza)*.

Per questa teoria dotati di significato sono solo e soltanto i discorsi di cui può essere predicata o la verità logica, o la verità empirica, e quindi sono *veri significati* tutti e soli i discorsi che possono essere qualificati come veri o falsi, appunto. Questa impostazione ha avuto, come conseguenza, che i discorsi prescrittivi, dell'*etica*, sono stati considerati in modo marginale e i contenuti normativi del diritto sono stati ritenuti poco rilevanti, perché sottratti al criterio di verificazione.

Se, infatti, col termine "etica" facciamo rientrare tutti i discorsi che hanno la funzione non di descrivere la realtà, ma di orientare il comportamento dei consociati [18], a diverso titolo (regole morali, sociali e anche e soprattutto regole giuridiche), non possiamo trovare enunciati che informino su certi stati di cose, bensì troveremo enunciati che spingono a far fare, che condizionano le nostre scelte e le nostre condotte, e che potremo valutare come giusti o ingiusti, come adeguati o inadeguati, come validi o invalidi, ma che non potremo ritenere veri o falsi.

Sono discorsi afferenti in senso lato all'etica quelli che riguardano le morali particolari (religiose e non religiose), i costumi e le regole sociali e, naturalmente, il *diritto*.

Chiediamoci, a questo punto, se i discorsi di cui si compongono questi settori importanti della nostra vita possono essere qualificati come veri o falsi.

La proposizione (prescrittiva) "Lavati le mani prima di sederti a tavola!" potremmo qualificarla come giusta o ingiusta (se riteniamo di avere le mani linde e immacolate prima del pranzo!), appropriata o inappropriata, ma non potremmo qualificarla come vera o falsa.

"I buoni fedeli devono confessarsi almeno una volta l'anno, e comunicarsi almeno a Pasqua" è un altro esempio di proposizione (prescrittiva) che è suscettibile di essere qualificata come valida o invalida (a seconda che si aderi-

---

[18] Si rinvia alla definizione lessicale di "etica" presente, ad esempio, al seguente indirizzo: https://www.treccani.it/enciclopedia/etica_%28Enciclopedia-dei-ragazzi%29/.

sca o meno al credo cattolico romano), come buona o cattiva, ma perde significato ogni tentativo di qualificarla come vera o falsa.

"È vietato fumare nei luoghi pubblici o aperti al pubblico" è un ulteriore esempio di proposizione prescrittiva (di tipo giuridico) rispetto alla quale possiamo interrogarci sulla efficacia o inefficacia di tale asserzione, non sulla sua verità o falsità.

Nel tentativo di mettere in luce l'illusoria e apparente significanza dei discorsi della metafisica, che sono sottratti ad ogni tipo di controllo logico/empirico, si è elevato il criterio di verificazione ad unico criterio sulla base del quale attribuire senso alle proposizioni, con la grave conseguenza di tagliar fuori dall'ambito dei discorsi dotati di significato i discorsi dell'etica in generale, e del diritto in particolare [19].

1.1.2. La concezione asimmetrica dei significati. Cenni al descrittivismo e all'emotivismo

Sul versante delle teorie del linguaggio di chiara impronta verificazionista, possiamo menzionare il *descrittivismo* [20] che, facendo proprie le premesse legate alla prevalenza accordata al criterio di verificazione, asserisce una *teoria asimmetrica dei significati*.

Secondo tale costruzione teorica, dotati di significato sono soltanto i discorsi con *funzione descrittiva*, vale a dire i discorsi (e i linguaggi) propri delle scienze, che si limitano a rendere conto di quanto accade nella realtà [21]. Anche se non si arriva ad affermare che gli utenti usano (e dovrebbero usare) solo discorsi in funzione descrittiva, poiché permane la consapevolezza che i discorsi dell'etica e del diritto sono utilizzati nelle comunità dei parlanti, i fautori del descrittivismo li relegano, tuttavia, al piano di discorsi inferiori, perché non suscettibili di poter essere qualificati come veri o falsi, e pertanto non dotati di significato.

---

[19] Per approfondire: A.M. Campanale, *Razionalità scientifica e razionalità giuridica*, Giappichelli, Torino, 2005. D. Marconi, *Residui di verificazionismo*, in *Paradigmi: rivista di critica filosofica*, 2008, pp. 1000-1014.

[20] Á. Barrere Unzueta, *Monismo metodológico y dualismo analítico, teórico y semiótico en la Filosofía del Derecho*, in *Theoria: An International Journal for Theory, History and Foundations of Science*, 1988, pp. 163-176. G. Palombella, *Si possono conoscere i valori nel diritto? Per un modello epistemologico e pratico*, in *Rivista critica del diritto privato*, n. 16, 1998, pp. 7-26. Per una critica sul punto, M. Barberis, *Lo spazio della teoria. Tre passaggi problematici nell'opera di Vittorio Villa*, in *Diritto e questioni pubbliche*, XVII, 2017, pp. 233-245.

[21] Un approfondimento su questo tema è offerto da A. Iacona, E. Paganini (a cura di), *Filosofia del linguaggio*, con contributi di P. Casalegno, P. Frascolla, A. Iacona, E. Paganini, M. Santambrogio, Milano, Cortina, 2003, in particolare pp. 151-200.

Nell'evoluzione della riflessione linguistica in merito al linguaggio giuridico, intorno gli anni Quaranta del secolo scorso, un autore, J.A. Ayer, esponente *dell'emotivismo*[22], a muovere dal disfavore accordato dalla comunità scientifica e filosofica tanto alla metafisica, quanto agli ambiti della prescrittività, era arrivato a sostenere che le proposizioni prescrittive, e quelle del diritto in particolare, non fossero altro che "un pugno battuto sul tavolo". Attraverso gli enunciati prescrittivi si vorrebbe suscitare un particolare stato d'animo, una particolare condizione emotiva nei destinatari, tanto da riuscire a modificarne l'atteggiamento. Tale scopo lo si otterrebbe dunque con una forma meno brutale e violenta di "un pugno"; si è cambiata la modalità con cui orientare il comportamento del destinatario del messaggio, ma il risultato non è affatto diverso da un'azione più diretta e incisiva, come percuotere un tavolo. Il diritto sarebbe un ambito di discorso che ha dunque più affinità con i sentimenti dei consociati, che con i discorsi che possano essere qualificati come pienamente dotati di significato.

1.2. La svolta del prescrittivismo

È a partire dagli anni Cinquanta del Novecento che Hare[23], nell'ambiente anglosassone, e Uberto Scarpelli[24], nel contesto italiano, danno vita alla *svolta del prescrittivismo* e, con essa, contribuiscono al superamento dell'idea che i discorsi del diritto e sul diritto non siano pienamente dotati di senso.

Secondo tale concezione, negli enunciati prescrittivi, come in quelli descrittivi dotati di significato, può essere individuato un elemento (frastico) che contiene il riferimento (attuale o potenziale) ad un certo stato di cose del mondo, ad un'azione o una serie di azioni, che può essere sottoposta a controllo logico o empirico. Negli enunciati è presente un altro elemento (neustico), che evidenzia la diversa funzione (descrittiva o prescrittiva) in essi contenuta.

Se dunque la diversità di funzione è espressa dal *neustico (indicatore di funzione)*, l'attribuzione di *senso* all'enunciato dipende dalla presenza del *frastico*.

Dotati di significato sono tutti e soli gli enunciati che, pur presentato diffe-

[22] J.A. Ayer, *Language, Truth and Logic*, V. Gollancz, London, 1946, trad. it. *Linguaggio, verità e logica*, Feltrinelli, Milano, 1961, pp. 136-137.

[23] R.M. Hare, *The language of Morals*, Oxford University Press, Oxford, 1952, trad. it. *Il linguaggio della morale*, Astrolabio, Roma, 1952.

[24] U. Scarpelli, *Contributo alla semantica del linguaggio normativo*, Memorie dell'Accademia delle Scienze di Torino, Torino, 1959, poi ripubblicato in A. Pintore (a cura di), *Contributo alla semantica del linguaggio normativo*, Giuffrè, Milano, 1985.

renti neustici, sono tutti dotati di frastico. Sono pertanto privi di significato tutti gli enunciati, qualunque ne sia la funzione, incapaci di fare riferimento ad una situazione o ad un'azione (nel mondo empirico), per descriverla piuttosto che per qualificarla prescrittivamente come obbligatoria, vietata, lecita, giusta, immorale.

Proponiamo di seguito alcuni esempi.

1. "L'assoluto è verde"
2. "Pietro, rendi l'assoluto verde!"

Nell'esempio n. 1, siamo in presenza di un enunciato in funzione descrittiva. Tuttavia, ad un'analisi più attenta, dobbiamo domandarci se sia dotato o meno di *frastico*. "Assoluto" è un termine rispetto al quale non è possibile stabilire alcun riferimento, né attuale, né potenziale, con la realtà, né con elementi sottoponibili al controllo intersoggettivo. Nonostante il neustico ci dica che la funzione dell'enunciato è quella di informarci su un certo stato di cose della realtà (*neustico descrittivo*: la proprietà di essere *verde* di *assoluto*), non è possibile stabilire alcun riferimento tra la realtà e l'"assoluto". Dobbiamo concludere che l'enunciato è privo di frastico, e, pertanto, è privo di significato.

Nell'esempio n. 2, possono valere alcune delle considerazioni appena svolte, con la precisazione che la funzione dell'enunciato è prescrittiva: si chiede, infatti, a Pietro, di modificare il proprio atteggiamento e di rendere verde "l'assoluto". Anche in questo caso, tuttavia, non è possibile fare rifermento ad un'azione o a classi d'azioni che possano rendere verde ciò che è chiamato "assoluto", che resta pertanto un *flatus vocis*, un termine che esprime un suono, ma che non ha alcun riferimento con la realtà oggettiva.

1. "La porta è chiusa"
2. "Pietro, chiudi la porta!"

L'esempio n. 3, invece, è un enunciato descrittivo dotato di significato. Il neustico ci informa su un certo stato di cose (lo stato della porta, che è chiusa), ed è possibile stabilire un riferimento, attuale o potenziale, con lo stato di cose in esso contenuto. Tale enunciato è dotato di frastico: potremo cioè verificare se le cose stanno in effetti come ci è stato detto, oppure stabilire che l'affermazione "la porta è chiusa" sia, in realtà, falsa.

L'esempio n. 4, infine, si riferisce ad un enunciato dotato di un neustico in funzione prescrittiva. Si vuole che Pietro vada a chiudere la porta. Anche in questo caso, l'azione di chiudere la porta è un'azione che può essere individuata nel mondo e può essere qualificata come opportuna, inopportuna, etc.

Attraverso l'individuazione del frastico e grazie all'analisi del linguaggio, è stata riconosciuta, anche in relazione al linguaggio prescrittivo, l'importanza del riferimento a stati di cose del mondo o ad azioni almeno astrattamente concepibili. In tal modo, una volta riguadagnato il piano del pieno significato da parte dei discorsi in funzione prescrittiva, è superata l'asimmetria tra linguaggio descrittivo e prescrittivo teorizzata del descrittivismo. Grazie alla svolta del prescrittivismo, sono state poste, a livello di teoria del linguaggio, le premesse per la considerazione del linguaggio in funzione prescrittiva come ambito di argomentazione razionale.

2. Usi del linguaggio. Linguaggio in funzione descrittiva/linguaggio in funzione espressiva/linguaggio in funzione prescrittiva

Del linguaggio si possono fare usi diversi [25]. I principali che possiamo richiamare sono l'uso informativo, espressivo, operativo/performativo e prescrittivo [26].

L'uso informativo è impiegato quando si dà conto di un certo stato di cose della realtà, ha una finalità descrittiva, comunicativa, ma anche, talora esplicativa o predittiva; l'uso espressivo è utilizzato per suscitare nel destinatario della comunicazione un certo stato d'animo, si vuol far sentire una qualche emozione, si vogliono provocare certi sentimenti (come avviene quando si legge o si recita una poesia, si ascolta un brano musicale, si osserva un'opera d'arte pittorica o scultorea, etc.). L'uso performativo/operativo è volto a "fare cose con parole": nel momento in cui si pronunciano certi termini, si produce in quell'istante l'effetto dichiarato. Ad esempio, quando si dice: "Ti battezzo Maria Paola", nel momento stesso in cui si pronunciano queste parole, si produce l'effetto dell'essere battezzati e di ricevere un certo nome; lo stesso vale per il varo di una nave: di solito accompagnato da una bottiglia di champagne o altro vino pregiato, infranta contro la prua, il rito del varo della nave si completa pronunciando certe parole, come ad esempio: "Da oggi tu sarai la nave Queen Mary". L'uso performativo lo si ritrova anche nel mondo giuridico, in particolari circostanze, quando ad esempio si compiono cerimonie che modificano lo *status*, come nel caso di un pubblico ufficiale che celebri le nozze con rito civile, nel momento in cui dica ai nubendi: "Secondo gli articoli 143 e ss. del Codice civile, vi dichiaro marito e moglie".

Infine, vi è l'uso prescrittivo, che è l'uso tipico dei contesti che guidano, orientano, condizionano i comportamenti dei consociati.

---

[25] L. Forni, *Il diritto e i suoi strumenti*, cit., pp. 25 ss.

[26] C.S. Nino, *Introduzione all'analisi del diritto*, cit., pp. 220 ss.

Diamo ora conto di tre funzioni fondamentali del linguaggio: la funzione descrittiva, quella espressiva e quella prescrittiva[27].

Queste tre funzioni danno origine a tre tipi di linguaggi ben differenziati (anche se non sempre li troviamo usati, nella realtà, allo stato puro), il linguaggio scientifico, il linguaggio poetico, il linguaggio normativo. A noi interessa in modo particolare la funzione prescrittiva: un insieme di leggi e di regolamenti, un codice, una costituzione, costituiscono esempi tra i più interessanti di linguaggio normativo, così come un trattato di fisica o di biologia costituiscono esempi caratteristici di linguaggio scientifico, e un poema o un canzoniere costituiscono esempi rappresentativi di linguaggio poetico. Gli esempi hanno reso già evidente la distinzione. Senza la pretesa di dare definizioni rigorose ed esaurienti, ci basti qui dire che la funzione descrittiva, propria del linguaggio scientifico, consiste nel dare informazioni, nel comunicare ad altri certe notizie, nella trasmissione del sapere, insomma nel far conoscere; la funzione espressiva, propria del linguaggio poetico-artistico, consiste nel rendere evidenti certi sentimenti e nel tentare di evocarli in altri, in modo da far partecipare altri ad una certa situazione emotiva; la funzione prescrittiva, propria del linguaggio normativo, consiste nel dare comandi, consigli, raccomandazioni, avvertimenti, così da influire sul comportamento altrui e modificarlo, e insomma, nel far fare.

Una volta descritte, in linea generale, le diverse funzioni dei tre principali usi del linguaggio, ci soffermiamo sulle specificità dei linguaggi descrittivi, rispetto a quelli propriamente prescrittivi.

Abbiamo chiarito che è possibile affermare tanto dei linguaggi in funzione descrittiva, quanto di quelli in funzione prescrittiva, che sono dotati di senso alla condizione che in essi sia rinvenibile l'elemento frastico, dobbiamo chiarire se permangano sostanziali differenze tra essi.

In primo luogo, va ribadita la *differenza di funzione* tra linguaggio descrittivo e linguaggio prescrittivo. Il primo, ha la funzione di informare, di dare conto, di descrivere, appunto, un certo stato di cose della realtà. Il linguaggio in funzione prescrittiva, invece, ha la specifica funzione di orientare, di condizionare il comportamento dei consociati; non informa sullo stato di cose del mondo, ma cerca di influenzare i destinatari del messaggio.

In secondo luogo, *le forme* verbali che li contraddistinguono sono differenti. Le proposizioni del linguaggio in funzione descrittiva sono generalmente espresse attraverso il modo indicativo (oggi piove; l'acqua bolle a 100°; la Terra ruota intorno al sole).

Le proposizioni del linguaggio in funzione prescrittiva sono generalmente espresse (ma non è una regola tassativa) con la forma deontica, cioè che esprime il *dovere* di fare o non fare qualcosa.

---

[27] R. Jakobson, *Saggi di linguistica generale*, Feltrinelli, Milano, 2002.

Va tuttavia sottolineato che la relazione tra forme e funzioni è tipica, ma non necessaria. Se pensiamo, infatti, alle modalità del linguaggio con cui ci si esprime in funzione prescrittiva, possiamo incontrare diverse forme, come quella imperativa («Lavati le mani!»), quella performativa («Ti battezzo nave Queen Mary») o anche l'indicativo («L'Italia è un repubblica democratica fondata sul lavoro», art. 1 della Costituzione), senza che vi sia alcun dubbio sulla funzione prescrittiva contenuta negli enunciati.

Inoltre, i due linguaggi differiscono per i *criteri di qualificazione* degli enunciati. Il criterio di qualificazione delle asserzioni descrittive è il criterio di verificazione. Delle proposizioni descrittive ha senso, infatti, continuare a domandarsi se sono vere o false.

Il criterio di qualificazione proprio dei linguaggi prescrittivi è la validità o invalidità delle prescrizioni considerate, oppure l'opportunità o l'inopportunità, la giustizia o l'ingiustizia, efficacia o inefficacia, etc. Non ha senso, invece, qualificare le prescrizioni secondo il criterio di verità o falsità.

Infine, il comportamento suscitato nel destinatario è diverso: quando si *descrive* un certo stato di cose, coloro che ricevono l'informazione tenderanno *a credere (o a non credere)* al contenuto dell'informazione. Se in una grigia giornata invernale dicessi: "oggi è un giorno nuvoloso", coloro che mi ascoltano potrebbero verificare la verità o la falsità della mia affermazione e, infine, credere alla bontà di quanto ho asserito. Viceversa, se avessi detto: "oggi è una magnifica giornata di sole!" probabilmente il mio uditorio non avrebbe creduto alla bontà della mia esclamazione.

I linguaggi prescrittivi, invece, non hanno come finalità quella di fare credere qualcosa; essi hanno la specifica funzione di orientare il comportamento dei consociati. Prova dell'accettazione di quanto è contenuto in un enunciato prescrittivo è *l'esecuzione* (o meno) di quanto è comandato, prescritto, suggerito, ordinato, etc. Per fare un esempio, di fronte all'intimazione di una madre a suo figlio: "Lavati le mani prima di metterti a tavola", prova dell'accettazione del comando sarà il fatto che il destinatario si lavi davvero le mani. Così come, di fronte ad un cartello nel parco che recita: "Non calpestare le aiuole", prova dell'accettazione della prescrizione sarà il fatto che i passanti si astengano dal camminare all'interno delle aiuole, e si limitino a passeggiare nei vialetti.

3. Il linguaggio come costruzione culturale e struttura regolativa

Sulla base di quanto fino ad ora considerato, è possibile proporre una ridefinizione di *linguaggio*.

Nella consapevolezza che i significati dei termini sono frutto delle scelte e rispondono alle esigenze d'uso degli utenti di una certa comunità di parlanti, il linguaggio può allora essere definito *un'istituzione culturale*, vale a dire può essere considerato una costruzione di un insieme di segni che, attraverso complicati processi, sono stati posti in altrettanto complesse relazioni tra loro e con elementi di esperienza non linguistica, per rispondere a bisogni degli utenti, dove le relazioni non sono casuali, ma *conformi a regole*.

L'accento posto sulla determinazione di significati non casuali, ma secondo precise regole, porta a considerare il linguaggio una elaborazione complessa, secondo precisi criteri. Si dice, in proposito, che il linguaggio ha una struttura regolativa[28].

Si fa riferimento a tre livelli di regole, che concorrono alla determinazione del linguaggio di una certa comunità.

Si tratta, nello specifico, del livello sintattico, del livello semantico e del livello pragmatico.

Il livello sintattico si riferisce alle regole di combinazione dei segni tra loro. "il cane abbaia" è un enunciato che, per essere correttamente espresso, rispetta le regole grammaticali di posizionamento dei segni. "il abbaia cane" utilizza gli stessi segni, ma vìola le regole di combinazione tra essi[29].

Il livello semantico è il livello delle regole che riguardano il rapporto dei segni con le cose significate[30]. Se scrivo "il gatto abbaia", ho rispettato, almeno formalmente, il livello delle regole grammaticali, sintattiche; tuttavia, ho violato il livello dei significati attributi dalla comunità dei parlanti la lingua italiana a "abbaiare", che è l'emissione di suoni tipica dei cani, e non dei gatti!

Il livello pragmatico è il livello di regole che determinano le relazioni tipiche tra segni, significati e utenti[31]. Si porta attenzione sugli usi di certi segni da parte degli utenti, attraverso atti non linguistici (intonazione, tono della voce, posizione del corpo e/o del viso), che possono modificare il significato di un'espressione, senza violare né il livello semantico, né il livello sintattico.

Se vedessimo una persona, paonazza in volto, agitata, che sta spingendo via il suo vicino di posto, e la sentissimo gridare: "Ti voglio tanto bene, farei per te qualunque cosa!", probabilmente quella persona starebbe violando il livello di regole pragmatico, perché il significato dell'enunciato pare lo stesso di: "Stammi lontano e lasciami in pace, non voglio avere nulla a che fare con te!".

---

[28] L. Forni, *Il diritto e i suoi strumenti*, cit., pp. 27 ss.

[29] A. Cangelosi, H. Turner, *L'emergere del linguaggio*, in A.M. Borghi, T. Iachini (a cura di), *Scienze della Mente*, Il Mulino, Bologna, 2002. pp. 227-244, in particolare p. 228.

[30] A. Cangelosi, H. Turner, *L'emergere del linguaggio*, cit., p. 228.

[31] A. Cangelosi, H. Turner, *L'emergere del linguaggio*, cit., pp. 228-229.

3.1. Il triangolo semiotico nella prospettiva convenzionalistica

Per capire meglio la teoria del linguaggio di tipo convenzionalistica, proponiamo, di seguito, la rappresentazione grafica[32] della teoria del significato nella prospettiva considerata.

Il triangolo semiotico nella prospettiva convenzionalistica si struttura nella complessa relazione che è istituita tra segni, significati, referenti ed utenti/interpreti del linguaggio[33].

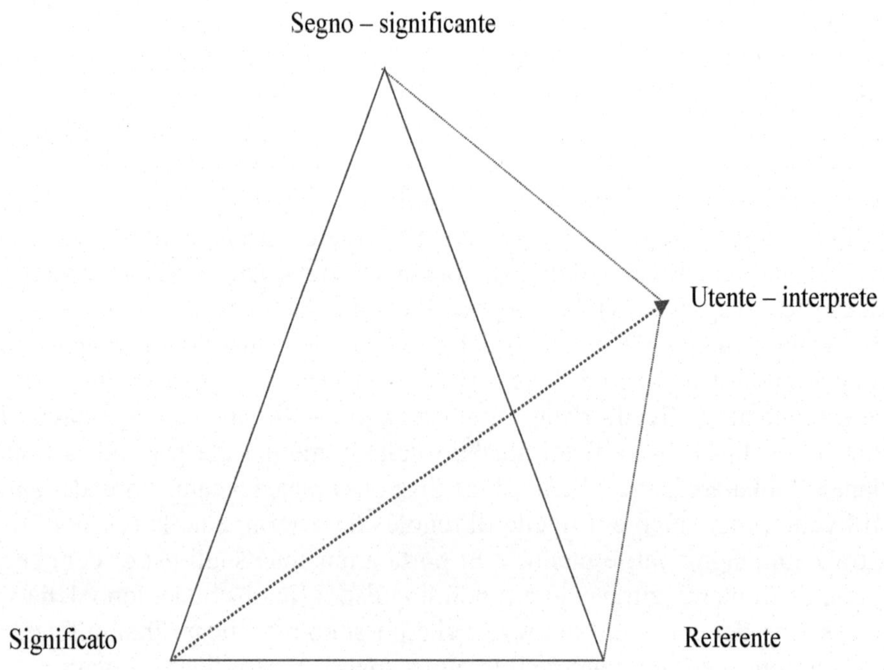

Il significato delle parole non è considerato il prodotto intellettuale, il *trait-d'union* tra segno e referente. Il significato è una costruzione interna all'esperienza umana, che dipende dai bisogni e dagli usi che i parlanti di una certa comunità esprimono. Il triangolo semiotico di tipo convenzionalistico consente di evidenziare la stretta interconnessione tra gli elementi del fenomeno segnico di tipo linguistico, cioè tra segni, significati, referenti e interpreti o utenti.

---

[32] C.S. Pierce, *The Ethics of Terminlology*, trad. it. Ma. A. Bonfantini (a cura di), *Semeiotica*, Einaudi, Torino, 1980, pp. 113-119.

[33] U. Eco, *A Theory of Semiotics*, Indiana University Press, Bloomington, 1979.

I significati delle parole (segni artificiali) dipendono dalle scelte e dalla volontà degli utenti del linguaggio; in questa prospettiva, il rapporto tra referente (elemento della realtà) e segno (ciò che sta per un determinato referente) è *stabilito, istituito, stipulato* dagli utenti-interpreti di una certa comunità di parlanti[34]. Si rifiuta pertanto l'idea che vi siano significati precostituiti, indipendenti dalle decisioni umane.

Il significato è il risultato di una complessa relazione tra segni artificiali ed elementi non linguistici, e si identifica con *la regola d'uso di una parola o di un insieme di parole.*

Ricercare il significato di una parola o di un insieme di parole non significa né saper cogliere le proprietà essenziali di enti meta-empirici che le parole riflettono (come invece sostengono gli esponenti dell'essenzialismo), né saper individuare l'oggetto dell'esperienza (la controparte fattuale) con cui la parola è in rapporto di corrispondenza (come volevano i sostenitori del verificazionismo).

Nella prospettiva convenzionalistico-analitica ricercare il significato di una parola o di un insieme di parole vuol dire *individuare in quali circostanze, e a quali condizioni, di una parola o di un insieme di parole si può fare, nella comunicazione, un uso legittimo*, perché conforme alle regole (tacitamente o espressamente) fatte proprie dagli utenti del linguaggio.

Affinché di un termine si possa affermare che è dotato di significato, i tre tipi di regole d'uso impiegate in una certa comunità di parlanti devono riguardare la *denotazione* e/o la *connotazione* del termine stesso.

La *denotazione* (*o estensione*) è il possibile riferimento di un termine "x" ad una classe più ampia di elementi, (oggetti, fatti, etc.,) cioè il riferimento ad un insieme di proprietà, caratteri, attributi, che possono essere asseriti come veri in relazione al termine stesso[35].

La *connotazione (o intensione)*, invece, è il possesso di certe caratteristiche da parte di ciò che è espresso con il termine considerato. Tali caratteristiche sono condizione necessaria e sufficiente affinché del termine "x" sia correttamente espressa la sua appartenenza ad una certa classe (vale a dire sia espressa correttamente la sua denotazione)[36].

---

[34] C.W. Morris, *Foundations of the theory of signs*, in *International encyclopedia of unified science*, vol. 1, n. 2. The University of Chicago Press, Chicago, 1938.

[35] C.S. Nino, *Introduzione all'analisi del diritto*, cit., pp. 223 ss. Più diffusamente, B. Russell, *Sulla denotazione*, Efesto, Roma, 2015.

[36] C.S. Nino, *Introduzione all'analisi del diritto*, cit., pp. 223 ss. Sul tema, P. Leonardi, *Denotazione e uso*, in *Sensibilità e linguaggio: un seminario su Wittgenstein*, Quaderni di Discipline filosofiche, Quodlibet, Macerata, 2002, pp. 1-14.

Per fare un esempio, “cane” *denota* una classe ampia di soggetti animali mammiferi, quadrupedi, dal pelo corto o lungo, che si esprimono abbaiando, che tengono certi comportamenti, come scodinzolare, essere fedeli al padrone, etc. Continuando con l’esempio proposto, Briciola è un cane se presenta le caratteristiche necessarie e sufficienti, (la connotazione) per essere considerato appartenente a quella classe. Se, per ipotesi, Briciola fosse un mammifero quadrupede, mammifero, dal pelo lungo o corto, ma si esprimesse miagolando, presenterebbe una connotazione tipica di una classe animale diversa da quella considerata. La connotazione di Briciola non è quella della classe dei “cani”, bensì della classe dei “gatti”.

4. Cenni ai problemi del linguaggio

Nell’analisi degli elementi del linguaggio è stata posta particolare attenzione al profilo delle *regole*. Abbiamo sostenuto, infatti, che un linguaggio ha una struttura regolativa, è cioè costruito secondo precise regole. Una riflessione ulteriore sull’aspetto delle regole del linguaggio riguarda il fatto che la nostra esperienza quotidiana è costituita dal confronto continuo con linguaggi fra loro molto diversi. In auto, al mattino, mentre ci rechiamo in università, sul posto di lavoro, al supermercato, incontriamo molti cartelli stradali, che indicano la velocità consentita, e ci mettono in guardia su eventuali tratti pericolosi della strada, sul rilevamento di infrazioni semaforiche, sulla caduta di massi etc.

Una volta a destinazione, alcuni di noi utilizzano formule, codici precisi, numeri e simboli nel proprio lavoro o nel proprio studio. A metà mattina ci fermiamo alla macchinetta del caffè per fare una pausa e scambiamo alcune battute sulla partita di calcio della sera prima, sul film appena uscito al cinema, oppure sui capricci del tempo. E così via.

Tutto ciò che abbiamo menzionato (i cartelli stradali, i simboli e le formule chimiche e/o matematiche, i termini del linguaggio ordinario) fa riferimento a diversi tipi di linguaggio, alcuni *formalizzati*, vale a dire particolarmente rigorosi, costruiti secondo regole esplicitate (come il linguaggio della chimica e della matematica, e come il linguaggio simbolico dei cartelli stradali); altri, invece, si presentano in modo *non formalizzato*, sono più fluidi e aperti, come il linguaggio ordinario, che utilizziamo con tutti i consociati.

Il linguaggio ordinario si basa su regole (sintattiche, semantiche e pragmatiche), ma ha la caratteristica di essere aperto a cambiamenti, è soggetto a continue integrazioni da parte degli utenti e le regole che lo contraddistinguono non sono rigide, né univoche o particolarmente stabili. Questa particolarità del linguaggio ordinario fa sì che esso presenti alcuni aspetti problematici, come *l'ambiguità e la vaghezza*[37].

L'ambiguità di un termine o di un enunciato è la possibile attribuzione di più di un significato al termine stesso (o all'enunciato), in assenza di un'adeguata specificazione del contesto.

Il termine "capo", così come il termine "mano", ad esempio, sono suscettibili di diverse attribuzioni di significato, se non è specificato in quale senso/contesto sono impiegati. "Ho male al capo" è un enunciato che ha un significato ben diverso da "Il mio capo mi odia!". Nel primo caso, infatti, ci si riferisce all'avere mal di testa, mentre nel secondo caso si sta esclamando ciò che si teme, e cioè che colui che è in una posizione lavorativa sovraordinata non abbia particolare simpatia nei nostri riguardi...! Come è stato sopra menzionato, l'ambiguità può essere riferita sia a singoli termini, sia ad enunciati in cui il termine compare. "Jonny Walker ha perso la mano" è un enunciato che, se non ulteriormente contestualizzato o specificato, potrebbe significare che Jonny non ha vinto a poker o ad un altro gioco a carte, oppure che gli è stata mozzata una mano.

Va precisato che la maggior parte delle parole che usiamo, in molti differenti contesti linguistici, non solo dunque nel c.d. linguaggio ordinario, ha profili di ambiguità. Oltre agli esempi qui sopra richiamati, si pensi ai diversi significati che assumono termini come "salutare" (nel significato di ciò che fa bene alla salute, oppure inteso come verbo, azione volta a fare un saluto), "letto" (il mobile/posto dove ci si va a coricare; oppure come participio passato del verbo *leggere*), così come "contratto" (inteso o come specifico negozio giuridico o come ciò che si è rattrappito, per limitarci ai due significati più diffusi), "proprietà" (intesa quale insieme di caratteristiche che connotano una certa realtà o come diritto su beni mobili e immobili), etc.

La vaghezza, invece, è una ulteriore criticità riscontrabile sia nel linguaggio ordinario, sia in quello giuridico, che, in via generale, denota una situazione in cui non si può con certezza attribuire un significato al termine (o all'enunciato) considerato.

---

[37] Tra i molti contributi sul tema, si segnala C. Luzzati, *La vaghezza delle norme: un'analisi del linguaggio giuridico,* Giuffrè, Milano, 1990. Id., *Il superamento pragmatico dell'opposizione tra regole e princìpi*, in *Materiali per una storia della cultura giuridica*, n. 1, 2016, pp. 135-154, doi: 10.1436/82981. Per un approfondimento, V. Velluzi, *Scetticismo interpretativo moderato e argomenti dell'interpretazione*, in *Diritto & Questioni Pubbliche*, n. 5, 2005, pp. 103-109. Id., *Interpretazione sistematica e prassi giurisprudenziale*, Giappichelli, Torino, 2002.

Parliamo di "vaghezza" di un termine, o di un'espressione, o di un enunciato, ogni qual volta vi siano usi problematici di tale termine, o espressione, o enunciato, in una serie di casi, che risultano controversi.

"Alto" è un termine, (un aggettivo) che talora può essere considerato vago. Se infatti affermo che Luigi è un uomo alto, specificando che Luigi misura 198 cm, sicuramente ho utilizzato il termine "alto" in modo appropriato. Se affermo, invece, che "Luigi è un ragazzo alto" e subito dopo specifico che Luigi misura 114 cm, non ho utilizzato correttamente l'aggettivo riferito a Luigi, e dunque posso escludere che di Luigi si possa predicare, correttamente, il suo essere alto. Tuttavia, se affermo che Luigi è un ragazzo alto, poiché misura 165 cm, ho affermato una caratteristica di Luigi che non può essere apertamente esclusa, ma che, allo stesso tempo, non è attribuibile con assoluta certezza. Nell'ultima ipotesi di uso dell'aggettivo "alto", riferito a Luigi di 165 cm, siamo in presenza di un caso controverso nell'utilizzare senza problemi, per descrivere le caratteristiche di altezza di Luigi, l'aggettivo in questione.

Pertanto, la vaghezza consiste in un problema di identificazione dell'estensione legittima, secondo le regole strutturate del linguaggio, dell'uso e dell'applicabilità di un certo termine (o espressione, enunciato), in un determinato contesto[38]. È il problema che mette in evidenza la caratteristica di alcune parole di essere collocabili in una zona di "incertezza semantica"[39].

Un termine (o un'espressione o un enunciato) sono vaghi quando il loro uso presenta, oltre a ipotesi centrali e non controverse (zona di sicura inclusione o sicura esclusione semantica), casi controversi riguardo ai quali non è certa l'applicazione del termine (zona grigia o di vaghezza). L'aggettivo "alto", (o "magro", o "calvo", o "giovane") può rientrare ina una sorta di "zona grigia", chiamata anche zona di vaghezza semantica.

I problemi del linguaggio qui brevemente richiamati possono essere ridotti grazie alla *definizione*, quale strumento utile e adeguato da impiegare nei casi di ambiguità e vaghezza.

La definizione, come sarà illustrata nel prossimo capitolo, se usata in modo consapevole, ci consentirà di utilizzare, nel modo più preciso possibile, termini ed enunciati impiegati nei nostri discorsi[40].

---

[38] C. Kennedy, *Ambiguity and vagueness: An overview*, in C. Maienborn, K. von Heusinger, P. Portner (a cura di), *Semantics – Lexical Structures and Adjectives*, De Gruyter Mouton, Berlin, Boston, 2019, cap. 8, pp. 236-271.

[39] M. Black, *Vagueness: an exercise in logical analysis*, in *Philosophy of Science*, n. 4, 1937, pp. 427-455.

[40] L. Forni, *Il diritto e i suoi strumenti*, cit., pp. 3-20.

Daremo conto, pertanto, di alcuni casi in cui la scelta razionale ed analitica delle parole e dei loro significati non c'è, e si utilizza, invece, un linguaggio emotivo. Porteremo attenzione all'uso persuasivo della definizione, che ci condurrà ad approfondire la *propaganda*. La tratteremo come un particolare linguaggio, capace di condizionare in modo non razionale gli utenti a cui è rivolta e che si presta ad essere adoperata nei contesti in cui si determinano differenti "contrari della pace".

Capitolo 2
Lo strumento definitorio, le definizioni persuasive e la *propaganda*

1. Definizione di "definizione"

Definire è un termine che ha le proprie radici (la propria etimologia) nella lingua latina e significa stabilire i limiti, tracciare i confini, (*de – finis*), delimitare, circoscrivere[1]. In relazione a quali sono le caratteristiche proprie della definizione, alle modalità con cui si deve procedere per compiere una corretta attività definitoria e a quali risultati si possa giungere non vi è univocità di opinioni. In particolare, si possono menzionare (almeno) due diversi approcci teorici alla definizione, che saranno di seguito presentati e descritti, quello proprio della c.d. teoria della definizione realista e quello della teoria della definizione nominalistico-analitica[2].

Prima di dare conto delle due diverse impostazioni teoriche sulla definizione, va anticipato che, per entrambe, si possono distinguere due momenti diversi. In un primo momento, (detto statica della definizione) i diversi orientamenti si occupano degli *oggetti* della definizione, della *natura della definizione, cioè di quali tipi di discorsi* sulla definizione sono formulati e quale *tipo di struttura* caratterizza la definizione. In un secondo momento (detto dinamica della definizione) l'attenzione è rivolta alla funzione o alle funzioni cui assolve la definizione[3].

Il primo orientamento teorico considerato riguarda la concezione realistica della definizione.

L'espressione "concezione realistica" o l'espressione "definizioni reali" si riferisce al fatto che oggetto privilegiato della definizione sono considerate le

[1] La teoria della definizione presentata in questo lavoro ripropone e si riferisce al testo di U. Scarpelli, *La definizione nel diritto*, Edizioni Comunità, Milano, 1976, pp. 183-197.

[2] U. Scarpelli, *La definizione nel diritto*, cit., pp. 191 ss.

[3] U. Scarpelli, *La definizione nel diritto*, cit., pp. 192 ss.

res, le cose. In questa corrente teorica è riproposta, in sede definitoria, la concezione essenzialistica del linguaggio. La definizione è l'operazione con la quale si mira a cogliere le proprietà essenziali delle *res*. Poiché vi sarebbe una e una sola (vera) corrispondenza tra *ogni res* (gli oggetti) e la rispettiva definizione, quando si colgono tutti gli elementi essenziali di ciò si sta definendo, la definizione risulterà vera. Diversamente, allontanandosi da quelle che sono le proprietà e gli elementi essenziali della *res*, si incorrerà n una definizione falsa. La natura del discorso sulla definizione è di tipo Vero/falso, e il tipo di struttura della definizione è quello della definizione diretta o per genere e differenza.

Sono esempi di definizione diretta i seguenti: "bue" = quadrupede bovino dotato di corna; "uomo" = bipede implume dotato di facoltà razionali.

La statica della definizione reale riguarda le *res*, dà origine a discorsi volti a predicare la verità o la falsità delle definizioni fornite e la struttura della definizione è quella per genere e differenza.

La funzione (la dinamica) della definizione è una funzione conoscitiva, che ha lo scopo, attraverso la definizione degli enti, di far conoscere l'*essenza stessa* delle cose che si vogliono definire.

In opposizione alla concezione realistica della definizione va segnalata la concezione nominalistica-analitica.

Oggetto di definizione, secondo tale concezione, non sono le *res*, ma i nomi, i termini, le parole. I discorsi formulati non riguardano la verità o la falsità delle definizioni sulla scorta di pretese qualità essenziali colte durante l'operazione definitoria. I discorsi (la natura) di quest'approccio riguardano la formulazione, mediante altri termini, delle condizioni di uso del termine da definire. A differenza della concezione realistica, i termini mediante i quali si definisce devono contenere il riferimento a fatti e non ad un piano metafisico e oscuro di presunti caratteri o elementi essenziali. La struttura delle definizioni può essere per genere o differenza (diretta) oppure di tipo condizionale (indiretta).

Escluso qualsiasi riferimento al piano delle essenze, si ritiene tuttavia che, in alcuni casi, termini come "bue" o "uomo" possano continuare ad essere definiti attraverso la definizione diretta, per genere e differenza. Va tuttavia sottolineato che alcuni termini, come ad esempio "solubile" o "esplosivo" non possono essere definiti attraverso la tradizionale definizione diretta (tali termini sono detti "disposizionali"; vedi *infra*, in questo stesso paragrafo).

Per questo tipo di termini si impiega la definizione indiretta – o condizionale – che, per la definizione di un termine, esplicita le condizioni necessarie e sufficienti affinché si possa fare riferimento ad un certo stato di cose, denotato dal termine in esame.

Ritornando ai nostri esempi, "solubile"[4] è definito ogni elemento o sostanza le cui proprietà consentono di sciogliersi in acqua o in un diverso liquido; "esplosivo" è ogni elemento o sostanza che per urto, effetto di calore, innesco o per altre cause, subisce una denotazione, vale a dire subisce una reazione violenta e rapida – uno scoppio – che avviene con forte sviluppo di gas e calore.

La statica della concezione nominalistica-analitica riguarda le parole, i termini; la natura dei discorsi si riferisce alla formulazione, mediante altri termini, delle condizioni d'uso del termine da definire e la struttura definitoria può essere semplice (diretta) o condizionale (indiretta).

Proprio in riferimento alla natura convenzionale delle parole, di tutte le parole, possiamo distinguere i termini del linguaggio in: termini logici, termini extralogici, termini del linguaggio cosale, termini disposizionali.

Sono *termini logici* le parole che non hanno alcun contenuto descrittivo e il cui significato è interamente determinato dal ruolo che esse svolgono nel collegare fra loro le proposizioni che ricorrono nell'articolazione di discorso. L'uso stratificato di tali termini, durato molti decenni o secoli, ha portato a considerare, ad esempio, le seguenti parole come parole logiche:

1. *e* (la congiunzione);
2. *oppure* (la disgiunzione);
3. *non* (la negazione);
4. *se..., allora* (il condizionale);
5. *tutti* (la generalizzazione universale);
6. *alcuni* (la generalizzazione esistenziale).

Le parole logiche come le congiunzioni, le disgiunzioni, le negazioni e i connettivi logici sono dette *parole logiche booleane* (o anche operatori booleani) e sono oggetto di studio di un ramo specifico della linguistica, che prende il nome di logica booleana (o logica delle proposizioni, o logica proposizionale). Le parole logiche che denotano generalizzazioni, universali o meno, sono invece definite anche *parole logiche quantificazionali* (o operatori quantificazionali) e sono oggetto di specifico studio e approfondimento da parte della logica della quantificazione (o logica dei predicati, o anche logica del primo ordine).

Passando a considerare, dopo una breve spiegazione dei termini logici, i termini *extralogici*, dobbiamo subito precisare che tali termini si usano in relazione a tutte le parole che hanno un significato descrittivo, relativo a certi stati di cose o della realtà, il cui contenuto può però variare («rosso» è un termine

---

[4] Si rinvia, ad esempio, per le definizioni di *solubile* e di *esplosivo*, a quelle riportante nel dizionario Zingarelli, Zanichelli editore, Bologna, 1990, rispettivamente p. 939 e p. 364.

extralogico, che presenta tuttavia una gamma molto varia di attribuzioni di significato, a seconda dell'elemento a cui è riferito dagli utenti).

Inoltre, si può parlare di *linguaggio cosale* in relazione ad un insieme di termini che designano proprietà determinabili attraverso l'osservazione diretta [5]. Possiamo pertanto affermare che le parole che compongono il linguaggio cosale, il cui significato è attribuito dagli utenti a partire da certe caratteristiche che sono individuate mediante l'osservazione diretta, sono anche termini extralogici; mentre non tutti i termini extralogici vanno a comporre il linguaggio cosale. Un esempio può essere il termine "piccante": denota senz'altro una proprietà extralogica, il cui significato, però, non è esclusivamente riconducibile all'osservazione diretta.

Quando si studiano le caratteristiche proprie di molti termini del linguaggio verbale, ci si imbatte, inoltre, in un'ulteriore classificazione. Le parole che usiamo possono essere di tipo *autologico* o *eterologico*.

Con l'espressione "parole o termini autologici" si fa riferimento a termini il cui significato denota una caratteristica attribuibile alla stessa parola considerata: Ad esempio, la parola «corto» è autologica, perché il corrispondete grafema è espresso, per convenzione, nella lingua italiana (come anche in quella inglese "*short*" o in francese "*court*") con sole 5 lettere. La parola considerata, in breve, ha la stessa caratteristica di ciò che significa.

Invece, si dicono *termini eterologici* le parole il cui significato denota una caratteristica non attribuibile al termine stesso. Ad esempio, il termine «lungo» si riferisce a cose, oggetti, parole o altri elementi che sono "non corti". La parola "lungo"; tuttavia, è composta da sole 5 lettere, e quindi, in un certo senso, paradossalmente, è corta...! Denota, pertanto, una caratteristica o proprietà che non presenta essa stessa.

Infine, molti termini del linguaggio ordinario, ma non solo, possono essere considerati termini *disposizionali*. Con quest'espressione ci si riferisce a parole il cui significato non è immediatamente ricavabile da una definizione diretta o semplice, ma necessita dell'uso di una definizione di tipo indiretto o condizionale. Sono esempi di termini disposizionali quelli elaborati nella definizione indiretta di "solubile", "esplosivo", "elastico", "trasparente", se pensiamo a parole che possiamo trovare nel linguaggio comune o ordinario; sono esempi di termini disposizionali propri del linguaggio *normativo*, invece, le parole "obbligatorio", "permesso", "doveroso", "inadempiente".

---

[5] U. Scarpelli, *La definizione nel diritto*, cit., p. 184.

2. Dalla statica alla dinamica della definizione nell'ottica nominalistico-analitica

Una volta presi in rassegna, come poco sopra chiarito, alcuni elementi rilevanti tratti dei termini del linguaggio (verbale), di cui si occupa la statica della definizione, per comprendere fino in fondo la rilevanza dello strumento definitorio, è doveroso apprendere anche i contenuti principali della c.d. "dinamica della definizione" [6].

La dinamica della concezione nominalistica-analitica della definizione si riferisce alle diverse funzioni a cui possono assolvere le definizioni.

Possiamo distinguere tre diverse funzioni a cui assolve lo strumento definitorio: funzione lessicale, funzione stipulativa e, infine, funzione esplicativa (o ridefinizione) [7].

La definizione lessicale [8] dà conto delle regole d'uso attraverso cui si attribuisce il significato ad un certo termine, in un determinato contesto e un certo momento storico. Con questo tipo di definizione, si rende noto che *col temine "x" si intende un certo significato y*. La funzione lessicale è tipica delle definizioni che ritroviamo nei dizionari. La definizione lessicale descrive il modo in cui un termine è usato all'interno di un gruppo di utenti del linguaggio. Rispetto alle definizioni lessicali si può stabilire se sono vere o false, poiché si può verificare se ripropongono (o meno) correttamente le regole d'uso del termine considerato.

La definizione stipulativa [9], invece, introduce, a partire da un certo momento, un nuovo significato attributo ad un termine o introduce un nuovo termine. Si decide, (si stipula) attraverso una serie di processi più o meno dichiarati ed espliciti, che da un certo momento in poi, si possa attribuire più di un significato ad un termine o che con un certo *termine "x" si debba intendere un determinato significato y*. Con la definizione stipulativa si prescrive che un termine già in uso, o di nuova introduzione, sia adoperato in un determinato significato. A differenza di quella lessicale, non può essere qualificata come vera o falsa.

Un esempio di definizione stipulativa può essere "arteria", che non indica solamente un vaso sanguigno che contiene sangue ricco di ossigeno, ma che ha assunto anche il significato di percorso stradale ad intenso scorrimento di

---

[6] U. Scarpelli, *La definizione nel diritto*, cit., pp. 192-194.

[7] R. Carnap, *Empiricism, Semantics, and Ontology*, in *Revue Internationale de Philosophie*, n. 4, 1950, pp. 20-40.

[8] U. Scarpelli, *La definizione nel diritto*, cit., p. 192.

[9] U. Scarpelli, *La definizione nel diritto*, cit., p. 193.

veicoli. Un esempio ulteriore di definizione stipulativa è "blog", che indica il diario on line, che si può trovare sul sito di molti utenti di internet. Fino a qualche anno fa tale termine non esisteva; ad un certo momento, gli utenti della rete hanno deciso (è stato stipulato) che, per indicare il diario che si tiene on line, si utilizzi questo termine.

La definizione esplicativa o ridefinizione [10], infine, compie un'operazione diversa dalle prime due. Non descrive quale sia il significato in uso in una certa comunità di un termine considerato, e neppure stabilisce nuovi significati. La definizione esplicativa seleziona, a partire da certe aree di significato consolidate nell'uso di un termine, quale, nel contesto in cui viene impiegato, sia quello a cui l'utente vuole fare rifermento. Si individua (si prescrive) il significato da preferire a discapito di altri, e lo si propone come quello nel quale il termine *deve essere adoperato*.

Attraverso l'utilizzo di questa definizione "si ritaglia" un significato del termine preferito agli altri, e si precisa che *con "x" si intende fare riferimento ad uno solo fra i possibili significati che ha assunto*.

Anche in questo caso, non ci si limita ad una mera descrizione di significati, ma si propone l'uso di un significato rispetto ad altri e, al pari della definizione stipulativa, non può essere qualificata come vera o falsa.

Un esempio di definizione esplicativa o ridefinizione è "eutanasia". A ridosso della fine della Seconda guerra mondiale, con "eutanasia" si intendeva l'eliminazione pianificata di ebrei, omosessuali, portatori d'handicap, zingari etc. da parte dei nazisti. Nei numerosi discorsi formulati, invece, nel momento contemporaneo, si utilizza "eutanasia" per indicare la morte inflitta a persone affette da malattie terminali incurabili, con lo scopo di porre fine alle sofferenze dei soggetti. Una ridefinizione di eutanasia, al riguardo, intende specificare che con "eutanasia" si fa riferimento ad ogni atto posto in essere dal medico, esclusivamente su richiesta esplicita, reiterata e inequivoca di un paziente adulto e capace, prossimo alla fine a seguito di una malattia grave o incurabile, volto a procurare la morte rapidamente e senza dolore, per liberare il malato da una sofferenza da lui ritenuta esistenzialmente insostenibile. Questa ridefinizione consente di ritagliare il significato ritenuto più appropriato, e di escludere dai significati di "eutanasia" quelli che riguardano gli atti volti a dare deliberatamente ad un individuo una morte non dolorosa, la cui finalità sia di selezione genetica, economica (riduzione dei costi dell'assistenza sanitaria) o di controllo sociale [11].

---

[10] U. Scarpelli, *La definizione nel diritto*, cit., pp. 193-194.

[11] Sul punto, P. Borsellino, *Bioetica tra "morali" e diritto*, Cortina, Milano, 2018, pp. 439 ss.

3. Uso emotivo del linguaggio e definizioni persuasive

Ogni volta che si ridefinisce un termine, si compiono operazioni di scelta, vale a dire che, sulla base di opzioni che vanno giustificate, si sceglie un significato tra quelli presenti e stratificatosi negli usi di un certo linguaggio, e lo si propone, nei documenti, negli atti e nei discorsi, quale significato da preferire rispetto al termine in uso, perché considerato dall'utente il più adeguato, il significato che meglio prospetta una certa questione, davanti ad un certo uditorio.

L'uso che si compie, tuttavia, dello strumento ridefinitorio, non è sempre strettamente razionale.

Talora, termini ed espressioni, usate sia nel linguaggio ordinario, sia nel linguaggio giuridico, sono proposti secondo un uso emotivo del linguaggio, volto a conferire una definizione persuasiva [12] delle parole o delle frasi che sono scritte o pronunciate.

A cosa ci si riferisce? L'uso emotivo di un termine o di una espressione rinvia al fatto di utilizzare tali parole non per chiarirne la portata concettuale, bensì con la finalità prevalente di suscitare certi stati d'animo, positivi o negativi, negli interlocutori. Si tratta, in breve, dell'attitudine di certi termini o segni a esprimere emozioni o suscitarle in terzi. Di per sé, non rappresenta una modalità scorretta di utilizzare il linguaggio; lo diventa se rappresenta la modalità prevalente di definire termini o questioni in un certo contesto argomentativo [13]. Per esempio, di per sé l'uso emotivo delle espressioni quali "Ahimé!, Evviva!, Aiuto!" non ha particolari finalità manipolative rispetto all'uditorio o agli interlocutori a cui sono rivolte. Tuttavia, questo rilievo deve essere criticamente considerato in relazione ad altre espressioni o parole, se usate in contesti in cui non è esplicitato il significato descrittivo del termine, ma nei quali la stessa parola o espressione diventa veicolo di valori o disvalori; diventa, cioè, lo strumento per suscitare in chi ci ascolta certi stati d'animo e non altri.

Tale caratteristica risulta problematica, come anticipato, se diventa l'uso prevalente che si fa di certe parole o espressioni, perché potrebbe risultare insidioso, nella misura in cui l'obiettivo che si vuole raggiungere è la manipolazione dell'uditorio e la finalità è allontanare il discorso o il confronto da con-

---

[12] Sul tema, in generale, F. Rigotti, *La verità retorica: etica, conoscenza e persuasione*, Feltrinelli, Milano, 1995; F. Piazza, *Linguaggio, persuasione e verità. La retorica nel Novecento*, Carocci, Roma, 2004.

[13] F. Piazza, *Retorica e vita quotidiana. Che cosa ha ancora da dirci Heidegger sulla Retorica di Aristotele*, in *Giornale di Metafisica*, n. 1, 2109, pp. 261-277.

tenuti razionali, per spostarlo – e mantenerlo – quasi del tutto in un ambito di sensazioni ed emozioni.

In certe occasioni, l'uso emotivo del linguaggio dà luogo a esternazioni, anche positive come negli esempi che seguono: «sei la mia gioia», «ehilà, bellezza!!» «Buongiorno zuccherino»... Tuttavia, chi impiega tali parole, non intende considerare il suo interlocutore come un partecipante ad un concorso di bellezza, né starà parlando con una zolletta di zucchero! Usa la generale carica emotiva positiva, associata a tali espressioni, per comunicare il proprio piacere o la contentezza provata nell'incontrare e nel relazionarsi con la/le persona/e a cui si rivolge.

Va tuttavia rilevato che, più spesso di quanto immaginiamo, l'uso emotivo del linguaggio è riferito anche a termini impiegati nel mondo della pubblicità, nei contesti della politica e, non ultimo, nell'ambito giuridico. Pensiamo, ad esempio, ai seguenti termini: democrazia, dittatura, diritto, diritti, scienza, dignità, oscenità.

Quando si sostiene che: «Qui è in gioco il futuro della democrazia»; oppure si afferma che: «Ho diritto ad essere ascoltato»; o ancora: «Non pensate mai ai diritti civili?» o anche: «Abbiate rispetto della mia dignità di donna, di uomo...»; o quando sentiamo o leggiamo una frase del genere: «Questa legge è degna di una dittatura! È una vera e propria oscenità», i termini sono usati per veicolare uno stato emotivo positivo o negativo nell'uditorio, in riferimento a certi temi oggetto di particolare controversia, rispetto ai quali si vuole che l'opinione generale sia favorevole o contraria; non sono utilizzati per spiegare i concetti di democrazia o diritto o dignità.

L'uso emotivo del linguaggio è finalizzato ad uno scopo retorico, spesso efficace per ottenere attenzione circa l'argomento (oggetto di campagna pubblicitaria, o di interesse politico/partitico o di intervento giuridico) [14] in discussione in un certo contesto, in un certo momento. Fa parte della dotazione dialettica di molti contesti argomentativi, e rende vivace e arricchito il confronto su idee diverse, rispetto ad una certa questione. Diviene problematico, però, se e qualora diventi il solo uso, o quello prevalente, con cui sono impiegati, in discussioni pubbliche o in ogni caso tra due o più interlocutori, certi termini o certe frasi, perché svuota le parole di significato descrittivo, ne manipola arbitrariamente il significato e ne accentua la vaghezza, favorendo operazioni persuasive e propagandistiche.

Quando ci imbattiamo in frasi del genere: "La crema BeautyMax è l'elisir di lunga giovinezza", oppure "L'auto Nuovacar è il concentrato della poten-

[14] F. Puppo, S. Tomasi, *Sulle "radici del diritto", verso una sua fondazione retorica*, in *Etica e Politica*, n. 1, 2023, pp. 144-158.

za su strada" o ancora: "Il matrimonio tradizionale è il pilastro della società", chi ce le propone non ci sta descrivendo le proprietà organolettiche dei componenti di una certa crema di cosmesi, né ci sta illustrando le dotazioni e gli *optional* di una certa vettura, né sta spiegando in che senso, e sulla base di quali ragioni politiche o giuridiche, sia da considerare con favore il matrimonio tradizionale. Al contrario, usa una comunicazione estremamente stringata, impiegando *slogan*, come si dice, per suscitare in noi sentimenti diversi: nel primo caso, vorrà evocare il desiderio di essere sempre giovani (e di spingerci all'acquisto del suo prodotto, e non un altro!); nel secondo caso si vuole far leva sul senso di sicurezza, o di *status symbol*, o di potenza appunto, che proveremmo se comprassimo quella vettura e non una di un marchio concorrente. Infine, chi ritiene che il matrimonio tradizionale sia il pilastro della società vuole suscitare una sensazione positiva fondata su di una concezione consolidata, tradizionale, di unione tra le persone, che probabilmente diventa rassicurante e, in certi contesti ritenuta non solo non problematica, rispetto ad altre forme di unione tra soggetti, ma la sola da preferire.

Tali ultimi esempi si sostanziano nell'uso di un tipo particolare di definizione, vale a dire la *definizione persuasiva*. Questo strumento non è assimilabile ad una definizione lessicale, perché non ripropone la regola d'uso di un termine in una certa comunità di parlanti, né può essere considerata in funzione stipulativa, perché non prescrive l'uso di un nuovo termine o di un termine già in uso con un ulteriore, nuovo significato. Non prescrive nemmeno, sulla base di ragioni giustificanti, come invece avviene per le ridefinizioni, l'uso di uno tra i diversi significati associabili ad una certa parola o espressione, in certi contesti, preferito e ritenuto il più adeguato, rispetto agli altri presenti.

Si tratta di uno strumento ibrido, subdolo, perché non descrive il contenuto di un certo termine, ma lo dissimula, presentando la parola come capace di identificare e convogliare su di sé stati d'animo, sensazioni positive o negative, con l'intento di portare l'uditorio dalla propria parte o contro la parte avversa, non sulla base di elementi razionali, ma sulla base di certe emozioni, evocate e suscitate in associazione alla parola o all'espressione usata.

La consapevolezza dell'uso distorcente che spesso si fa, in certi contesti, come quelli pubblicitari o propagandistici, delle definizioni emotive, non appartiene solo al mondo dei giuristi. Aldous Huxley, ad esempio, già alla fine degli anni Cinquanta del Novecento, in proposito, notava: «Quasi tutti i cosmetici sono fatti di lanolina, che è un miscuglio emulsionato di grasso di lana e d'acqua. Tale emulsione ha molte qualità positive: penetra nella pelle, non irrancidisce, è lievemente antisettica e così via. Ma i propagandisti commerciali non parlano delle virtù reali della lanolina. Le danno un nome pittoresco, voluttuoso, parlano in termini estatici e ingannevoli di bellezza femminile e ostentano fotografie di formosissime bionde che nutrono i loro tessuti con questo alimento della pelle. "I fabbricanti di cosmetici" ha scritto uno di costoro "non vendono lanolina, vendono speranza". Per questa speranza, per questa truffaldina implicita promessa di un volto nuovo, le donne sono pronte a pagare dieci o venti volte il valore dell'emulsione. E questo perché i propagandisti l'hanno abilmente messa in rapporto, mediante *simboli ingannevoli*, con un profondo e quasi universale desiderio femminile, il desiderio di apparire più attraenti ai membri del sesso opposto» [15].

Huxley, proprio in riferimento all'uso pubblicitario delle definizioni persuasive, ha inoltre scritto: «Noi non compriamo arance, compriamo vitalità. Non compriamo un'automobile, compriamo prestigio e così via per tutto. [...] Nel dentifricio, per esempio, noi non compriamo un detersivo, un disinfettante, ma anche la liberazione dal timore d'apparire ripugnanti [...]. Assieme al successo librario del mese noi comperiamo la cultura, l'invidia dei vicini che leggono meno di noi, il rispetto dei raffinati» [16].

4. *Propaganda*: cos'è, a cosa serve e come viene usata

L'uso emotivo dei termini e la formulazione di discorsi con finalità tipicamente manipolative, in cui sono spesso impiegate proprio le definizioni persuasive, sono caratteristiche riscontrabili [17] in un linguaggio particolare: la *propaganda*.

---

[15] A. Huxley, *Ritorno al mondo nuovo*, Mondadori, Milano, 2005, pp. 279-280.

[16] *Ibidem*.

[17] Sul punto, tra i molti contributi a disposizione, si rinvia a P. Desideri, *Teoria e prassi del discorso politico. Strategie persuasive e percorsi comunicativi*, Bulzoni, Roma, 1984; N. Cavazza, *Comunicazione e persuasione*, Il Mulino, Bologna, 1997; E. Novelli, *I linguaggi della politica*, in *Contemporanea. Rivista di studi sulla letteratura e sulla comunicazione*, n. 8, 2010, pp. 73-98; A. Davoli, *Il potere occulto delle parole. Comunicazione politica e pubblicitaria*, in *Studia Romanistica*, n. 1, 2014, pp. 11-30; M.R. Capozzi, *I linguaggi della persuasione: propaganda e pubblicità*, in *Gentes*, n. 1, 2014, pp. 99-106; C. Moroni, *Lo spettacolo della guerra: il conflitto pop nelle società emotive*, in *Rivista di politica: trimestrale di studi, analisi e commenti*, n. 2, 2022, pp. 70-74; C. Molesini, *Storia delle emozioni e storia politica. Un dialogo aperto?*, in *Ricerche di storia politica*, n. 2, 2022, pp. 175-190.

Il termine "propaganda" rinvia primariamente ad un particolare linguaggio prescrittivo [18], con specifica funzione di manipolazione [19]. Tale è la finalità che assumono alcune narrazioni [20], come alcuni discorsi, costruiti e proposti nel contesto di *guerra* [21], ad esempio, di cui daremo conto nelle parti successive di questo volume.

La caratteristica del linguaggio di propaganda è l'uso mirato di notizie false, di racconti menzogneri, caratteristica ancor più evidenziata dall'articolata distorsione fatta della realtà fornita nelle narrazioni [22].

"Propaganda" [23], in un primo e generico significato, è il termine che rinvia ad un discorso che veicola notizie generalmente destituite di ogni fondamento, diffuse ad arte e per fini particolari, non apertamente dichiarati. La funzione di tali notizie sarebbe quella di accentuare fatti o situazioni rappresentati in modo da favorire (la posizione, l'immagine, la credibilità del) l'emittente della comunicazione, tacendo eventuali criticità.

In un secondo, e più preciso significato, *propaganda* denota un insieme di azioni in senso lato ingannatorie [24], che tendono ad influire sull'opinione pubblica. È un tentativo deliberato e sistematico di plasmare percezioni, manipolare cognizioni e dirigere il comportamento al fine di ottenere una risposta che

---

[18] N. Pietroni, *Il consenso politico. Modelli, funzioni, aspetti cognitivi ed emotivi*, Rubbettino, Soveria Mannelli (Cz), 2022.

[19] S. Minelli, *Mito, utopia e propaganda Linguaggio di verità o tecniche di manipolazione?*, in *Thomas Project*, n. 3, 2020, pp. 32-47 anche D. Pecoriello, *L'influenza sociale e la persuasione come fattori determinanti nella pubblicità e nella propaganda*, in *Piesse*, n. 1, 2022, pp. 1-20.

[20] U. Volli, *La svolta narrativa della semiotica*, in *Narrazione e realtà*, n. 25, 2017, pp. 227-237.

[21] F. Montanari, *Linguaggi della guerra*, Booklet, Milano, pp. 8-9.

[22] J. Brunner, *The narrative construction of reality*, in *Critical Inquiry*, n. 18, 1991, pp. 1-21; F. Di Donato, *Diritto, cultura, letteratura: una proposta di analisi narrativa*, in M.P. Mittica (a cura di), *Diritto e narrazioni. Temi di diritto, letteratura ed altre arti*, Ledizioni, Milano, 2011, pp. 41-59, in particolare pp. 42 ss.

[23] Per una ricostruzione del significato e degli usi del termine "propaganda", McKinnon 2018, J. Stanley, *How propaganda works*, Princeton University Press, Princeton, 2015, ora riproposto in italiano in J. Stanley, *La propaganda. Cos'è e come funziona*, Mondadori Università, Milano, 2020. Nello specifico, T. Piazza, *Propaganda, linguaggio e conoscenza*, in J. Stanley, *La propaganda. Cos'è e come funziona*, cit., pp. VII-XLV. Sulla nascita della propaganda quale strumento politico e di interesse giuridico, H.D. Lasswell, *La propaganda*, Armando Editore, Roma, 2019, pp. 7-51. Si rinvia, inoltre, a M.R. Capozzi, *I linguaggi della persuasione: propaganda e pubblicità*, in *Gentes*, n. 1, 2014, pp. 99-106, in particolare pp. 99-102. Si rinvia, infine, alla voce "propaganda" nel vocabolario Treccani, al seguente indirizzo https://www.treccani.it/vocabolario/propaganda/.

[24] F. Montanari, *Linguaggi della guerra*, Meltemi, Roma, 2004, pp. 8-9.

favorisca gli intenti di chi la mette in atto [25]. Per la sua realizzazione [26], devono essere adottate tecniche comunicative che richiedono specifiche competenze professionali; inoltre, si deve avere accesso a mezzi di comunicazione di vario tipo, come ad esempio (oggi) i *mass media* ma anche i *social media*. Essa si caratterizza, inoltre, per un certo grado di occultamento e di manipolazione, selettività dei fatti della realtà. I messaggi possono arrivare a implicare diversi gradi di coercizione o di minaccia, possono far leva sulla paura o appellarsi ad aspirazioni positive [27]. Proprio riflettendo sulla possibilità di evocare, con differenti gradazioni, timori o gratificazioni, possiamo distinguere tra due diversi tipi di propaganda, la *supporting propaganda* e la *undermining propaganda*, vale a dire (e semplificando) possiamo riscontrare una propaganda positiva e una negativa [28].

Nel primo caso (*supporting propaganda*), ci riferiamo ad un'azione o una serie di azioni proposte ai destinatari con l'intento di convincerli – in modo non razionale – a compiere/non compiere certe azioni o ad avere /non avere certe opinioni o credenze, ad esempio facendo leva sulle emozioni piacevoli, suscitate nell'uditorio per perseguire un determinato fine, positivo, appagante. Generalmente, si utilizza un linguaggio ispirato a valori caricati di valenze positive, o a buoni ideali promossi da un certo fine.

Un messaggio, al contrario, è tipico della propaganda negativa (*undermining propaganda*) quando è proposto sempre con l'intento di operare una persuasione [29], ma tale operazione è messa in atto veicolando valori o ideali che si vogliono squalificare, compromettere [30]. Questa modalità è ritenuta particolar-

---

[25] *Ibidem*. Sulle diverse funzioni, positive e negative, della propaganda, T. Piazza, *Propaganda, linguaggio e conoscenza. Introduzione a Stanley*, in J. Stanley, *La Propaganda. Cos'è e come funziona*, cit., pp. 1-42.

[26] C. Potts, *The logic of conventional implicatures*, in *Oxford Studies in Theoretical Linguistics*, Oxford University Press, Oxford, 2005; ID., *Conventional Implicatures: A Distinguished Class of Meanings*, in G. Ramchand, C. Reiss (a cura di), *The Oxford Handbook of Linguistics Interfaces*, Oxford University Press, Oxford, 2007, p. 475; Y. Viesel, *Discourse particles "embedded": German ja in adjectival phrases*, in J. Bayer, V. Struckmeier (a cura di), *Discourse Particles. Formal Approaches for their Syntax and Semantics*, Walter de Gruyter GmbH, Berlin/Boston, 2017, pp. 173-202; E. McCready, *The Semantics and Pragmatics of Honorification. Register and Social meaning*, Oxford University Press, Oxford, 2019, pp. 39-41.

[27] T. Piazza, *Propaganda, linguaggio e conoscenza*, cit., pp. VII ss.

[28] J. Stanley, *La Propaganda. Cos'è e come funziona*, cit., in particolare i capp. 4 e 5, pp. 125-222.

[29] Sul tema della persuasione, si rinvia, in questa sede, a C. Perelman, L. Olbrechts-Tyteca, *Trattato sull'argomentazione. La nuova retorica*, Einaudi, Torino, 2001.

[30] T. Piazza, *Propaganda, linguaggio e conoscenza*, cit., pp. VIII-IX.

mente insidiosa: non si persuade promuovendo un certo fine o un certo valore; si persuade mostrando cosa si vuole contrastare, disprezzare, demonizzare. Si realizza, per lo più, colpendo certi soggetti direttamente, qualora tengano determinate condotte ritenute non approvabili. Indirettamente, però, si condiziona anche un uditorio più ampio: si dà molta rilevanza al biasimo e alla disapprovazione associati alle condotte sanzionate, proprio per evidenziare i valori da deprecare. La propaganda negativa può essere perpetrata con livelli crescenti di riprovazione, fino ad arrivare alla vera e propria censura [31]. Spesso è indotta suscitando sentimenti di paura, evocando pericoli, o minacciando ripercussioni gravi nella sfera personale degli interlocutori. Questo avviene qualora il destinatario e/o l'uditorio siano refrattari a rifiutare alcuni valori o ideali, che una certa autorità vuole che non siano più da ritenersi né positivi, né approvabili [32].

Nella propaganda negativa si è letteralmente *ingannati,* perché i destinatari del messaggio veicolato sono indotti a credere di promuovere un fine che, in realtà, si sta concorrendo a compromettere, oppure perché si è così fortemente condizionati, da credere di vivere in una società che persegua valori o scopi positivi, quando invece tali valori sono sistematicamente calpestati e squalificati [33].

5. Le peculiarità del linguaggio di propaganda

Negli studi più recenti del linguaggio di propaganda [34] sono stati identificati due elementi tipici, la cui combinazione risulta particolarmente efficace. Si tratta di espressioni del linguaggio definite "argomenti a tema" e "argomenti non a tema" [35].

I c.d. "*at-issue contents*" ovvero i "contenuti a tema", sono frasi di senso compiuto, che veicolano come plausibile, ragionevole, un certo argomento, tema, soggetto, evento, etc., che in una qualche misura può essere

---

[31] *Ibidem*. Sul tema, A. Pintore, *Tra parole d'odio e odio per le parole. Metamorfosi della censura*, Ed. Mucchi, Modena, 2021.

[32] T. Piazza, *Propaganda, linguaggio e conoscenza*, cit., pp. VIII-IX.

[33] T. Piazza, *Propaganda, linguaggio e conoscenza*, cit., p. IX.

[34] S.E. Murray, *Varieties of Update*, in *Semantics and Pragmatics*, 7, n. 2, 2014, pp. 1-53.

[35] T. Piazza, *Propaganda, linguaggio e conoscenza*, cit., pp. XXIX ss.

oggetto di verifica o di controllo, o è generalmente ritenuto non controverso[36].

I c.d. "*not at-issue contents*", anche definiti "contenuti non a tema", invece, sono sempre frasi, espressioni di senso compiuto che apparentemente hanno un ruolo marginale. Sono spesso percepite come precisazioni trascurabili, poste sullo sfondo del discorso del "argomenti a tema", la cui funzione specifica, però, è quella di mettere in evidenza la "questione principale", appunto, a cui sono collegate. Esse hanno però l'effetto di dissimulare che, col loro uso, si getta un'ombra di discredito o, viceversa, si vuole esaltare il contenuto principale (*at-issue contents*)[37].

I "*not at-issue contents*", pertanto, apparentemente sono irrilcvanti; nel merito, invece, mettono in rilievo, senza affermarlo esplicitamente, un aspetto, un profilo, un elemento proprio di ciò che si vuole far risultare accettato, non controverso, preferibile, approvabile oppure, ciò che si vuole qualificare come disapprovabile, da rifiutare, non accettato, biasimevole, etc.[38].

Per questa specifica funzione, gli "argomenti non a tema" sono anche detti elementi evidenziali[39]: affiancano il primo contenuto, con la finalità di dare risalto alle ragioni che il parlante condivide. Hanno inoltre la funzione di insinuare, di alludere a certi valori o disvalori – rinvenibili nel sentire comune, o nella tradizione, nella "natura", o nelle convinzioni comunemente accettate, etc. –[40], apparentemente senza introdurre nessun elemento rilevante; in realtà, sono volti a rafforzare il (dis)valore attribuito al *at-issue content* con modalità argomentative (indirette, che restano sullo sfondo, e che sono) non razionali. Va precisato, a questo punto, che questa specifica modalità argomentativa non è utilizzata esclusivamente nella propaganda, ma in essa trova gli usi più efficaci per gli obiettivi propri della comunicazione e del linguaggio propagandistici.

Facciamo un esempio relativo ad un uso al di fuori del contesto comunicativo della propaganda. Nella frase: "Mi hanno riferito che ieri Maria ha ballato per tutta la sera", il contenuto a tema è veicolato dalla frase: "ieri Maria ha ballato per tutta la sera". Si tratta, infatti, di un contenuto plausibile, di per sé privo di problematicità. Il contenuto della comunicazione, infatti, può essere verificato o falsificato, chiedendo riscontro riguardo alla condotta di Maria a qualche atro soggetto presente allo stesso evento. "Mi hanno riferito che", in-

---

[36] T. Piazza, *Propaganda, linguaggio e conoscenza*, cit., p. XXVIII.

[37] *Ibidem*.

[38] *Ibidem*.

[39] S.E. Murray, *Varieties of Update*, in *Semantics and Pragmatics*, 7, n. 2, 2014, p. 48.

[40] L. Forni, *Il diritto e i suoi strumenti*, cit., pp. 73-90.

vece, è un enunciato che è sottratto ad una forma di verifica o controllo, almeno di tipo diretto.

È tuttavia impiegato per rafforzare l'elemento a tema: Maria, ieri sera, ha ballato. Che sia una condotta ritenuta approvabile o meno, l'inciso "Mi hanno riferito" non lo chiarisce di per sé; inoltre, tale inciso non esplicita chi sia stato a riferire, se sia affidabile nel riferire una serie di informazioni o elementi. Si considera questa espressione come marginale, in fondo poco rilevante. La sua funzione, però, è di dare evidenza al contenuto principale, a tema: la condotta di Maria tenuta nella sera precedente. L'espressione non a tema "Mi hanno riferito che..." si aggiunge al terreno comune della comunicazione, così da porre le premesse affinché, nel prosieguo del discorso, sia valutato a seconda dei casi, positivamente o negativamente (ballare tutta la sera può essere una condotta che, a seconda delle circostanze, potrà ricevere una valutazione lodevole o biasimevole).

L'enunciato "Mi hanno riferito che..." allude, pertanto, ad una sorta di controllo indiretto sulle condotte che si tengono, per valutarle come approvabili o deprecabili.

Un altro esempio può essere il seguente: "Tutti sanno che i tramonti sono fonte di ispirazione". Che i tramonti siano fonte di ispirazione è un argomento a tema (è un'affermazione che può essere qualificata in vari modi, come ad esempio appropriata, ragionevole, non controversa, etc.). *Tutti sanno che*, invece, è un argomento non a tema: si rinvia ad un termine (*tutti*) che denota una generalizzazione universale[41], alla quale si attribuisce il valore (positivo) del sapere, del confermare, perché è ritenuto un contenuto comunemente accettato, buono, in relazione all'argomento a tema.

Di per sé, la frase: "Tutti sanno che..." è priva di particolare rilevanza, è un elemento inserito nel discorso con una funzione apparentemente marginale, tanto che, di per sé, questo profilo sarebbe sottratto alla discussione e considerato con poca attenzione. "Tutti sanno che", però, collegato a ciò che possono rappresentare i tramonti, allude, nello specifico contesto in cui tale frase è proposta, a certi elementi, che non sono più solo proposti come fenomeni naturali, ma sono considerati elementi caricati di valenza positiva nel discorso in cui sono inseriti, tanto che sono qualificati come "fonte di ispirazione".

Il linguaggio della propaganda si struttura pertanto come una sequenza di contenuti a tema con altri contenuti non a tema, vale a dire attraverso una costruzione specifica, che utilizza contenuti del primo e del secondo tipo, secondo uno schema preciso: si immettono, nei diversi discorsi, alcuni *at-issue con-*

[41] L. Forni, *Il diritto e i suoi strumenti*, cit., p. 37.

tent, a cui vengono anticipati o giustapposti elementi evidenziali, *not at-issue content*.

Nella propaganda positiva (*supporting propapaganda*) si utilizza un linguaggio capace di veicolare un *at-issue content*, un contenuto a tema ragionevole, o ritenuto lodevole, buono, da promuovere, sul quale viene innestato o che è supportato da un *not at-issue content*, un argomento non a tema che, qualora presente nel discorso, serve ad amplificare il valore che si vuole promuovere.

Nella propaganda negativa (*undermining propaganda*), invece, si impiega un argomento a tema, apparentemente non controverso, ragionevole, al quale, però, si aggancia un argomento non a tema, che maschera un messaggio di biasimo, di svalutazione, di squalificazione. Così facendo, il *not at-issue content*, l'argomento non a tema della propaganda [negativa] diventa il mezzo con cui, in modo opaco e indiretto, si introducono elementi di discredito, o manifestazioni di pregiudizi, o valutazioni dispregiative, irrazionali, aggiunte all'universo del discorso costituito dagli argomenti a tema, presumendo e insinuando che si tratti di questioni comunemente accettate, oppure considerate innocue, e come tali, meritevoli di poca attenzione e non oggetto di discussione (per esempi specifici del linguaggio di propaganda negativa, vedi *infra*, cap. 2 della Sezione II e capp. 1 e 2 della Sezione III).

Per queste ragioni, l'elemento non a-tema è sempre strumentalmente proposto come poco rilevante o ovvio, quasi innocuo e, proprio per la sua (predicata) marginalità, è spacciato nel discorso come un profilo non meritevole di approfondimenti ulteriori [42].

6. La propaganda come strumento linguistico persuasivo ed efficace

Perché la propaganda è così efficace? I discorsi di propaganda, reali o letterari, hanno a che fare col senso di biasimo e di elogio promosso e da suscitare rispetto a certe condotte, proposte e qualificate come "modelli positivi o negativi" da certe autorità. Tali profili, in effetti, parrebbero intrecciarsi con elementi tipici del discorso morale. In parte questo è vero, nel senso che hanno a che fare con valutazioni elogiative o biasimevoli di specifiche condotte, ritenute importanti in ambito politico, militare, sociale, familiare, morale, etc. In

[42] T. Piazza, *Propaganda, linguaggio e conoscenza*, cit., pp. XXIX ss.

effetti, si introducono valori o disvalori perché considerati appropriati per uno specifico ambiente, e per il suo linguaggio.

In genere, tali valori sono rapidamente qualificati, dalla maggioranza dei consociati, come valori condivisi, comunemente accettati. Nel linguaggio di propaganda, però, i valori esaltati o deprecati sono un'espressione distorta, in quanto manipolata e fondata su elementi ingannevoli, menzogneri, irrazionali, anche se volutamente propugnati come espressioni di un comune sentire.

Il rapido radicarsi in seno ad una collettività di contenuti tipici della propaganda non spiega, tuttavia, come mai sia efficace. In breve, la sua diffusione non la rende di per sé efficace. Vi sono in effetti altre e diverse ragioni per le quali il linguaggio non razionale della propaganda risulta particolarmente funzionale a certi scopi[43].

Una di queste ragioni è il fatto che la particolare funzione prescrittiva[44] del linguaggio di propaganda consente di far attecchire, rafforzare e diffondere a serie credenze ideologiche fallaci (*ideological and fallacious beliefs*)[45]. Con tale espressione si intende fare riferimento ad alcuni argomenti radicati in un soggetto o in un gruppo di individui, sulla base di elementi psicologici, emotivi, che vengono mascherati da opinioni o ragioni culturali, politiche, sociali. Queste ragioni, fondate su stereotipi, su pre-giudizi, su credenze non razionali, hanno la specificità di risultare impermeabili all'evidenza, anche se l'evidenza è di segno contrario a quanto creduto. Hanno cioè la caratteristica di essere argomenti che hanno origine in una sorta di confusione, di travisamento, di imprecisione o di errore (logico, empirico, argomentativo); tuttavia, in modo irrazionale, resistono nonostante l'evidenza.

Per la loro presunta natura rassicurante e conformista, essi persistono come *buone ragioni giustificanti*[46], sebbene altri argomenti, elementi o fatti li smentiscano o ne evidenzino i profili di irrazionalità e incoerenza, risultando pertanto capaci di permanere come rilevanti per chi li usa, in grado di superare eventuali contraddizioni[47]. Sono una particolare e insidiosa forma di ostacolo

---

[43] H.D. Lasswell, *La propaganda*, cit.

[44] Austin parla di funzione *illocutoria*: J.L. Austin, *How to Do Things with Words*, Clarendon Press, Oxford, 1962; Id., trad. it. a cura di C. Penco, M. Sbisà, *Come fare cose con le parole*, Ed. Marietti, Genova, 2019.

[45] J. Stanley, *La Propaganda. Cos'è e come funziona*, cit., pp. 203 ss.

[46] L. Forni, *Il diritto e i suoi strumenti*, cit., pp. 73-84; Si rinvia anche a P. Borsellino, *Bioetica tra "morali" e diritto*, 2ª ed., Cortina, Milano, 2018, pp. 32-43.

[47] J. Stanley, *La Propaganda. Cos'è e come funziona*, cit., p. 203; anche T. Piazza, *Propaganda, linguaggio e conoscenza*, cit., p. XXXI.

nell'acquisire conoscenze e sono particolarmente funzionali alla propaganda negativa.

Ogni credenza ideologica fallace non consente di comprendere che i valori a cui si tende sono, in realtà, elementi valoriali che si vogliono compromettere. Ciò che si promuove (una certa idea di società, di educazione, di buon cittadino, etc.) lo si ottiene travisando, ribaltando la realtà, senza che tale ribaltamento sia però percepito e considerato per quello che è: un inganno, una manipolazione [48]. I contenuti veicolati e proposti sono è irrazionalmente distorti: viene cioè instillata e si vuole radicare una particolare credenza, su basi non razionali, proprio perché funzionale agli scopi della propaganda [49].

Avremo di approfondire questo profilo nei contributi di questo volume (vedi *infra*, cap. 2 della Sezione III); tuttavia, proviamo a fare un esempio di credenza ideologica fallace innestata in un discorso propagandistico, e nello specifico in un discorso che esalta il contrario della pace per eccellenza, il primo a cui tutti pensiamo, la *guerra* (vedi *infra*, cap. 1, Sezione II).

Immaginiamo che siano diffusi *slogan* con questo contenuto: "Gli uomini giovani e forti devono andare in guerra, per salvare molte vite e la Nazione. Solo i codardi e i nemici della Patria rifiutano di arruolarsi! Del resto, in guerra *non muore nessuno*! Certo, può capitare che un uomo muoia, ma perché si suicida gettandosi dal tetto di un palazzo, o perché è stato avvelenato o perché finisce sotto un camion o ha un incidente stradale... Insomma, non si muore in guerra, o almeno non si muore di più che in altre circostanze quotidiane!".

Quella qui sopra proposta è un combinazione classica di *supporting propaganda* (elogio pomposo della gioventù, dell'essere uomini vigorosi e forti, disposti al sacrificio per la Nazione), a cui si aggiunge un elemento di *undermining propaganda* (si depreca chi si rifiuta di andare al fronte, chi non si sacrifica per la Patria e lo si equipara al un *nemico*), a cui, infine, si unisce ad una credenza ideologica fallace: la guerra non fa morire nessuno, meno che mai i giovani uomini che vanno a combattere. O quanto meno, la guerra non è poi più pericolosa o terribile, rispetto alle insidie della giungla cittadina quotidiana!

L'approfondimento del rapporto tra argomenti a tema, argomenti non a tema e credenze ideologiche fallaci, così come impiegati nel linguaggio di

---

48 *Ibidem.*

49 *Ibidem.*

propaganda all'interno di contesti in cui si realizzano alcuni *contrari della pace*, sarà proposto, attraverso l'analisi critica di alcuni brani letterari, tratti da opere molto note, come *Fahrenheit 451* di Ray Bradbury e *1984* di George Orwell, nell'ultima parte di questo volume (vedi, *infra*, Sezione III) a cui si rinvia.

Sezione II

Alcuni "contrari" della pace: terrorismo, guerra, pandemia

Capitolo 1

Un *contrario* della pace: la *guerra interna allo Stato*

1. Quali sono i contrari *della pace*?

Una volta compresi gli elementi basilari della teoria del linguaggio di matrice analitico-linguistica, e le peculiarità dei discorsi di propaganda, in questa Sezione proporremo alcuni percorsi d'analisi di differenti "contrari della pace".

Sono molti, e diversificati, i temi che potrebbero essere oggetto di studio. Ad esempio, le crisi energetica e climatica che stanno investendo il pianeta sono state definite nuove "guerre" che l'umanità sta combattendo [1]. Oppure, i contesti di malattia, acuta, cronica o degenerativa, che caratterizzano spesso il vissuto di classi eterogenee di soggetti, sono considerate "guerre" in cui gli individui, le loro famiglie e i curanti sono impegnati e devono lottare [2].

Tra i molti possibili, si sono scelti solo alcuni ambiti, considerati contesti di particolare interesse con cui, nel nostro presente, nel recente passato o nei decenni scorsi, la compagine giuridico-politica italiana si è trovata a dover fare i conti.

Discuteremo in che senso sia "un contrario della pace" sia l'esperienza del terrorismo, e di quello brigatista in particolare, che ha sagnato la storia italiana a partire dagli anni Settanta del Novecento, sia la guerra in atto tra Federazione russa ed Ucraina sia, infine, l'esperienza pandemica da cui siamo da poco usciti.

Portando attenzione alla dimensione linguistico-concettuale, ai discorsi formulati per riflettere e ragionare su terrorismo, guerra e pandemia, si darà conto, in particolare, delle ragioni che portano a considerare i contesti richiamati come ambiti in cui la propaganda, il linguaggio oscuro, metaforico e bellico in

---

[1] L. Ferrajoli, *Per una Costituzione della Terra. L'umanità al bivio*, Feltrinelli, Milano, 2022.

[2] G. Cosmacini, *Guerra e medicina: dall'antichità a oggi*, Laterza, Roma-Bari, 2014.

genere, diventano strumenti per offuscare la ragione e sono invece funzionali a generare paura ed incertezza.

Sia riguardo al periodo del c.d. "terrorismo rosso" degli anni Settanta, sia in relazione alle situazioni catastrofiche della guerra e della pandemia, si sono dovuti fronteggiare gravi minacce per gli individui e/o per le istituzioni, e i consociati hanno dovuto far fronte a pericoli talora nuovi ma sempre molto problematici, in cui ci si è posti la questione di come ritornare "alla pace", proprio perché si stava vivendo una realtà segnata dalla sua messa in discussione e/o dalla sua assenza.

Si è pertanto scelto di presentare un percorso volto a evidenziare alcuni ambiti, reali e concreti, in cui si è sostanziato il *contrario della pace.*

1.1. L'esperienza terroristica della Brigate Rosse. La "guerra" interna allo Stato: un primo inquadramento

Il primo contrario della pace a cui si pensa, sia nel linguaggio ordinario, sia nei linguaggi specifici, tecnici o parzialmente tecnicizzati, come quelli normativi, è *la guerra* (vedi anche *retro*, ultimo paragrafo del cap. 2, Sezione I).

"Guerra" è, in effetti, un termine che è stato oggetto di grande attenzione teorica non solo nella riflessione giuridica, ma anche in ambito storico, sociologico, economico, geopolitico, filosofico, filosofico-politico, etc. [3].

---

[3] I temi in esame saranno oggetto di specifici approfondimenti nei contributi di cui si compone questo libro. Tuttavia, in relazione all'interesse mai sopito da molti studiosi in relazione all'argomento della guerra, alla necessità della pace e alle riflessioni teoriche interdisciplinari sull'argomento, non solo filosofico-giuridiche al riguardo, si rinvia, senza pretesa di esaustività, a N. Bobbio, *Il problema della guerra e le vie della pace*, Il Mulino, Bologna, 1997; L. Gianformaggio, *Diritti umani e guerra*, in a cura di M. Dogliani, S. Sicardi, Giappichelli, Torino, 1999, pp. 59-70; D. Zolo, *Chi dice umanità: guerra, diritto e ordine globale*, Einaudi, Torino, 2000; V. Ferrari (a cura di), *Filosofia giuridica della guerra e della pace*, Franco Angeli, Milano, 2008; L. Pannarale, *La società ad una dimensione: i rischi dell'identità* in V. Ferrari (a cura di), *Filosofia giuridica della guerra e della pace*, cit., pp. 239-251; Id., *Le identità religiose e la guerra. Un antico problema del XXI secolo*, in AA.VV., *Studi in onore di Vincenzo Starace*, Editoriale Scientifica, Napoli, 2008, pp. 2011 ss.; P. Marconi, *Dalla liberà alla sicurezza*, in V. Ferrari (a cura di), *Filosofia giuridica della guerra e della pace*, cit., pp. 269-278; A. Pintore, *Le due torri. Diritti e sicurezza ai tempi del terrore*, in V. Ferrari (a cura di), *Filosofia giuridica della guerra e della pace*, cit., pp. 279-310; G. Palombella, *Da dove pensare la guerra?*, in V. Ferrari (a cura di), *Filosofia giuridica della guerra e della pace*, cit., pp. 411-424; A. Lo Giudice, *Una via per la guerra*, in V. Ferrari (a cura di), *Filosofia giuridica della guerra e della pace*, cit., pp. 447-453; I. Trujillo, *A proposito di giustizia internazionale e di cosmopolitismo*, in V. Ferrari (a cura di), *Filosofia giuridica della guerra e della pace*, cit., pp. 465-467; Id., *Diritti umani e diritto umanitario: convergenze, complementarietà e deroghe*, in T. Casadei (a cura di), *Diritti umani e soggetti vulnerabili. Violazioni, trasformazioni, aporie*,

Preso atto che sono molti e diversi i contesti in cui "guerra" assume un significato peculiare, il primo passo che faremo è capire quale significato è possibile attribuire al termine "guerra" quando la si contestualizza all'interno dei confini di uno stato. Ci domanderemo, pertanto, a quali condizioni – e perché – si parli di "situazione di guerra" in relazione al "terrorismo"[4] e in che senso esso può essere inteso come il "contrario della pace".

Il termine "guerra"[5], pur nella difficoltà di trovare una definizione del tutto soddisfacente, presenta un'area semantica di sicura inclusione, che rinvia all'idea di *conflitto armato*, vale a dire una contrapposizione visibile e riconoscibile tra due o più soggetti istituzionali, che si realizza, tradizionalmente, tra due o più Stati, con l'impiego di forze militari statali, il cui scontro avviene su territori conosciuti, rispetto a precisi confini geopolitici individuati[6]. Le guerre, come sono state messe in atto, per secoli[7], e fino alla Seconda Guerra Mondiale[8], hanno combattuto nemici certi, conosciuti, riconoscibili.

Ancora oggi, in alcune parti del mondo, ci sono conflitti in atto[9] (in propo-

---

Giappichelli, Torino, 2012, pp. 61-71; G. Bombelli, *Guerra, pace e identità occidentale. La necessità di ripensare alcune tradizionali categorie*, in V. Ferrari (a cura di), *Filosofia giuridica della guerra e della pace*, cit., pp. 481-489. Si rimanda, inoltre, a M. Evangelista, *Diritto, etica e guerra al terrore*, Vita e Pensiero, Milano, 2009; D. Lyons, *Massima sicurezza. Sorveglianza e "guerra al terrorismo"*, Cortina, Milano, 2005; P. Bonetti, *Terrorismo, emergenza e costituzioni democratiche*, Il Mulino, Bologna, 2006. Per la letteratura internazionale più significativa sul tema: E.A. Posner, A. Vermeulen, *Terror in the Balance. Security, Liberty and the Court*, Oxford University Press, Oxford, 2007; AA.VV., *Liberté et Sécurité en Europe: enjeux contemporains*, in *Culture et conflits*, n. 61, 2006; A. Vedaschi, *Da Al-Qa'ida all'Is: il terrorismo si è fatto Stato?*, in *Rivista trimestrale di diritto pubblico*, n. 1, 2016, pp. 41-80; M. Barberis, *Non c'è sicurezza senza libertà*, il Mulino, Bologna, 2017. Si rinvia, infine, a P. Veronesi, *Colpe di Stato. I crimini di guerra e contro l'umanità davanti alla Corte costituzionale*, Franco Angeli, Milano, 2017.

[4] Sono qui inizialmente prese in esame le definizioni di "guerra" e "terrorismo" offerte da L. Ferrajoli, *Guerra e terrorismo internazionale. Un'analisi del linguaggio politico*, in F. Ruggeri, V. Ruggiero (a cura di), *Potere e violenza. Guerra, terrorismo, diritti*, Franco Angeli, Milano, 2009, pp. 80-89, in particolare pp. 77 ss.

[5] Per un quadro riassuntivo delle principali posizioni teoriche sviluppatesi nei contesti occidentali sulla nozione di "guerra": C. Galli (a cura di), *Guerra*, Laterza, Roma-Bari, 2004.

[6] L. Ferrajoli, *Guerra e terrorismo internazionale. Un'analisi del linguaggio politico*, cit., pp. 77-78.

[7] G. Patrizio, *Tempo di guerra. Tempo di pace. Stabilità e durata nel mondo globale*, Giappichelli, Torino, 2009.

[8] Non è possibile, in questa sede, sviluppare il tema della c.d. "guerra fredda", tra blocco occidentale e blocco sovietico, determinatosi, specialmente in ambito europeo, dopo la conclusione della Seconda Guerra Mondiale. Sul punto, si rinvia sinteticamente a F. Romero, *Storia della Guerra fredda: l'ultimo conflitto per l'Europa*, Einaudi, Torino, 2009.

[9] Oltre alla guerra tra Federazione russa ed Ucraina, per una rapida rassegna delle altre

sito, un contesto particolare, il conflitto tra Federazione russa ed Ucraina, sarà oggetto di analisi specifica: vedi *infra*, questa Sezione, capp. 2-3).

Considerando, invece, la *guerra contro uno Stato o entro i territori di uno specifico Stato*, si può fare riferimento ad una situazione tipica di conflitto armato, chiamata "terrorismo". Una prima definizione ampia di terrorismo [10], nell'accezione di senso comune, denota, in via generale, attacchi violenti contro persone, edifici, simboli, con la finalità di rivendicare qualche messaggio di tipo ideologico, politico o religioso, messa in atto da soggetti non istituzionalizzati, che operano, cioè, in modo estemporaneo, autonomo, senza riconoscimenti espliciti di tipo giuridico o politico.

In rifermento al conflitto contro uno Stato o all'interno di uno Stato, possiamo operare una distinzione tra forme di "terrorismo interno" [11] e forme di "terrorismo internazionale" [12].

Con l'espressione "terrorismo interno" [13] si fa riferimento ad un insieme di atti e fatti, volti a destabilizzare la politica interna di un Paese, che hanno natura violenta, repentina, mirata e che colpiscono non un nemico ben individuato, bensì la popolazione in genere, poiché sono volti a generare paura e terrore e vogliono generare insicurezza e tensioni nella società in cui vengono realizzati. Quando, invece, ci si riferisce al "terrorismo internazionale" [14], si fa sempre riferimento ad azioni cruente, improvvise, rivolte contro la popolazione, ma in genere messe in atto da un gruppo eversivo in territorio straniero. Si va a colpire, in breve, il Paese considerato la causa o la ragione della sofferenza del proprio popolo o della propria nazione, e lo si fa con attacchi perpetrati su suolo estero. Se pensiamo all'attacco che ha portato al crollo delle Torri gemelle di New York, l'11 settembre 2001 [15], abbiamo uno tra i principali episo-

---

guerre tutt'ora in corso in diverse parti del mondo, si rinvia al rapporto del *Global Peace Index*, pubblicato nel 2023. I dati sono consultabili al seguente indirizzo https://www.unesco.org/en/world-media-trends/global-peace-index.

[10] La nozione stessa di terrorismo è complessa e la bibliografia di riferimento è particolarmente vasta. Per una ricostruzione storico-sistematica del concetto, si rinvia, sinteticamente, a M. Fossati, *Terrorismo e terroristi*, Mondadori, Milano, 2003.

[11] R.E. Kostoris, E. Orlandi (a cura di), *Contrasto al terrorismo interno e internazionale*, Giappichelli, Torino, 2006.

[12] *Ibidem*.

[13] P. Bonetti, *Terrorismo, emergenza e Costituzioni democratiche*, il Mulino, Bologna, 2006; F. Biondi Dal Monte, *Terrorismo, ordine pubblico e sicurezza nazionale nell'Unione europea*, in *Quaderni costituzionali*, n. 3, 2015, pp. 788-791.

[14] N. Ronzitti, *Europa e terrorismo internazionale. Analisi giuridica del fenomeno e Convenzioni internazionali*, Franco Angeli, Milano, 1992; C. Di Stasio, *La lotta multilivello al terrorismo internazionale*, Giuffrè, Milano, 2010.

[15] Tra i numerosissimi testi a disposizione, di ricostruzione e di analisi dell'attacco dell'11

di di terrore internazionale che hanno segnato il momento contemporaneo.

Tuttavia, specie per i più giovani, pare difficile ricordare fenomeni riconducibili ad “atti di guerra” propri del c.d. terrorismo interno al nostro Paese [16], ed in particolare a quello attuato da specifici gruppi terroristici, come le Brigate Rosse. Questo approfondimento rappresenta pertanto un’occasione di riflessione su alcuni eventi e fatti della nostra storia, con strumenti nuovi e con nuove prospettive, utilizzati come *case study* per ragionare sull’importanze e sull’incidenza del linguaggio, usato sia per descrivere, sia per orientare scelte, azioni, comportamenti, in un contesto considerato “di guerra”, ma differente dalla guerra classicamente intesa.

Prima di entrare nel merito della peculiarità del terrorismo brigatista e prima di analizzare il “linguaggio di guerra” usato nella lotta armata (vedi *infra*), dobbiamo chiarire quale rapporto vi sia tra la “guerra”, tradizionalmente intesa, e il terrorismo.

1.2. Punti di contatto e differenze tra *terrorismo* e *guerra*

Parlare, in generale, di azioni di terrorismo significa riferirsi ad attacchi armati, che hanno messo a repentaglio e aggredito non solo obiettivi istituzionali, ma anche molti cittadini, nella loro semplice quotidianità, il più delle volte, durante lo svolgimento di molte attività ordinarie [17]. Sono infatti stati colpiti non solo uomini politici, esponenti delle forze dell’ordine o magistrati, ma anche lavoratori, sindacalisti, persone comuni, mentre portavano i figli a scuola, o mentre uscivano di casa, nel tragitto fino al luogo di lavoro, etc. [18]. Allo stesso tempo, sono state prese misure per ripristinare livelli minimi di sicurezza che spesso hanno comportato significative limitazioni ai diritti dei consociati, ed in modo particolare ai diritti di libertà [19].

---

settembre 2001, si rinvia, per brevità, a G. Fossà, *La terza torre: libertà, sicurezza, diritti civili e terrorismo dopo l’11 settembre*, Fazi Editore, Roma, 2002; M.W. Bruno, *Apocalypse news: la comunicazione terroristica nell’epoca della cybersfera pubblica globale*, in *Rassegna Italiana di Sociologia*, n. 1, 2003, pp. 77-94; più di recente, S. Weidner, *Ground zero: 11 settembre 2001: la nascita del presente*, Erickson, Milano, 2021.

[16] R. Bin, *Democrazie e terrorismo*, in C. De Maglie, S. Seminara (a cura di), *Terrorismo internazionale e diritto penale*, Cedam, Padova, 2007, pp. 39-54.

[17] G. Sirianni, *Pace e guerra, nemici e terroristi*, in *Psiche*, n. 2, 2016, pp. 551-557.

[18] S. Zavoli, *La notte della Repubblica*, ultima edizione, Mondadori, Milano, 2014.

[19] M. Goldoni, *La Repubblica delle emergenze. Il dibattito sui poteri eccezionali nel costituzionalismo americano*, in *Materiali per una storia della cultura giuridica*, n. 2, 2005, pp. 435-453; P. Mindus, *Nostalgia per Cincinnato? Elementi per una fenomenologia dell’emergenza*, in *Materiali per una storia della cultura giuridica*, n. 2, 2007, pp. 481-523.

In effetti, se pensiamo ad alcune modalità offensive o alle conseguenze prodotte dagli attacchi, potremmo rilevare elementi che fanno pensare che "guerra" e "terrorismo" abbiano molti punti di contatto.

Possiamo allora sostenere che siamo di fronte ad un fenomeno sovrapponibile alla guerra oppure, in caso di risposta negativa, che cosa segna la differenza tra "guerra" e "terrorismo"?

Per rispondere a questo interrogativo, per prima cosa, dobbiamo operare un'opportuna ridefinizione di "terrorismo". Se si intende con "terrorismo"[20] ogni atto gravissimo, di natura criminale, che si caratterizza per la commissione di fatti o atti di violenza posti in essere da uno o più individui appartenenti ad organizzazioni ramificate e occulte, che operano clandestinamente, in territori frammentati e con azioni estemporanee, acute, volte alla massimizzazione del danno, e che nella maggior parte dei casi sono rivolte, come abbiamo poco sopra ricordato, non contro forze militari o contro istituzioni, ma contro civili inermi[21], siamo di fronte ad un fenomeno diverso da un'azione di guerra tradizionale. Non vi sono due eserciti schierati che si fronteggiano, non vi sono arruolamenti di forze militari statali, né trincee o territori contesi sui quali, e per i quali, si combatte.

Esaminando però il punto di vista di chi è stato vittima di attacchi, e analizzando le reazioni e le drammatiche conseguenze a cui si è andati incontro, si potrebbe ritenere che guerra e terrorismo, in fondo, non siano così differenti, come se fossero due facce della stessa medaglia. Non è infatti casuale che capi di Stato e di Governo, nei momenti immediatamente successivi ad attacchi terroristici, abbiamo usato le espressioni "Siamo in guerra" nelle prime comunicazioni alla nazione[22] e come *incipit* per presentare piani e strategie per fronteggiare i colpi subiti.

---

[20] L. Ferrajoli, *Guerra e terrorismo internazionale. Un'analisi del linguaggio politico*, cit., p. 78.

[21] «Le vittime [...] sono in genere scelte a caso (obiettivi e opportunità), o selezionate (obiettivi simbolici o rappresentativi) all'interno della popolazione oggetto dell'attacco e vengono impiegate come generatrici di messaggi». A.P. Schmid, A.J. Jongman, *Political Terrorism, a New Guide to Autors, Concepts, Data– Bases, Theories and Literature*, North-Holland Publishing, Amsterdam, 1988, p. 28, citato anche in D. Salerno, *Terrorismo, sicurezza, post-conflitto. Studi semiotici sulla guerra al terrore*, Ed. Libreriauniversitaria, Pordenone, 2012, p. 12.

[22] Si rinvia al discorso trasmesso alla radio, ad esempio, il 15 settembre 2001 da G.W. Bush, nel quale il presidente americano comunicava, dopo pochi giorni dall'attentato dell'11 settembre, di aver individuato in Osama Bin Laden la mente responsabile del progetto terroristico messo in atto contro gli Stati Uniti. Il discorso è consultabile al seguente indirizzo: http://www.repubblica.it/online/mondo/bush/radio/radio.html. Si rinvia, altresì, al discorso tenuto dal presidente François Hollande nei momenti successivi agli attacchi a Parigi del 13 novembre 2015. Il discorso è consultabile al seguente indirizzo: http://www.gadlerner.it/2015/

Riguardo alla relazione tra "guerra" e "terrorismo" non sono mancate analisi che li hanno considerati in modo ancora diverso. Alcuni autori hanno affermato, addirittura, che possano essere interpretati l'uno come evoluzione dell'altra[23]. Negli ultimi due secoli, si è sostenuto, ogni forma di belligeranza (quindi, sia le guerre tradizionalmente intese, sia i fenomeni di terrorismo), si sarebbe caratterizzata per essere stata una lotta (o una serie di battaglie) volta a mettere in crisi, o ad affermare, imponendoli sui soccombenti, certi sistemi finanziari, energetici, militari e tecnologico-informativi, obiettivi realizzati in modo sempre più incisivo e resi possibili grazie alla crescente innovazione scientifico-tecnologica[24].

Senza negare l'originalità delle argomentazioni che connettono strettamente tra loro guerra e terrorismo, bisogna evidenziare, però, che vi siano buone ragioni per sostenerne la loro diversità concettuale. Inoltre, in relazione alla complessità di scenari e di situazioni che ci si parano davanti, le tesi che considerano guerra e terrorismo due facce della stessa medaglia non appaiono del tutto soddisfacenti, per diverse ragioni.

Prima di tutto, quando uno Stato reagisce ad attacchi terroristici, compie scelte e dà vita a procedimenti e ad atti mirati e specifici. Non dichiara guerra ad un altro Stato. La risposta nei casi di "terrorismo interno" non coinvolge Nazioni terze, poiché è tesa a stabilire risposte giuridico-politiche, anche attraverso l'uso della forza, contro individui o gruppi che insistono sul territorio nazionale, che hanno la caratteristica dell'eccezionalità e dell'emergenza-urgenza[25].

Inoltre, e del resto, negli ultimi decenni, va ricordato che il contrasto a situazioni di violenza armata[26], non è avvenuto tra "nemici di pari grado", bensì

11/17/il-discorso-integrale-di-francois-hollande-sulla-francia-in-guerra, sul punto, anche G. De Minico, *Costituzionalizzare l'emergenza. L'État d'urgence*, in Id., *Costituzione: emergenza e terrorismo*, Jovene, Napoli, 2016, in particolare pp. 235-276.

[23] G. Patrizio, *Tempo di guerra. Tempo di pace. Stabilità e durata nel mondo globale*, cit., p. 126.

[24] In questo senso, M. Cheney, *Dalla grande guerra alla crisi permanente. L'ascesa al potere dell'aristocrazia finanziaria e lo scacco della democrazia*, Ed. Mimesis, Milano, 2016.

[25] L. Di Fabio, *Due democrazie, una sorveglianza comune. Italia e Repubblica Federale Tedesca nella lotta al terrorismo interno e internazionale (1967-1986)*, Mondadori, Milano, 2018.

[26] A proposito del c.d. "terrorismo interno", si sottolinea che esso ha segnato le scelte giuridiche e politiche dell'Italia, a partire dagli anni Settanta del secolo scorso ed è un tema diffusamente trattato, in diversi contesti disciplinari. Per un approfondimento del terrorismo interno italiano, di matrice politica, si rinvia, tra i molti, a A. Ventura, *Per una storia del terrorismo italiano*, Donzelli Editore, Roma, 2010; anche G.M. Ceci, *Il terrorismo italiano. Storia di un dibattito*, Carocci Editore, Roma, 2013.

attraverso modalità nuove[27], fino a dare vita a lotte contro minacce inedite, sfuggenti, di matrici diversificate e con obiettivi inconsueti, anche fuori dal territorio nazionale. A partire dai primi anni Duemila, infatti, abbiamo assistito ad una situazione nella quale differenze e confini, apparentemente ben individuabili e distinti, tra terrorismo interno e terrorismo esterno o internazionale, sono diventati meno netti e, anzi, hanno generato confusione rispetto alla differenziazione tra le due categorie. Queste considerazioni hanno riguardato, ad esempio, i fatti qualificati come "attacchi terroristici" che hanno interessato alcune Nazioni, come gli Stati Uniti d'America, colpiti da forze terroristiche straniere su suolo interno, a cui è seguita una dura reazione, attuata non solo con attività di contrasto al c.d. "terrorismo interno", ma anche e prevalentemente, con iniziative "nuove", come la dichiarazione della "War on Terror", della "guerra al terrore", messa in atto al di fuori dei confini del proprio Stato, per attaccare, in regioni del globo anche molto lontane, il nemico ritenuto responsabile di gravissimi attacchi subiti in patria. Si è trattato di operazioni e iniziative che sono state definite con l'espressione "guerra giusta", oppure "guerra umanitaria" o "preventiva"[28].

Negli ultimi decenni, nella storia occidentale, discutere sulla guerra giusta o preventiva ha significato interrogarsi sulla portata, la legittimità e l'efficacia di risposte armate, con mezzi militari, di alcuni Stati, di fronte a nuove minacce proprie del terrorismo internazionale[29]. Una peculiarità di questo recente

---

[27] Dagli anni Novanta, molti filosofi del diritto, intellettuali, giuristi e storici si sono confrontati col tema della "guerra preventiva" o col tema delle "guerre umanitarie". Su questi aspetti esiste una bibliografia molto vasta. Sinteticamente, si rinvia a N. Bobbio, *Una guerra giusta? Sul conflitto del Golfo*, Marsilio, Venezia, 1991; J. Gardam, *Humanitarian Law*, Ashgate, Aldershot, 1999; D. Zolo, *Chi dice umanità*, cit.; P. Hipold, *Humanitarian Intervention: Is There a Need for a Legal Reappraisal?*, in *European Journal of International Law*, 12, n. 3, 2001, pp. 437-467. Si segnala, in particolare, l'intervento di Umberto Eco, che ha coniato il termine "neoguerra" per riferirsi non solo alla forma di "attacco preventivo" con cui gli Stati Uniti avevano deciso di intervenire sia in Iraq, sia in Afghanistan, ma che denota anche ogni situazione di conflitto armato inedito, per intensità, durata e modalità di attacco e/o di svolgimento, che ha caratterizzato lo scontro tra alcuni Stati e organizzazioni o enti terroristici dal profilo fluido, spesso indistinto e difficile da connotare con precisione. T. Pitch, *Diritti umani, guerre, "interventi umanitari"*, in F. Ruggeri, V. Ruggiero (a cura di), *Potere e violenza. Guerra, terrorismo, diritti*, Franco Angeli, Milano, 2009, in particolare pp. 96 ss.

[28] Anche questo tema è ampiamente trattato e ha una vastissima letteratura di riferimento. In questa sede, si rinvia ad alcuni tra i principali contributi: M. Walzer, *The Triumph of Just War Theory (and the Dangers of Success)*, in *Social Research*, n. 4, 2002, pp. 925-945; ID., *Sulla guerra*, Laterza, Roma-Bari, 2006; ID., *Guerre giuste e ingiuste. Un discorso morale con esemplificazioni storiche*, Laterza, Roma-Bari, 2009. Per le ragioni della critica alle posizioni dei teorici della "guerra giusta", si rimanda a D. Zolo, *Una "guerra globale" monoteistica*, in *Iride*, n. 2, 2003, pp. 223-242.

[29] Per la ricostruzione delle numerose proposte definitorie in ambito giuridico relative al

"terrorismo internazionale" ha riguardato il fatto che esso, per lo più, si è concretizzato con attacchi distruttivi segnati da matrici di tipo ideologico-religiose. Si è caratterizzato, cioè, per essere ricondotto, almeno apparentemente [30], a movimenti di fondamentalismo religioso, il più delle volte di tipo islamico, che lo hanno adottato come strumento di lotta contro l'Occidente (contro lo stile di vita, le tradizioni culturali o religiose, le forme di organizzazioni giuridico-politiche, e contro anche gli stessi cittadini degli Stati europei, considerati "infedeli" e, come tali, ritenuti obiettivi da colpire in qualunque forma e in ogni occasione possibile).

Le modalità e le dinamiche proprie di un atto terroristico, sia esso interno o internazionale, hanno tuttavia elementi comuni: sono basate su azioni repentine e violente di un soggetto o di un gruppo, che individuano come obiettivi della loro violenza bersagli generalizzati, che tuttavia non sono i principali destinatari a cui sono rivolte le azioni compiute. Si colpiscono persone per strada, in metropolitana, sugli aerei, in un teatro o in una piazza, per colpire gli stati e/o i referenti politici dei luoghi in cui tali atti si sono verificati. La finalità prioritaria è manipolare o condizionare direttamente la vita della società civile, per condizionare e indirettamente suscitare una reazione da parte di uno Stato, colpendo in modo significativo e indiscriminato un destinatario ampio e diffuso, un vasto pubblico, attraverso la minaccia o l'esecuzione di atti o fatti perpetrati per lo più su soggetti privati [31]. Le risposte ad attacchi terroristici hanno portato, talvolta, a impiegare strumenti propri della "guerra" tradizionalmente intesa (come, per esempio, l'uso di armi pesanti, bombardamenti o assalti sul campo del "nemico"), talvolta ad adottare strategie meno eclatanti nel contrasto al terrorismo (ad esempio attraverso un utilizzo imponente di forme di *intelligence*, che non comportano necessariamente l'uso di armi). Del

---

"terrorismo internazionale", R. Nigro, *La definizione di terrorismo nel diritto internazionale*, Editoriale Scientifica, Napoli, 2013.

[30] Alcuni studiosi, sul punto, pur condividendo l'argomento che gli attacchi terroristici in ambito occidentale, ed europeo in particolare, siano realizzati *anche* per finalità di tipo fondamentalistico-religiose da organizzazioni terroristiche, hanno sollevato altri interrogativi. Ci si è chiesto, in particolare, chi finanzi questi movimenti, come *Daesh* (*Isis*) ad esempio, chi fornisca armi e mezzi, non solo militari, chi taccia o preferisca ignorare gli aiuti, strategico-politici, di cui hanno usufruito e che, in parte, continuano a ricevere, ad esempio, G. Chiesa, *La guerra infinita*, Feltrinelli, Milano, 2003, le cui tesi sono state in parte riproposte in G. Chiesa, M. Villari, *Superclan. Chi comanda l'economia mondiale?*, Feltrinelli, Milano, 2003 e riproposte, con un'originale analisi, in relazione agli attentati terroristici di Parigi del 2015, in G. Chiesa, *È arrivata la bufera*, Piemme, Casale Monferrato, 2016. Da ultimo, anche F.P. Alparone, *La globalizzazione del terrore o il terrore globalizzato? L'IS simbolo mediatico della destabilizzazione occidentale?*, Ed. Youcanprint, Tricase (Le), 2017.

[31] D. Salerno, *Terrorismo, sicurezza, post-conflitto*, cit., pp. 12 ss. C. Fumian, *Quegli anni Settanta: un terrorismo «inutile»?*, in *Contemporanea*, n. 4, 2013, pp. 628-634.

resto, ogni volta che si è intervenuti in risposta ad offensive improvvise e concrete, lo si è fatto, indipendentemente dalle modalità impiegate, perché si tratta di salvaguardare beni e diritti rilevanti per la collettività, come la libertà e la sicurezza[32].

Se, dunque, va rilevata la differenza sul piano fattuale che caratterizza interventi e azioni di guerra da interventi e azioni terroristiche, come sopra ricordato, vi sono altresì ragioni teoriche, che portano a ritenere sostenibile una loro differenza.

Una delle ragioni principali a sostegno della diversità concettuale tra "guerra" e "terrorismo", riguarda proprio il ruolo delle regole di riferimento, e delle norme del diritto in particolare, che sono state, che possono o che devono essere fornite, rispetto ai due fenomeni considerati. In proposito, si può rilevare che una guerra, almeno dalla seconda metà del Novecento, ha una disciplina prescrittiva individuata da un soggetto terzo (l'ONU, ad esempio) estraneo alla dinamica degli attori direttamente coinvolti, mentre il terrorismo è qualificato e gestito con strumenti giuridico-politici dello Stato attaccato – e che è parte, suo malgrado, della dinamica di lotta –; la dichiarazione di chi sia da intendersi come "nemico", inoltre, nei casi di terrorismo è data, almeno inizialmente, da una sola parte, quella dei soggetti che mettono in atto le azioni di violenza e di terrore. Infine, le conseguenze degli atti di guerra sono sottoposte a regole di diritto internazionale e i processi sono celebrati in tribunali internazionali, che operano come istituzioni *super partes*; non così avviene per le sanzioni agli atti terroristici, che sono senz'altro giudicati da tribunali e istituzioni interne allo Stato colpito, e solo in via eventuale, (per esempio nei casi di terrorismo internazionale), sottoposte ad un giudizio anche sovranazionale[33].

Pur tenendo ferma la loro distinzione concettuale, bisogna però precisare che mentre la guerra non è necessariamente sempre riconducibile alla guerra tradizionale[34], ogni forma di terrorismo produce azioni, decisioni, regole e linguaggi assimilabili a quelli bellici, vale a dire che ricordano molto uno scenario "di guerra"[35].

Dopo aver chiarito, pur rapidamente, somiglianze e differenze tra guerra e terrorismo, e portando attenzione a quello interno al nostro Paese, possiamo

---

[32] Sul punto, L. Forni, T. Vettor (a cura di), *Sicurezza e libertà in tempi di sicurezza globale*, Giappichelli, Torino, 2017.

[33] A. Beccaro, *Guerra e terrorismo: due fenomeni distinti?*, in *Rivista di politica: trimestrale di studi, analisi e commenti*, n. 3, 2016, pp. 159-171; Id., *Pensare la guerra: natura, attori, tecnologie*, in *Rivista di politica: trimestrale di studi, analisi e commenti*, n. 3, 2021, pp. 37-47, in particolare pp. 40 ss.

[34] A. Beccaro, *Guerra e terrorismo: due fenomeni distinti?*, cit., p. 160.

[35] *Ibidem.*

ricordare che esso si è caratterizzato per atti eversivi, di varia matrice, da quelli rivendicati o attribuiti all'estrema destra [36], come nei casi delle stragi iniziate con Piazza Fontana, il 12 dicembre 1969 a Milano [37], fino alla strage di Bologna, il 2 agosto 1980 [38], ma allo stesso tempo anche da atti di estrema gravità e violenza, connotati da una radice ideologica simmetrica e contraria, come nel caso degli attacchi di vari gruppi riconducibili all'estrema sinistra.

Nel nostro percorso, volto a fare chiarezza riguardo a termini e a concetti usati in molte ridefinizioni di guerra, approfondiremo, in questa prima parte, alcuni aspetti di uno dei gruppi più rilevanti e che sono stati tra i più pericolosi sul territorio nazionale, le Brigate Rosse. Le Br sono oggetto di specifico interesse perché hanno compiuto alcuni tra i peggiori attacchi ascrivibili al terrorismo interno [39] alle nostre istituzioni democratiche. In proposito, abbiamo a disposizione una serie di materiali, come i loro comunicati, che consentono l'analisi di uno tra i più calzanti esempi di linguaggio "di guerra interna allo Stato".

Lo studio dei comunicati relativi, nello specifico, al rapimento di Aldo Moro (vedi *infra*), saranno funzionali a condurre una riflessione sul rapporto che c'è tra l'uso del linguaggio e la sua incidenza nella realtà, attraverso una rilettura operata con strumenti teorico-giuridici di matrice kelseniana. Ci occuperemo, pertanto, di capire come si esprimevano le Br nei loro comunicati più famosi, e qual era il linguaggio che adottavano riguardo alle loro azioni, nella loro guerra allo, e dentro, lo Stato democratico. Per fare questo, daremo rapi-

---

[36] G. Bulli, *L'estrema destra in Italia fra tradizione e innovazione*, in *il Mulino*, n. 3, 2021, pp. 65-74; G. Panvini, *La destra eversiva: un passato che non passa*, in *il Mulino*, n. 3, 2021, pp. 106-115; B. Tersbøl, *Il terrorismo neofascista e la democrazia della prima repubblica, in Analecta romana instituti danici*, n. XXX, 2004, pp. 211-227; A. Serranò, *Le armi razionali contro il terrorismo contemporaneo: la sfida delle democrazie di fronte alla violenza terroristica*, Giuffrè, Milano, 2009; F. Dallago, A. Mirisola, M. Roccato, *Personalità, minaccia e autoritarismo di destra*, in *Psicologia sociale*, n. 1, 2011, pp. 103-118.

[37] G.M. Ceci, *La CIA e il terrorismo italiano: dalla Strage di Piazza Fontana agli anni Ottanta (1969-1986)*, Carocci, Roma, 2019, anche D. Conti, *L'Italia di piazza Fontana, in Dimensioni e problemi della ricerca storica*, n. 2, 2020, pp. 157-168; M. Gotor, *«Un intrigo difficile da districare». La strage di piazza Fontana e la strategia della tensione nel memoriale di Aldo Moro*, in *Dimensioni e problemi della ricerca storica*, n. 2, 2020, pp. 107-132.

[38] E. Pirazzoli, *Bologna, estate 1980*, in *il Mulino*, n. 4, 2010, pp. 701-709; F. Palaia, *La strage di Piazza della Loggia. I lavoratori in difesa della democrazia e l'autogestione dell'ordine pubblico*, in *Studi storici*, n. 2, 2017, pp. 485-511; M. Dondi, *Dalle stragi di provocazione alle stragi di intimidazione*, in *Dimensioni e problemi della ricerca storica*, n. 2, 2020, pp. 133-156.

[39] Non tutti gli studiosi sono tuttavia concordi nel qualificare come "terrorismo" le azioni compiute della Brigate Rosse: sul punto, R. Barberini, *"Le Brigate rosse non sono terroristi": la definizione di terrorismo secondo la Cassazione*, in <u>*Questione Giustizia*</u>, n. 5, 2012, pp 137-152.

damente conto della struttura e delle principali caratteristiche che hanno connotato le Br e ricostruiremo, brevemente, i fatti del rapimento trai i più eccellenti della nostro storia repubblicana: il sequestro di Aldo Moro.

2. Le Brigate Rosse: caratteri e peculiarità di un fenomeno italiano

Il fenomeno delle Brigate Rosse è stato molto studiato [40], non solo in ambito filosofico [41] e teorico-giuridico [42]. Le Brigate Rosse sono state un'organizzazione terroristica, definita a struttura chiusa, rigida e gerarchizzata [43], costituita attraverso una rete di piccoli gruppi armati, detti cellule o colonne [44], sparsi nelle principali città d'Italia, soprattutto in quelle, come Milano [45], To-

---

[40] La bibliografia storico-politica di riferimento è estremamente vasta. Per una ricostruzione ragionata dei caratteri salienti delle Br, delle loro principali azioni e dei momenti che hanno segnato la loro storia e la storia italiana, si rinvia ai seguenti contributi: M. Clementi, *Storia delle Brigate rosse*, Odradek Edizioni, Roma, 2007; M. Moretti, C. Mosca, R. Rossanda, *Brigate rosse. Una storia italiana*, Mondadori, Milano, 2007; A. Orsini, *Anatomia delle Brigate Rosse*, Rubbettino, Soveria Mannelli, 2010; G. Fasanella, A. Franceschini, *Che cosa sono le BR. Le radici, la nascita, la storia, il presente*, Bur, Milano, 2013; E. Fenzi, *Armi e bagagli. Un diario dalle Brigate Rosse*, Egg Editore, San Gavino Monreale, 2015; G. Pintore, *Dossier Brigate Rosse 1969-2007: la lotta armata e le verità nascoste*, Biblohaus, Macerata, 2016; S. Folegnani, B. Lupacchini, *Brigate rosse. L'invisibile. Dalla Spiotta a via Fani, dal rapimento Gancia al sequestro Moro*, Edizioni Falsopiano, Alessandria, 2021; C. Dogliotti, *Come pesci nell'acqua: le Brigate rosse e i contesti della violenza politica*, Viella, Roma, 2022.

[41] S. Givone, *Nichilismo e terrorismo, ovvero: i quattro cavalieri dell'Apocalisse*, in *Iride*, 2, 2006, pp. 69-75; E. Fenzi, *Armi e bagagli. Un diario dalle Brigate Rosse*, cit.

[42] Aldo Moro, la più nota ed eccellente tra le vittime delle Brigate rosse, a lungo si era occupato, nella sua attività accademica, di filosofia del diritto: A. Moro, *lo Stato. Il Diritto, lezioni di filosofia del diritto a.a. 1942-43*, Cacucci Editore, Bari, ultima edizione, 2006. Altri filosofi e teorici del diritto, in tempi recenti, hanno fatto riferimento o si sono a vario titolo interessati del fenomeno "Br", come ad esempio B. Montanari (a cura di), *Capire l'oggi*, in ID., *Luoghi della filosofia del diritto: idee, strutture, mutamenti*, Giappichelli, Torino, 2012, pp. 1 ss.; O.G. Loddo, *Ideologia in azienda. La distribuzione dei benefit ai dipendenti come comportamento ideologico*, in *Nea Science, Giornale italiano di neuroscienze, psicologia e riabilitazione, Paradigmi sull'uomo e sulla tecnologia*, n. 2, 2013, pp. 171-176.

[43] M. Tolomelli, *Terrorismo e società. Il pubblico dibattito sul terrorismo in Italia e in Germania negli anni Settanta*, il Mulino, Bologna, 2006, p. 74.

[44] M.S. Piretti, *Il terrorismo tra storia e finzione*, in *Nuova informazione bibliografica, Il sapere nei libri*, n. 1, 2022, pp. 65-81, doi: 10.1448/103484. Si veda anche la definizione presente alla voce Brigate Rosse dell'enciclopedia Treccani: https://www.treccani.it/enciclopedia/brigate-rosse/.

[45] Per una recente ricostruzione e analisi delle radici e delle attività milanesi delle Br, M.

rino[46] e Genova[47], con la maggiore industrializzazione e dunque con un elevato numero di operai, che lavoravano in fabbriche e cantieri. Si è trattato di un'associazione eversiva, dedita alla lotta armata, con finalità politico-rivoluzionarie, nell'area dell'estrema sinistra italiana, che aveva una dichiarata ispirazione marxista-leninista, costituitasi nei primi anni Settanta e la cui operatività, pur con diverse interruzioni, è andata avanti fino ai primi anni Duemila[48].

I brigatisti, scegliendo di vivere in clandestinità, si sono fin da subito considerati guerriglieri urbani[49]: la parola "brigate" è stata infatti utilizzata con esplicito riferimento alle attività dei Tupamaros[50], terroristi attivi in Uruguay dagli anni Sessanta agli anni Ottanta del Novecento, considerati il modello ispiratore per le Br, proprio perché sono stati i primi a dare inizio alla c.d. guerriglia urbana. Questa espressione denotava le provocazioni e le sfide rivolte alle forze dell'ordine e alle istituzioni statali in genere, condotte in città densamente popolate, in cui i terroristi vivevano con documenti falsi e sotto false identità. Sulla scorta del modello tupamaro, hanno danneggiato beni e proprietà private, anche attraverso il sabotaggio di macchinari nelle fabbriche degli esponenti del "capitalismo imperialista"[51], ma non solo: agli esordi, e prima di mettere a punto incursioni specifiche e atti di maggiore violenza, le Br hanno compiuto azioni (non sempre) dimostrative, come gli scontri a fuoco con polizia e carabinieri, per iniziare a «spezzare la legalità borghese»[52]. Le armi da fuoco, dalle pistole ai bazooka, erano utilizzate anche per compiere

---

Morra, *Le Brigate Rosse di fronte al golpe cileno*, in *Cahiers du GRM. Groupe de Recherches Matérialistes-Association*, n. 19, 2022, pp. 9 ss., consultabile al seguente indirizzo https://journals.openedition.org/grm/3392.

[46] E.R. Papa, *Il processo alle Brigate Rosse. Torino, 17 maggio 1976-23 giugno 1978*, Franco Angeli, Milano, 2017; anche G. Panvini, *Le Brigate rosse e i movimenti del 1977*, in *Mondo contemporaneo: rivista di storia*, n. 1, 2014, pp. 131-146.

[47] F. Loreto, *La Genova di Guido Rossa*, in G. D'Autilia, S. Luzzatto (a cura di), *Guido Rossa fotografo*, Silvana Editoriale, Cinisello Balsamo (Mi), 2022, pp. 25-33; C. Dogliotti, *La colonna genovese delle Brigate rosse*, in *Studi storici*, n. 4, 2004, pp. 1151-1177.

[48] A. Petrillo, *Dentro le BR-PCC. La storia delle «nuove» Brigate Rosse raccontata con le parole dei terroristi*, Laurus Robuffo Editore, Roma, 2022.

[49] R. Curcio, *A viso aperto*, intervista di Mario Scialoja, Arnoldo Mondadori Editore, Milano, 1993, pp. 49-50.

[50] M. Morra, *Le Brigate Rosse di fronte al golpe cileno*, cit., pp. 14 ss. Per una ricostruzione storica del Movimiento de Liberación Nacional – Tupamaros, https://www.greelane.com/it/humanities/storia--cultura/the-tupamaros-2136128/.

[51] M. Cavallini, *Il terrorismo in fabbrica*, Editori Riuniti, Roma, 1978, p. 34.

[52] M. Morra, *Le Brigate Rosse di fronte al golpe cileno*, cit., p. 14.

rapine a banche, negozi, armerie, attività volte all'autofinanziamento [53], nonché per la messa in atto di sequestri-lampo, vale a dire rapimenti che duravano solo poche ore o pochi giorni, a scopo dimostrativo-punitivo, e che colpivano individui considerati "nemici" dell'organizzazione, funzionali, in taluni casi, ad ottenere ingenti somme di denaro a titolo di riscatto. Dai guerriglieri Tupamaros hanno infine mutuato il simbolo della famosa "stella sghimbescia" o asimmetrica, con cui firmavano le loro azioni [54].

Un piccolo gruppo di donne e di uomini ha deciso di dare vita ad una rivoluzione inizialmente strisciante, sottotraccia, connotata da clandestinità e da obiettivi non sempre ben esplicitati, che via via, dall'inizio degli anni Settanta [55], è divenuta, in un costante crescendo, fenomeno di violenza cieca [56], portatrice di morte, segno di devastazione sociale e personale [57].

Una parte della popolazione, ad inizio anni Settanta, a dire il vero, aveva manifestato, se non una vera e propria simpatia per le Br [58], quanto meno un atteggiamento di curiosità, attendista, riguardo alle loro azioni [59]. Alcuni davano loro credito, aspettandosi una sorta di avanguardia politica capace di scardinare lo *status quo* del tempo, per il fatto che riconoscevano nella Democrazia Cristiana e nel Governo di allora istituzioni lontane dai bisogni emergenti della società, soggetti rigidi, troppo austeri che, di fronte alle istanze, alle iniziative e alle proteste del movimento studentesco ed operaio, avevano reagito adottando misure oppressive, a tratti illiberali, e senza avviare alcun positivo dialogo [60].

Sullo sfondo di queste tensioni sociali, le Brigate Rosse si sentivano legittimate ad intraprendere una battaglia vera, anche se veniva declinata e da loro stessi raccontata come una guerra contro un nemico impersonale, che nelle lo-

---

[53] G. Galli, *Piombo Rosso. La storia completa della lotta armata in Italia dal 1970 a oggi*, Baldini Castoldi, Milano, 2004, p. 20.

[54] M. Morra, *Le Brigate Rosse di fronte al golpe cileno*, cit., p. 15; R. Curcio, *A viso aperto*, intervista di Mario Scialoja, cit., p. 70.

[55] L. Manconi, *Le Brigate Rosse e la guerra totale 1970-2008*, Rizzoli, Milano, 2008.

[56] M. Sossi, *Nella prigione delle Br*, Editoriale Nuova, Milano, 1979.

[57] E. Betta, *Memorie in conflitto. Autobiografie della lotta armata*, in *Contemporanea*, n. 4, 2009, pp. 673-702.

[58] C. Dogliotti, *Alla ricerca del nuovo soggetto rivoluzionario. Le Brigate Rosse napoletane tra movimentismo e criminalità*, in *Studi storici*, n. 1, 2023, pp. 199-234, in particolare pp. 218 ss. doi: 10.7375/106831.

[59] L. Ruggiero, *Dossier Brigate Rosse 1969-1975*, Kaos Edizioni, Milano, 2007. Si legga anche M. Morra, *Le Brigate Rosse di fronte al golpe cileno*, in *Cahiers du GRM. publiés par le Groupe de Recherches Matérialistes-Association 19*, 2022, pp. 25 ss.

[60] G. Galli, *Storia del partito armato 1968-1982*, Milano, Rizzoli, 1986, p. 463.

ro descrizioni assumeva tratti quasi metafisici, individuato nello Stato imperialista delle multinazionali (Sim)[61].

I brigatisti si sentivano traditi dalla sinistra italiana, in particolare dal partito comunista, che ritenevano responsabile per la mancata attuazione dei "veri" valori della Resistenza antifascista[62]. Avevano pertanto la presunzione che, attraverso la lotta armata, a partire dalle loro gesta, tutto il popolo[63] avrebbe capito la necessità e la bontà di una rifondazione dello Stato, e la maggioranza dei cittadini e delle cittadine non solo li avrebbe appoggiati, ma li avrebbe seguiti, dando vita ad una vera e propria guerra civile, per la nascita di una organizzazione politico-giuridica diversa dallo stato democratico, che fosse invece più vicina ad uno stato comunista di tipo sovietico[64] (per gli esponenti delle Br quello sovietico era, per l'appunto, l'unico modello politico che garantisse i diritti degli oppressi, e in particolare, che riuscisse, attraverso la lotta di classe, a far perire i "padroni" e a dare diritti e dignità ai lavoratori, agli "operai")[65].

In breve, le Br si sentivano la "miccia" che avrebbe innescato reazioni a catena, trascinando in un continuo crescendo rivoluzionario grandi masse popolari[66], fino al crollo dello stato democratico, per iniziare una nuova organizzazione, ai loro occhi più giusta e migliore.

Per capire come abbiano dato vita a tre decenni di "guerra"[67], dai primi anna Settanta ai primi anni Duemila, è importante leggere e analizzare i loro

---

[61] L'espressione "Stato imperialista delle multinazionali – Sim" è stata ideata da Alberto Franceschini, uno dei massimi esponenti delle Br. M. Re, *Il linguaggio dei 55 giorni che cambiarono l'Italia: analisi dei documenti scritti dalle Brigate Rosse durante il sequestro di Aldo Moro*, in *RSEI, Revista de la Sociedad Española de Italianistas*, n. 9, 2013, pp 251-276, in particolare pp. 260 ss.

[62] P. Casamassima, *Attacco al cuore dello Stato: le Brigate rosse da Sossi a Moro*, Edizioni Salerno, Roma, 2016, pp. 27 ss.; B. Della Gala, *«Eroi della sesta giornata». La Resistenza tradita in nome dell'"italianità"*, in E. Moscarda Mirković, T. Habrle (a cura di), *Sguardo sull'immaginario italiano. Aspetti linguistici, letterari e culturali*, edizioni dell'Università degli Studi Juraj Dobrila di Pola (Croazia) – Facoltà di Studi Interdisciplinari, Italiani e Culturali – Dipartimento di Studi Italiani, editore Tiskara Nova, Gallesano (Croazia), pp. 381-395, in particolare pp. 388 ss.

[63] G. Panvini, *Le Brigate rosse e i movimenti del 1977*, cit.

[64] P. Casamassima, *Attacco al cuore dello Stato: le Brigate rosse da Sossi a Moro*, cit., pp. 47-84.

[65] A. Ventrone, *«Vogliamo tutto». Perché due generazioni hanno creduto nella rivoluzione 1960-1988*, Laterza, Roma-Bari, pp. 226 ss.

[66] G. Donato, *«La lotta è armata». Sinistra rivoluzionaria e violenza politica in Italia (1969-1972)*, Derive Approdi, Roma, 2014.

[67] C. Marra, *Le Brigate Rosse in Italia. Uno sguardo d'insieme tra sociologia, storia e cronaca*, Aracne, Roma, 2018.

scritti, i volantini, i comunicati che inviavano agli organi di stampa, le relazioni e i testi, molti dei quali ritrovati nei loro "covi".

Oggi abbiamo a disposizione migliaia di documenti, rinvenuti durante molti anni di indagini [68]. Ci occuperemo, in particolare, dei c.d. "comunicati brigatisti" [69] pubblicati durante il rapimento di Aldo Moro [70].

Come abbiamo ricordato nei paragrafi precedenti, il fenomeno del "terrorismo interno", che ha prodotto atti di vera e propria guerra dentro il territorio dello Stato, non inizia e non finisce con le azioni delle Br, né ha come sola matrice quella del terrorismo c.d. "di estrema sinistra".

Si è scelto di portare attenzione al fenomeno delle Br e di analizzare una parte dei comunicati prodotti dalle stesse Brigate Rosse, quelli relativi al rapimento di Aldo Moro, perché sono i materiali che hanno raccolto il pensiero e il linguaggio di uno tra i momenti storici più dolorosi e significativi nella nostra storia del secondo dopoguerra. I cinquantacinque giorni di prigionia di Aldo Moro, fino alla sua uccisione, nella narrazione delle Br, rappresentano un evento spartiacque nella vita del movimento brigatista e del Paese intero. Per la prima volta le Br hanno sferrato un micidiale ed effettivo attacco al "cuore dello Stato" [71] e hanno dato attuazione, contro una delle più alte personalità politiche e giuridiche della Repubblica, al loro motto distintivo: "colpirne uno per educarne cento" [72].

---

[68] A. Petrillo, *Dentro le BR-PCC. La storia delle «nuove» Brigate Rosse raccontata con le parole dei terroristi*, Laurus Robuffo Editore, Roma, 2022.

[69] La maggior parte dei Comunicati dell'intera attività delle Brigate Rosse e tutti i comunicati del "Caso Moro" sono disponibili e consultabili al seguente indirizzo: https://www.bibliotecamarxista.org/autori/brigate%20rosse.htm.

[70] M. Re, *Il linguaggio dei 55 giorni che cambiarono l'Italia: analisi dei documenti scritti dalle Brigate Rosse durante il sequestro di Aldo Moro*, 2013, pp. 251-276.

[71] Quest'espressione ricorre molte volte nel linguaggio brigatista ed è stata coniata, la prima volta, nel documento intitolato *Contro il neogollismo portare l'attacco al cuore dello Stato* dell'aprile 1974: documento consultabile al seguente indirizzo https://www.bibliotecamarxista.org/autori/brigate%20rosse.htm. Sul punto, si rinvia anche a L. Ruggiero, *Dossier Brigate Rosse 1969 – 1975. La lotta armata nei documenti e nei comunicati delle prime BR*, Kaos Edizioni, Milano, 2007, p. 163; P. Casamassima, *Attacco al cuore dello Stato: le Brigate rosse da Sossi a Moro*, cit.

[72] Il motto originario è attributo a Mao Zedong, e in ragione della sua radice "comunista" è stato fatto proprio dalle Br. Sul punto, si rinvia a S. Stafutti, G. Ajani, *Colpirne uno per educarne cento*, Einaudi, Torino, 2008; S. Folegnani, B. Lupacchini, *Brigate rosse. L'invisibile. Dalla Spiotta a via Fani, dal rapimento Gancia al sequestro Moro*, cit.; G. Pintore, *Dossier Brigate Rosse 1969-2007: la lotta armata e le verità nascoste*, cit.

2.1. Analisi del linguaggio brigatista relativo al sequestro di Aldo Moro. I fatti, brevemente

Tra i molti comunicati prodotti dalle Brigate Rosse, sono dieci (nove autentici più un "falso") [73] quelli che interessano l'intera vicenda del rapimento Moro [74]. Il 16 marzo 1978 un commando armato delle Br ha assaltato a Roma, in via Fani, l'auto su cui viaggiava Aldo Moro, rapendolo e trucidando la sua scorta. Il presidente della Democrazia Cristiana è stato prelevato, illeso, dalla sua auto crivellata di colpi, trasferito su un altro mezzo e portato in un covo romano, dove è rimasto fino al 9 maggio 1978, giorno della sua uccisione.

Durante la sua prigionia, Aldo Moro ha scritto numerosi documenti e lettere [75], alcune delle quali indirizzate alla famiglia o ai colleghi e amici di partito e di governo [76]. Molti degli scritti attribuibili a Moro, una parte dei quali non sono mai stati recapitati ai destinatari, sono stati ritrovati, anni dopo, a Milano [77]. Nel periodo in cui è stato ostaggio, i brigatisti lo hanno sottoposto ad un "processo del popolo", la cui sentenza finale è stata una sentenza capitale [78].

Una delle ragioni del rapimento dell'esponente politico italiano è stata individuata nella sua volontà di portare a compimento il c.d. "compromesso storico" [79], vale a dire di rendere ufficiale ed effettivo il sostegno esterno del Par-

---

[73] Il testo integrale di ciascuno dei nove comunicati è reperibile al seguente indirizzo: https://www.bibliotecamarxista.org/autori/brigate%20rosse.htm. Un dossier analitico sui nove comunicati del sequestro Moro è stato redatto, inoltre, dal settimanale Panorama, i cui materiali sono consultabili al seguente indirizzo https://www.panorama.it/sequestro-moro-tutti-comunicati-delle-br-nei-55-giorni-di-prigionia.

[74] Per un approfondimento, tra i molti, si rinvia a G. Selva, E. Marcucci, *Aldo Moro: quei terribili 55 giorni*, Rubbettino Editore, Soveria Mannelli (CZ), 2003.

[75] Negli ultimi anni è stato possibile raccogliere molti scritti, attribuiti a Moro, nel periodo della sua prigionia. Non solo lettere, alla moglie Eleonora, all'amico e collega ministro Francesco Cossiga e al segretario della DC del tempo, Benigno Zaccagnini, ma una vasta rassegna di altre missive e di fogli vari, in cui sono stati rinvenuti i pensieri dello statista italiano durante il suo sequestro. M. Gotor, *Il memoriale della Repubblica. Gli scritti di Aldo Moro dalla prigionia e l'anatomia del potere italiano*, Einaudi, Torino, 2020; Id., *Io ci sarò ancora, Il delitto Moro e la crisi della Repubblica*, Paperfirst, Roma, 2022.

[76] M. Gotor, *Aldo Moro. Lettere dalla prigiona*, Einaudi, Torino, 2018.

[77] Si tratta delle scoperte del "covo di via Montenevoso", a Milano.

[78] Anche molte le commissioni parlamentari hanno indagato sulla vicenda Moro. In questa sede, si fa riferimento alla ricostruzione compiuta ad opera della Commissione parlamentare d'inchiesta del 2015, i cui materiali sono consultabili al seguente indirizzo: https://www.gerograssi.it/cms2/file/casomoro/2018-02-22/0243_005.pdf.

[79] L. Preti, *Il compromesso storico, un problema che divide gli italiani*, Rusconi, Milano, 1975; più di recente: G. Crainz, *Il paese mancato: dal miracolo economico agli anni Ottanta*, Donzelli Editore, Roma, 2003, pp. 521 ss.

tito Comunista al IV governo Andreotti, a guida democristiana. Si trattava, in effetti, di un risultato politico senza precedenti, se si pensa che, dal 1948, vi erano stati Primi ministri appartenenti solo alla DC: aprire al dialogo tra il partito conservatore al potere e il PCI significava ipotizzare una collaborazione tra i principali partiti del tempo [80], che avevano enormi masse popolari come rispettive basi elettorali. Questa apertura e la disponibilità a lavorare insieme per conseguire obiettivi sociali concreti [81] era, per molti, una situazione politica inaccettabile [82], vissuta come un tradimento del PCI nei confronti di molte anime della "base". Agli occhi delle Br, altro non era che la conferma dell'urgenza e della necessità di imprimere una controtendenza rivoluzionaria ad un accordo politico ritenuto irricevibile e che doveva essere contrastato attraverso un atto eclatante e rivoluzionario, che facesse saltare gli equilibri fino ad allora raggiunti.

2.1.1. Il rapimento Moro: il comunicato n. 1, del 16 marzo 1978

Una telefonata anonima alla redazione del quotidiano "il Messaggero", due giorni dopo il rapimento, avverte che, in un sottopassaggio pedonale di Roma, è stato lasciato un comunicato delle Brigate Rosse, che rivendicano la strage di via Fani e il sequestro dell'onorevole Moro del 16 marzo.

Nel comunicato, consegnato insieme ad una foto di Moro, in maniche di camicia, ritratto davanti alla "stella asimmetrica" delle Brigate Rosse, si legge: «Giovedì 16 marzo un nucleo armato delle Brigate Rosse ha catturato e rinchiuso in un carcere del popolo Aldo Moro, presidente della Democrazia Cristiana. La sua scorta armata, composta da cinque agenti dei famigerati Corpi Speciali, è stata completamente annientata. [...] Aldo Moro è "il teorico" e "lo stratega" indiscusso di quel regime democristiano che da trent'anni opprime il popolo italiano [...]; padrino politico e l'esecutore più fedele delle direttive impartite dalle centrali imperialiste [...]. Da tempo le avanguardie comuniste hanno individuato nella DC il nemico più feroce del proletariato, la congrega più bieca di ogni manovra è reazionaria. Questo oggi non basta. Bisogna stanare dai covid democristiani variamente mascherati gli agenti controrivoluzionari che nella nuova DC rappresentano il fulcro della ristrutturazione dello Stato imperialista delle multinazionali, braccarli ovunque, non concedere loro tregua. Bisogna estendere approfondire il processo al regime che in ogni parte le avanguardie combattenti hanno già saputo in-

---

[80] P. Panzarino, *Aldo Moro e le convergenze democratiche*, Piazza Editore, Silea, 2008.

[81] Luigi Preti, *Il compromesso storico, un problema che divide gli italiani*, cit., p. 18.

[82] G. Formigoni, *Dal Sessantotto all'omicidio Moro*, in *il Mulino*, n. 2, 2018, pp. 211-217.

dicare con la loro pratica di combattimento [...]. Con la cattura di Aldo Moro, ed il processo al quale verrà sottoposto da un tribunale del popolo, non intendiamo chiudere la partita né tantomeno sbandierare un simbolo, ma sviluppare una parola d'ordine su cui tutto il movimento di resistenza offensivo si sta già misurando, renderlo più forte, più maturo, più incisivo organizzato. Intendiamo mobilitare la più vasta unitaria iniziativa armata per l'ulteriore crescita della guerra di classe per il comunismo. Portare l'attacco allo stato imperialista delle multinazionali. Disarticolare le strutture, i progetti della borghesia imperialista, attaccando il personale politico-economico-militare che ne è l'espressione. Unificare il movimento rivoluzionario costruendo il partito comunista combattente».

In prima approssimazione, quello usato dalle Br nel comunicato n.1 del sequestro Moro è un linguaggio delirante, che dà voce a teorie criptiche[83], mai del tutto esplicitate, elaborate da una manciata di individui e condivise poi con alcune decine di affiliati, ma portato a conoscenza di un vasto pubblico, grazie alla pubblicazione dei testi sui principali quotidiani del tempo.

Il linguaggio usato è linguaggio violento, che evidenzia senza rimorso non solo l'accettazione della sofferenza fisica (propria e altrui)[84], ma che denota anche l'approvazione dell'inflizione di dolore fisico come strumento/mezzo di lotta politica.

I "famigerati corpi speciali" che sono stati annientati altro non erano che cinque carabinieri in servizio, con il compito di scortare il Presidente Moro.

Il "carcere del popolo" e il "tribunale del popolo" sono luoghi individuati e noti, almeno in questa prima fase, solo ai brigatisti: il popolo, in breve, non sa nulla di queste operazioni, non è stato interpellato (e come, in effetti, sarebbe potuto essere diversamente, in un regime democratico?[85]) né ha concorso alla loro creazione.

Il nemico, il Sim, lo Stato imperialista delle multinazionali, ricorre molte volte nel testo del comunicato ed è considerato un'entità che si incarna in uomini politici, come Aldo Moro. Egli, infatti, è definito il "padrino politico e l'esecutore più fedele delle direttive impartite dalle centrali imperialiste". A questo nemico non si deve risparmiare nulla e, utilizzando un linguaggio militare, si precisa che deve essere "braccato ovunque", "senza tregua". L'azione è descritta come rivoluzionaria, con la quale non si vuole chiudere alcuna "parti-

---

[83] M. Re, *Colpevolezza ed esagerazione nell'interpretazione del terrorismo brigatista da parte della stampa italiana*, in *Cuadernos de Filología Italiana*, n. 18, 2011, pp. 161-184, in particolare pp. 164 ss.

[84] M. Re, *Il linguaggio dei 55 giorni che cambiarono l'Italia*, cit., p. 257.

[85] M. Re, *Il linguaggio dei 55 giorni che cambiarono l'Italia*, cit., p. 258.

ta", bensì unificare il movimento rivoluzionario, per costruire il partico comunista combattente, e portare l'attacco al cuore dello Stato.

Queste parole denotano l'impegno dei brigatisti in una guerra armata contro il Sim, che tuttavia non è definito attraverso l'individuazione di soggetti precisi a cui riferirsi come suoi effettivi componenti, da considerare gli avversari, gli oppositori, i nemici concreti. Sono invece gli stessi terroristi ad attribuire, unilateralmente, l'appartenenza delle loro vittime, in questo caso Moro, al famigerato Sim. Il rapimento di Aldo Moro, l'uccisione della scorta, la prigionia, il processo politico al tribunale del popolo, le rivendicazioni, gli stessi comunicati appaiono dunque, nell'ottica brigatista, un insieme di tasselli volti a «disarticolare le strutture, i progetti della borghesia imperialista, attaccando il personale politico-economico-militare che ne è l'espressione» [86].

2.1.2. I successivi comunicati: n. 2, del 25 marzo 1978 e n. 3, del 29 marzo 1978

Il testo del secondo comunicato, fatto ritrovare in numerose copie, tutte identiche, a Milano, Torino, Roma e Genova, a seguito di telefonate anonime alle redazioni locali dell'agenzia di stampa Ansa, si attesta su una linea di continuità rispetto ai contenuti espressi nel primo. Ritorna l'accusa al Sim, che agisce contro gli interessi "del popolo", si evidenzia il tradimento di tutti i partiti, e nello specifico del PCI, riguardo agli interessi proletari. Si legge: "[...] a nessuno è sfuggito [...] come le leggi speciali appena varate siano il compimento della più completa acquiescenza dei partiti del cosiddetto "arco costituzionale" alla strategia imperialista; [...] più in particolare al partito di Berlinguer e ai sindacati collaborazionisti spetta il compito di funzionare da apparato poliziesco antioperaia da delatori da spie del regime».

Nel testo si fa espresso riferimento a "leggi speciali appena varate": a seguito dell'azione violenta condotta contro Moro e la sua scorta, infatti, le istituzioni, nel giro di pochi giorni, adottano un decreto *ad hoc*, il d.l. n. 59/1978 [87], che è interpretato dai brigatisti come un ulteriore elemento dell'apparato poli-

---

[86] M. Re, *Il linguaggio dei 55 giorni che cambiarono l'Italia*, cit., p. 260.

[87] D.l. n. 59/1978, *Norme penali e processuali per la prevenzione e la repressione di gravi reati*, consultabile al seguente indirizzo https://www.normattiva.it/uri-res/N2Ls?urn:nir:stato:legge:1978-03-21;59!vig=. Il d.l. n. 59/1978, convertito poi in legge nel maggio dello stesso anno, con la legge n. 137, introduceva nuove fattispecie di reato, come ad esempio il sequestro politico, e ha disciplinato differenti istituti, come il fermo provvisorio, l'interrogatorio senza avvocato, l'utilizzo di intercettazioni telefoniche, e ha normato, infine, situazioni eccezionali o speciali, come i casi di deroga al segreto istruttorio, etc.

ziesco del regime. Nella ricostruzione delle Br Aldo Moro è l'uomo per eccellenza responsabile di tutto questo.

Nel comunicato, però, vi è un elemento di novità, che viene esplicitato per la prima volta: Moro è considerato l'esponente di spicco dell'«Internazionale del terrorismo», vale a dire, secondo le Br, di un'associazione di matrice internazionale che raggruppa soggetti eterogenei, dalla Nato ai nemici del popolo palestinese, dall'IRA irlandese agli oppositori dei guerriglieri sudamericani, il cui obiettivo comune sarebbe stato quello di contrastare i movimenti del proletariato, a livello globale, e di combattere il comunismo. Queste finalità sono qualificate dai brigatisti, in una incredibile inversione dei ruoli, come "terroristiche".

Le parole del comunicato, pur nella loro costante retorica violenta, evidenziano un ribaltamento della realtà: sono altri, non le Brigate Rosse, i "terroristi", la "centrale internazionale del terrore"[88]. Contro di essa e contro il Sim bisogna muovere «la guerra che la lotta di classe impone». Pochi giorni a seguire, il 29 marzo 1978, viene ritrovato il terzo comunicato, col quale le parole delle Br fanno capire che sono entrate nel vivo della guerra dichiarata allo Stato democratico.

«L'interrogatorio prosegue con la completa collaborazione del prigioniero: le risposte che fornisce chiariscono sempre più le linee controrivoluzionarie che le centrali imperialiste stanno attuando. Le informazioni che abbiamo così modo di recepire verranno rese note al movimento rivoluzionario, che saprà farne buon uso nel prosieguo del processo al regime. [...] Aldo Moro, che oggi deve rispondere davanti ad un tribunale del popolo, è perfettamente consapevole di essere il più alto gerarca di questo regime, di essere responsabile al più alto livello delle politiche antiproletaria che l'egemonia imperialista ha imposto nel nostro paese, della repressione delle forze produttive, delle condizioni di sfruttamento dei lavoratori, dell'emarginazione; della miseria di intere fasce di proletariato, della disoccupazione, della controrivoluzione armata scatenata dalla DC; e sa che su tutto questo il proletariato non ha dubbi, che si è chiarito le idee guardando lui e il suo partito nei trent'anni in cui è al potere e che il tribunale del popolo saprà tenerlo in debito conto. L'iniziativa proletaria

[88] In una lunga intervista video rilasciata il 10 gennaio 1990 a Sergio Zavoli, ne *La notte della Repubblica. La lotta Armata*, Alberto Franceschini ha chiarito questo aspetto: i brigatisti non solo non si ritenevano "terroristi", qualifica che aborrivano, che consideravano lontana ed estranea alle loro azioni, ma consideravano "terroristi", nel senso di pericolosi criminali, altri soggetti, quali il Sim, la Nato e, in genere, tutti coloro che osteggiavano la lotta armata rivoluzionaria. Il documento è integralmente disponibile sia a questo indiritto: https://www.youtube.com/watch?v=6MCiB6esISE, sia nelle teche Rai, nella sezione Rai Play, al seguente indirizzo: https://www.raiplay.it/programmi/lanottedellarepubblica.

non si è fermata, anzi, si è estesa e ha assunto i contenuti e le forme della Guerra di Classe Rivoluzionaria. [...] La violenza e il terrorismo dello Stato imperialista delle multinazionali (Sim) che si abbattono quotidianamente sul proletariato dimostrano che la belva imperialista possiede sì artigli d'acciaio, ma dicono anche che è possibile colpirla a morte, che è possibile annientarla strategicamente, [...] Bisogna portare l'attacco allo stato imperialista delle multinazionali. Estendere e intensificare l'iniziativa armata contro i centri e gli uomini della controrivoluzione imperialista».

Si dà conto dell'interrogatorio al prigioniero Moro, le cui risposte darebbero argomenti a sostegno della tesi dell'esistenza del Sim e della centrale del terrore internazionale e, dunque della necessità della "guerra di classe rivoluzionaria". Niente di straordinario, se non fosse per il fatto che, unita al comunicato, vi è una lettera del prigioniero Moro a Francesco Cossiga [89], Ministro degli Interni, lettera che gli è stata «concessa, ma siccome niente deve essere nascosto al popolo ed è questo il nostro costume, la rendiamo pubblica». Nella missiva, Moro ritiene inammissibile "il sacrificio degli innocenti in nome di un astratto principio" (di legalità), chiedendo pertanto in modo diretto e franco che il suo partito, e che anche lo Stato, non si rassegnino e reagiscano, che si battano per la sua liberazione, anche se confessa di scrivere in una condizione di "dominio pieno ed incontrollato", dominio, ovviamente, esercitato dai suoi carcerieri.

Vi sono state molte letture ed interpretazioni riguardo all'autenticità del pensiero di Moro nelle sue missive, ed in relazione a questa prima, nello specifico. Si è dubitato della sua lucidità, della veridicità delle affermazioni in essa contenute, addirittura della loro riferibilità a Moro stesso, in ragione della condizione di privazione della libertà a cui era sottoposto [90].

Va tuttavia rilevato che pare normale, ed anzi segno di grande lucidità ed equilibrio, constatare, comunicandolo, che da prigionieri si sia, di fatto, in una condizione sottoposta a dominazione altrui, sulla cui violenza e ingerenza non si ha controllo o possibilità di contrasto. Ciò detto, Moro ha usato espressioni comprensibili, razionali, anche se segnate dalla fatica della propria situazione personale, nelle missive rivolte ai colleghi di partito e le sue parole sono sempre state molto dirette, talora accalorate, specialmente nei confronti della famiglia.

---

[89] Il testo integrale della lettera è consultabile al seguente indirizzo: https://www.mediterraneocronaca.it/2018/03/30/aldo-moro-la-lettera-a-francesco-cossiga/.

[90] Non è questa la sede per un approfondimento al riguardo, temi per i quali rimandiamo a P. Scamozzino, *Cultura e politica nell'esperienza di Aldo Moro*, Giuffrè, Milano, 1982, pp. 253 ss.; P. Craveri, *La Repubblica dal 1958 al 1992*, ed. Tea, Milano, 1995; più di recente I. Imperi, *Il caso Moro: cronaca di un evento mediale*, Franco Angeli, Milano, 2016.

2.1.3. Comunicati nn. 4, 5 e 6, del 4 aprile, 10 aprile e 15 aprile 1978

Nei comunicati successivi (nn. 4, 5 e 6), la condizione psicologica in cui versava il prigioniero, di grave prostrazione, senza il conforto di amici e familiari, è stata confermata e commentata dagli stessi brigatisti, senza però che sia stata mai avvalorata l'ipotesi dell'inattendibilità di Aldo Moro. Nell'*incipit* del comunicato n. 4, del 4 aprile, si legge: «Moro afferma nelle sue lettere che si trova in una situazione "eccezionale", privo della "consolazione" dei suoi compari ed è perfettamente consapevole di cosa lo aspetti».

Il contenuto del comunicato mette in evidenza che tale condizione, in un'ottica rivoluzionaria, è da considerarsi il nuovo corso della storia. «[...] Le cose stanno cambiando. L'attacco sferrato negli ultimi tempi [...] dalla Resistenza Offensiva contro le strutture gli uomini della controrivoluzione imperialista, stanno modificando radicalmente questa situazione. [...] Si tratta quindi di una congiuntura estremamente importante la cui durata e specificità dipendono dal rapporto che si stabilisce tra rivoluzione contro rivoluzione: non è comunque un processo pacifico ma virgola nel suo divenire virgola assume progressivamente la forma della guerra».

Sia in questo, sia in quelli successivi, il tono evocativo della guerra armata, dell'insurrezione civile e dell'incitazione alla rivoluzione su vasta scala sono presenti, come un ritornello costante della retorica brigatista.

L'offensiva contro lo Stato, lo smascheramento del Sim, la collaborazione del prigioniero nei continui interrogatori sono un'altra costante presente nei comunicati. Nel quinto, del 10 aprile 1978, le Br vogliono però precisare che non è in corso alcuna campagna di mediazione tra loro e le istituzioni, che non vi sono trattative di nessun genere, meno che mai segrete, per la liberazione di Moro. Il 15 aprile 1978 è la data del comunicato n.6, nel quale si apprende che l'interrogatorio del prigioniero Moro è terminato e che le notizie apparse sui quotidiani altro non sono che mistificazioni della "stampa di regime, al servizio delle multinazionali". Nel capoverso che precede la solita chiosa, che inneggia al potere proletario armato, si legge: «Per quel che ci riguarda il processo ad Aldo Moro finisce qui. Processare Aldo Moro non è stato che una tappa, un momento del più vasto processo allo stato ed al regime che è in atto nel paese e che si chiama guerra di classe per il comunismo».

Il comunicato reca una laconica dichiarazione: «non ci sono clamorose rivelazioni da fare» e a una spietata conclusione: «il processo ad Aldo Moro finisce qui [...] Aldo Moro è colpevole e pertanto viene condannato a morte».

2.1.4. Il falso comunicato n. 7, del 18 aprile 1978

Ritrovato nei pressi del Ministero di Grazia e Giustizia, lo stesso giorno in cui viene scoperto il "covo" di via Gradoli, a Roma, il comunicato n. 7 appare del tutto singolare, dissimile dai sei precedenti.

È molto breve, scritto senza la grondante retorica dell'ideologia rivoluzionaria, non presenta riferimenti alla guerra armata. Nel testo si informava «dell'avvenuta esecuzione del Presidente della DC Aldo Moro mediante "suicidio"», la cui salma sarebbe stata rinvenibile nel lago della Duchessa, in provincia di Rieti, tra Abruzzo e Lazio.

Passato al vaglio degli inquirenti e sottoposto ad un'ampia analisi, è stato qualificato come una contraffazione, un falso [91], come peraltro riconosciuto dalle stesse Brigate Rosse, nel loro successivo comunicato, due giorni dopo (il vero comunicato n. 7 è del 20 aprile). Il falso comunicato n. 7 sarà infatti attribuito all'opera di un noto falsario romano, Tony Chichiarelli, vicino agli ambienti malavitosi collegati alla banda della Magliana [92].

2.1.5. Il vero comunicato brigatista n. 7, del 20 aprile 1978

Per non lasciare nulla di intentato, erano state condotte accurate ricerche nell'area del lago indicato nel comunicato del 18 aprile, senza tuttavia che fosse rinvenuto il corpo di Aldo Moro.

Mentre queste attività erano in corso, viene ritrovato il 20 aprile, in via dei Maroniti, a Roma, il "vero" comunicato n. 7, con allegata una istantanea di Moro che regge il quotidiano "la Repubblica" del 19 aprile 1978.

Sono gli stessi brigatisti a ribadire che il comunicato del 18 aprile è un falso, ed altro non sarebbe, a loro dire, che un espediente di una "guerra psicologica" e di un "grande spettacolo" del regime, volto a mistificare la realtà.

Nel testo vi sono elementi rilevanti, oltre alla prova dell'esistenza in vita del prigioniero: viene ribadita la condanna definitiva a morte di Moro, in apertura del comunicato ma, nel prosieguo del testo, le Br non escludono la possibilità di prendere in esame il rilascio di Moro, qualora fossero liberati prigio-

---

[91] G. Bocca, *Moro. Una tragedia italiana*, Bompiani, Milano, 1978, p. 123; M. Re, *Il linguaggio dei 55 giorni che cambiarono l'Italia*, cit., pp. 270 ss.; P. Maninchedda, *Incursioni filologiche ed ermeneutiche nel caso Moro*, in A. Negli, R. Tagliani, *Fictio, falso, fake. Sul buon uso della filologia*, Ledizioni, Milano, 2021, pp. 143-177, in particolare p. 148. Il falso comunicato sarebbe stato redatto da Antonio, detto "Tony" Chichiarelli, pregiudicato affiliato alla c.d. "banda della Magliana", peraltro a sua volta morto in circostanze particolari e violente, anche sei mai del tutto chiarite, vale a dire a seguito di colpi di arma da fuoco in un agguato a Roma, il 28 settembre 1984, nei pressi della propria abitazione.

[92] M. Re, *Il linguaggio dei 55 giorni che cambiarono l'Italia*, cit., p. 270.

nieri comunisti. L'apparente contraddittorietà del testo dava conto, secondo alcuni, di una certa titubanza ad eseguire una sentenza capitale all'interno delle Br, nelle quali la condanna a morte di uomo mite non era presa a cuor leggero [93].

Il comunicato si chiude poi con un'accusa gravissima all'allora Presidente del Consiglio, Giulio Andreotti: «La statura morale dei democristiani è nota a tutti, rilevarla può solo renderci più odiosi e rafforzare il proposito dei rivoluzionari di distruggere il loro putrido potere. Di tutto dovranno rendere conto e mentre denunciamo come falso provocatorio il comunicato del 18 aprile attribuito alla nostra Organizzazione, ne indichiamo gli autori: Andreotti e i suoi complici. Libertà per tutti i comunisti imprigionati!».

2.1.6. Il comunicato n. 8, del 24 aprile 1978

Il penultimo comunicato giunge il 24 aprile, due giorni dopo un accorato appello di Papa Paolo VI, che chiedeva, parlando all'umanità dei rapitori, di rilasciare "senza condizioni" il prigioniero Moro. Il testo ribadisce che la sentenza di morte è stata decisa, ma che sarebbe possibile revocarla, a patto che si liberassero alcuni "combattenti", tra cui sono indicati i nomi di esponenti di spicco delle Br, come Alberto Franceschini, Renato Curcio e Paola Besuschio. Va infatti ricordato che, nell'aprile del 1978, si era un po' incrinato il c.d. "fronte politico delle fermezza" [94], che rifiutava ogni possibile mediazione con i brigatisti, a seguito dell'insistenza di alcuni esponenti del partito socialista, favorevoli a trovare un compromesso politico, pur di liberare Moro. La mediazione proposta avrebbe dovuto portare al rilascio di alcuni brigatisti detenuti, sia sulla base di ragioni "umanitarie" [95], poiché versavano in gravi condizioni di salute, sia, in alternativa, di alcuni terroristi che erano sì affiliati alle Br, ma che non erano stati condannati per omicidio.

Le Br precisano che «Alcune personalità del mondo borghese e alcune autorità religiose ci hanno inviato, con molto clamore, appelli cosiddetti umanitari, per il rilascio di Aldo Moro. Ne prendiamo atto, ma non possiamo fare a meno di nutrire qualche sospetto; che cioè dietro il presunto spirito umanitario ci sia invece un concreto sostegno politico e propagandistico alla Democrazia Cristiana, e sia in realtà un "far quadrato" intorno alla cosca democristiana

---

[93] G. Pintore, *Dossier Brigate Rosse 1969-2007: la lotta armata e le verità nascoste*, cit.

[94] M. Re, *Il linguaggio dei 55 giorni che cambiarono l'Italia*, cit., p. 270, p. 268; P. Manninchedda, *Incursioni filologiche ed ermeneutiche nel caso Moro*, cit., p. 150.

[95] F.M. Biscione, *Il delitto Moro. La storia, gli indizi, le lettere dalla prigionia*, in *Passato e presente*, n. 76, 2009, pp. 81-98, in particolare pp. 94 ss. Id., *Il delitto Moro e la deriva della democrazia*, Ediesse, Roma 2012.

come sta avvenendo per tutte le componenti nazionali ed internazionali della borghesia imperialista e delle sue organizzazioni, da quelle americane a quelle europee».

Nel testo c'è una evidente sfiducia nell'autenticità dei propositi avanzati per una soluzione "umanitaria" della questione Moro e, cosa singolare, la DC è equiparata apertamente ad una "cosca", vale a dire ad un'organizzazione mafiosa, criminale [96].

Le Br precisano, inoltre, una questione importante: non accetteranno una liberazione senza una contropartita, come avvenuto nel caso del rapimento del giudice Sossi. Il magistrato era stato rapito il 18 aprile e poi rilasciato il 23 maggio del 1974, dopo che stava prendendo corpo, come contraltare, la liberazione di alcuni detenuti dell'estrema sinistra in cambio del suo rilascio: una volta che Sossi fu salvo, invece, la scarcerazione fu negata, lasciando le Br con un pugno di mosche [97].

Il loro obiettivo, che emerge dalla lettura complessiva del testo, è ottenere, pertanto, qualche risultato tangibile, ed in particolare la "legittimazione politica" della loro organizzazione, specie attraverso la liberazione di alcuni compagni detenuti. In proposito, si legge: «Chi cerca di vedere per il prigioniero Aldo Moro una soluzione analoga a quella a suo tempo adottata a conclusione del processo a Mario Sossi, ha sbagliato radicalmente i suoi conti. [...] Solo una risposta immediata e positiva della DC e del suo Governo, data senza equivoci e concretamente attuata, potrà consentire il rilascio di Aldo Moro. Se così non sarà trarremo immediatamente le debite conseguenze ed eseguiremo la sentenza a cui Aldo Moro è stato condannato».

2.1.7. L'ultimo comunicato, n. 9, del 5 maggio 1978

Quattro giorni prima del ritrovamento del corpo esanime di Aldo Moro, a Torino [98] viene fatto ritrovare l'ultimo comunicato. Le Brigate Rosse danno notizia del fatto che «la battaglia iniziata il 16 marzo con la cattura di Aldo Moro è arrivata alla sua conclusione. [...] Pr quanto riguarda la nostra proposta di uno scambio di prigionieri politici perché venisse sospesa la condanna e Aldo Moro venisse rilasciato, dobbiamo soltanto registrare il chiaro rifiuto della DC, del governo e dei complici che lo sostengono e la loro dichiarata in-

---

[96] M. Re, *Il linguaggio dei 55 giorni che cambiarono l'Italia*, cit., p. 268.

[97] M. Sossi, *Nella prigione delle Br*, cit.

[98] Il luogo del ritrovamento è evocativo: situato tra Corso Margherita e via Valdocco, il punto dove è stato lasciato il comunicato n. 9 è anche chiamato "il rondò della forca", poiché in quello spazio, fino all'Ottocento, erano impiccati i condannati a morte.

disponibilità ad essere in questa vicenda qualche cosa di diverso da quello che fino ad ora hanno dimostrato di essere: degli ottusi, feroci assassini al servizio della borghesia imperialista».

Ricorre, nuovamente, un ribaltamento della realtà nel linguaggio impiegato: gli agenti ottusi, gli assassini feroci sono altri soggetti, la DC, il Governo, presunti e vaghi "complici". Sono loro ad avere la responsabilità della morte di Moro, non i brigatisti stessi.

Venuta meno la possibilità di uno "scambio di prigionieri", come peraltro già emerso nel penultimo comunicato, la comunicazione riguarda l'ineluttabilità dell'esecuzione della condanna del popolo. Con una rappresentazione paradossale e grottesca della realtà politica delineatasi fino ad allora, si dà per scontato che Moro dovrà morire, ma nella rilettura del mondo operata dalle Br, la condanna avverrà per mano di chi è al servizio della borghesia imperialista, il cui unico linguaggio è quello «delle armi ed è con questo che il proletariato sta imparando a parlare».

Le ultime righe sono sintetiche e, al tempo stesso, drammatiche: «Concludiamo quindi la battaglia iniziata il 16 marzo eseguendo la sentenza cui Aldo Moro è stato condannato».

3. La guerra delle Brigate Rosse e il linguaggio usato: alcune linee d'analisi

Il linguaggio usato dalle Brigate Rosse nei comunicati del rapimento Moro fa emergere una precisa idea di guerra: si tratta di una lotta armata, perpetrata attraverso una serie di battaglie urbane rapide e feroci, contro un nemico polimorfo, più immaginario che reale, chiamato Sim[99], Stato imperialista delle multinazionali, (vedi *retro*, in questo capitolo, par. 2 *Le Brigate rosse: caratteri e peculiarità di un fenomeno italiano*) che è identificato, di attacco in attacco, in una o più personalità delle istituzioni e dello Stato, contro il quale l'apice dello scontro è stato raggiunto col rapimento di Aldo Moro.

Un elemento ricorrente della narrazione di guerra brigatista è l'utilizzo di termini militareschi, usati per descrivere la morte e i ferimenti inflitti ai nemici, per rompere gli equilibri della società del tempo, ritenuta colpevole di essere espressione della borghesia imperialista[100]. I vari momenti della guerra si

[99] Si rinvia a M. Re, *Il linguaggio dei 55 giorni che cambiarono l'Italia: analisi dei documenti scritti dalle Brigate Rosse durante il sequestro di Aldo Moro*, cit., pp 251-276, in particolare pp. 260 ss.

[100] Questa espressione ricorre pressoché in tutti i comunicati delle Br.

sono concretizzati con l'uccisione di esponenti delle forze dell'odine, definiti "Corpi speciali", e col sequestro di uno dei massimi "gerarchi" dell'immondo e corrotto regime democristiano [101].

Ricorrono frasi oscure, criptiche, con riferimenti propri della dottrina marxista-leninista [102], specie quando, parlando sempre in terza persona, per dare un'idea di unità, le Brigate Rosse fanno riferimento, ad esempio, allo "snodarsi dei piani della controrivoluzione", in relazione alle azioni contrarie alla lotta proletaria armata; oppure quando si riferiscono alla crisi dello Stato, prodotta dalle azioni sanguinarie, necessarie, a loro dire, per evitare che si annichilisca "ogni velleità rivoluzionaria del proletariato" [103].

Spesso i testi sono connotati da qualificazioni dispregiative delle istituzioni e dello Stato [104], della classe politica, così come del prigioniero Moro, più volte chiamato, come abbiamo ricordato, "gerarca". In altre occasioni, sono stati impiegati termini con forti componenti emotive, non razionali, che veicolano un contenuto teso a suscitare un'auspicata adesione, o ammirazione, nel popolo, al quale idealmente si rivolgevano, come se fosse una precisa ed indistinta entità personificata [105].

Le Brigate Rosse hanno usato un linguaggio improntato all'elogio del conflitto [106], all'umiliazione del nemico; è usato un registro teso a dare conto di una sorta di condizione emotiva permanente dei "guerriglieri", caratterizzata da una costante esaltazione [107], da appelli continui ad organizzare fasce più ampie di lotta violenta e armata. Rileggendo le chiose dei comunicati, si nota che, negli originali, sono scritte in maiuscolo, come a voler gridare i contenuti lì riportati; esse denotano un tono sempre sopra le righe, che considera la condanna a morte degli oppositori una conseguenza delle regole del gioco [108], spesso inevitabile.

La condanna a morte di Aldo Moro, nello specifico, non è qualificata come una forma di omicidio, ma secondo l'interpretazione brigatista, è una sanzione proletaria, adeguata e proporzionata, applicando la quale si realizza non un crimine, bensì si va a giustiziare il massimo gerarca ed esponente di un sistema oppressivo, il Sim, appunto. Tale sanzione è applicata

---

[101] Comunicato n. 3, secondo capoverso.

[102] M. Re, *Il linguaggio dei 55 giorni che cambiarono l'Italia*, cit., p. 264.

[103] Comunicato n. 1, quinto capoverso.

[104] M. Re, *Il linguaggio dei 55 giorni che cambiarono l'Italia*, cit., pp. 273 ss.

[105] *Ibidem*.

[106] M. Re, *Il linguaggio dei 55 giorni che cambiarono l'Italia*, cit., p. 268.

[107] M. Re, *Il linguaggio dei 55 giorni che cambiarono l'Italia*, cit., p. 258.

[108] M. Re, *Il linguaggio dei 55 giorni che cambiarono l'Italia*, cit., p. 267.

però senza che vi sia un vero e proprio processo pubblico e rispetto alla quale gli stessi esponenti delle Br si sono autoproclamati al contempo giudici ed esecutori [109].

3.1. Una "rilettura kelseniana" dei comunicati delle Br

Sono molti, e suggestivi, gli elementi caratterizzanti il linguaggio usato nei comunicati delle Br. Cercheremo a questo punto di condurre un'analisi per certi aspetti nuova, grazie a due strumenti individuati da Hans Kelsen in sede di teoria del diritto, vale a dire (a) l'autoqualificazione del materiale sociale [110] e (b) la rivoluzione come processo attuato con strumenti non legali per cambiare la *Grundnorm* di uno Stato [111], il cui utilizzo critico consente di rileggere, in modo originale nel contesto della riflessione teorico-giuridica, i fatti e il "linguaggio di guerra" dei brigatisti.

(a) Autoqualificazione delle azioni delle Br

Con l'espressione "autoqualificazione del materiale sociale" Kelsen si riferiva all'attribuzione soggettiva di significato a certi atti o fatti, ritenuta dai soggetti che la utilizzano, criterio sufficiente per conferire la qualificazione di "normativo" all'atto, al fatto, o al comportamento tenuto [112].

«Se si analizza un qualunque fatto, [...] si possono distinguere due elementi: l'uno, è un atto sensibilmente percepibile, il quale procede nello spazio e nel tempo, un accadimento esteriore, per lo più un comportamento umano, l'altro è un significato, uno specifico significato [...] aderente a quest'atto o accadimento» [113].

Nel caso in esame, le Br non intendevano qualificare come "giuridiche" in senso stretto le loro azioni: affermavano, invece, il primato della politica sul diritto, nel senso che se anche fosse stato *contra legem*, vale a dire contrario a quanto stabilito dall'apparato di norme vigenti, un atto con significato politico era da considerarsi ciononostante valido, giusto, effettivo, superiore a qualunque norma di diritto. Le Br si sono autoqualificate come nemico dello stato democratico, e hanno valutato come legittime tutte le

---

[109] *Ibidem*.

[110] H. Kelsen, *Lineamenti di dottrina pura del diritto*, Einaudi, Torino, 2002, p. 49.

[111] H. Kelsen, *Lineamenti di dottrina pura del diritto*, cit., pp. 99 ss.

[112] L. Forni, *Il diritto e i suoi strumenti*, cit., pp. 100-101.

[113] H. Kelsen, *Lineamenti di dottrina pura del diritto*, cit., p. 48.

loro azioni, secondo e per l'appunto, una valutazione soggettiva, autoattribuita.

Si consideravano legittimati, sulla base di una investitura politica che loro stessi si sono dati, a rappresentare un'avanguardia di lotta politica: erano una delle più alte espressioni della lotta armata, volta a scardinare lo *status quo* fino ad allora in atto.

Alcuni studiosi, proprio in relazione alle parole usate dai brigatisti riguardo alla loro autoqualificazione e all'autocelebrazione degli scopi che volevano perseguire, primo fra tutti la distruzione del sistema vigente in favore di un nuovo sistema, che desse dignità all'esistenza umana, non più compromessa dagli orrori del capitalismo [114], hanno messo in evidenza che loro stessi si definivano «purificatori del mondo» [115].

3.2. Insufficienza e criticità dell'autoqualificazione

Come ci insegna Kelsen, tuttavia, l'autoqualificazione è uno strumento insufficiente per capire la normatività e per parlare, senza fraintendimenti, nello specifico, della giuridicità.

Un significato solo soggettivo attribuito a certi atti, condotte o fatti, non ha alcuna valutazione condivisa a livello generale, né è riconducibile ad un sistema pubblico e riconoscibile di procedure e regole di produzione e attribuzione di significati. Ecco perché un atto o fatto, qualificato soggettivamente come rilevante, diventa giuridicamente, politicamente o normativamente valido solo se è riferibile ad un paradigma oggettivo, ad un sistema che stabilisca sulla base di quali criteri, certe azioni e determinati accadimenti sono atti o fatti normativi e quando sono atti o fatti rilevanti (per un sistema di regole di riferimento, siano esse politiche, morali o giuridiche, etc.).

Se per esempio osservassimo l'alzarsi delle mani, o lo schiacciare di certi pulsanti, in poche parole se vedessimo donne e uomini tenere alcune specifiche condotte in una sala del Palazzo di Montecitorio, a Roma, potremmo affermare che stiamo osservando la votazione di una legge. «Un uomo in toga pronuncia da un seggio elevato determinate parole ad un altro uomo, che gli sta davanti» [116]. In questo caso, saremmo in presenza della lettura di una sentenza.

---

[114] G.M. Arrigo, *Politiche rivoluzionarie e gnosticismo. Uno sguardo filosofico-politico*, in *Trópos, Rivista di ermeneutica e critica filosofica*, n. 2, 2018, pp. 31-46, in particolare p. 42.

[115] A. Orsini, *Anatomia delle Brigate Rosse*, cit., p. 320.

[116] H. Kelsen, *Lineamenti di dottrina pura del diritto*, cit., p. 48.

Tutti noi comprendiamo gli accadimenti esteriori descritti nei due precedenti esempi. Tuttavia, dobbiamo ancora capire cosa rende normativamente rilevanti quegli atti o fatti: si tratta semplicemente del significato attributo dagli stessi soggetti che hanno compiuto certo gesti che li rende rilevanti per il diritto, oppure il significato dipende da elementi diversi? Del resto, le donne e gli uomini riuniti a Palazzo Montecitorio potrebbero esplicitamente dichiarare di votare una legge, così come il soggetto in toga e il destinatario delle parole lette che lo riguardano potrebbero sostenere di essere il giudice e l'imputato/convenuto, parti di un processo e che la lettura effettuata altro non sia che una sentenza.

Continuiamo con il nostro esperimento mentale, calandoci in una scena che molte volte ha rappresentato le azioni delle Br: immaginiamo di vedere un soggetto, armato di pistola, proclamare ad alta voce alcune frasi, rivolgendosi ad un altro uomo, per poi puntare contro costui l'arma e, in nome della "lotta rivoluzionaria proletaria", sparare e ferirlo alle gambe, additandolo, prima di scappare, come "un servo dei padroni del Sim". Non molto dissimile deve essere stata l'esecuzione di Aldo Moro: il Tribunale del Popolo ha emanato una sentenza capitale, e un uomo è stato ucciso. Dal nostro esperimento mentale, e dall'analisi complessiva dei testi, possiamo ricavare due considerazioni.

La prima riguarda il fatto che, senza dubbio, riterremmo l'ultima azione, immaginata o descritta, un'azione criminale: non sappiamo se il/i soggetto/i colpiti sia/siano davvero al servizio di qualche multinazionale, o se sia/siano persone che semplicemente fanno il proprio lavoro. Non è rilevante che si sappia molto, sul profilo personale. Quello che sappiamo, però, e che rappresenta l'elemento più importante, indipendentemente da quanto o da cosa si possa riferire o attribuire alla vittima o al soggetto armato, sono le azioni qui considerate: c'è un aggressore e c'è un aggredito, e sappiamo che queste azioni sono normativamente rilevanti. Nella nostra organizzazione politico-giuridica, infatti, se si impugna senza autorizzazione un'arma e si esplodono colpi contro beni o contro persone per cagionare danni o la morte di qualcuno, si adottano condotte qualificate da un sistema oggettivo come comportamenti rilevanti per un certo insieme di regole (in questo caso, per il diritto penale). Queste norme prescrivono che, qualora si compiano certe azioni, si determineranno alcune conseguenze, tra cui l'attivazione delle forze dell'ordine per la ricerca, l'inseguimento e l'arresto del feritore. Si sottoporrà ad un processo colui che è imputato e ritenuto responsabile di quanto accaduto. Il ferito potrà partecipare al processo e chiedere di essere risarcito. Se l'imputato fosse giudicato colpevole dovrebbe scontare diversi anni di prigione, etc.

La diversa qualificazione tra punto di vista oggettivo e punto di vista soggettivo appare ora evidente [117].

Nell'autoqualificazione dei brigatisti, nella loro interpretazione soggettiva, l'azione più eclatante da loro compiuta *nell'affaire Moro* era l'esecuzione di una sanzione proletaria contro un nemico del popolo e un lacché dello Stato imperialista delle multinazionali, concetto diverse volte espresso nei comunicati e ricordato fino all'ultimo, nel n. comunicato 9, ad esempio.

Nel suo significato oggettivo, invece, l'azione compiuta, con riferimento alla "gambizzazione", è stata un fatto che volta a procurare lesioni gravissime ad un altro soggetto, o nella peggiore delle ipotesi, si è trattato di un tentato omicidio. In relazione alla vicenda Moro, invece, si è trattato di una serie di reati, tra loro continuati, iniziati col rapimento di uno tra gli uomini politici più importanti del tempo, che è poi stato tenuto prigioniero (sequestro di persona) per quasi due mesi e che, il 9 maggio 1978, è stato brutalmente ucciso (omicidio volontario aggravato).

Ciò che conferisce un'attribuzione di significato oggettivo alle azioni compiute non è l'autoqualificazione (morale, politica o giuridica) del materiale sociale, ad opera degli stessi interessati, ma è la presenza di un insieme di criteri, uno schema, oggettivo appunto, che qualifichi come normativamente rilevante l'accadimento esteriore preso in esame. Questo schema oggettivo, da Kelsen in poi, è rappresentato dalla norma giuridica, vale a dire da un enunciato linguistico di senso compiuto che opera come schema di qualificazione della realtà, posto da soggetti/enti autorizzati a generarla, nel rispetto di procedure prestabilite (sempre sulla base di norme prodotte all'interno di una certa dimensione sociale) [118]. L'insieme delle norme giuridiche, che determinano quali atti o fatti siano giuridicamente rilevanti, compiendo i quali si va incontro a sanzioni, diventa il paradigma di diritto di riferimento.

Nella ideologia brigatista questo tipo di paradigma è rifiutato: nessuna norma giuridica già prodotta può determinare ciò che è giuridicamente (e politicamente) rilevante, né produrre sanzioni. Sono le azioni degli stessi esponenti Br, invece, a produrre, nella loro intenzione, effetti normativi, che dovranno essere anche giuridicamente considerati rilevanti, e sono le loro gesta a rappresentare le sanzioni, rivolte contro chi è nemico della rivoluzione.

---

[117] O.G. Loddo, *Ideologia in azienda. La distribuzione dei benefit ai dipendenti come comportamento ideologico*, cit., p. 171.

[118] La trattazione della teoria kelseniana della norma giuridica come schema qualificativo della realtà, che presenta al proprio interno una premessa condizionante, un illecito, a cui è imputata una conseguenza condizionata, vale a dire una sanzione, meriterebbe uno spazio diverso. Per un approfondimento, si rinvia a H. Kelsen, *Lineamenti di dottrina pura del diritto*, cit., pp. 51 ss. Si rinvia, altresì, a L. Forni, *Il diritto e i suoi strumenti*, cit., pp. 106-118.

Formulando le nostre osservazioni abbiamo usato finora, volutamente, l'aggettivo normativo in un significato più ampio di "giuridico". Normativo è stato adottato, in questa sede, come termine sinonimo di prescrittivo, inteso come ogni elemento capace di condizionare, guidare, orientare, modificare il comportamento umano. La giuridicità, del resto, è solo una parte, anche se la più rilevante ed ampia, delle regole che condizionano i comportamenti dei consociati. Sono infatti regole capaci di influenzare e modificare condotte anche le regole sociali, o le regole morali, così come le regole della buona educazione, o del galateo, o anche quelle di certi ordini professionali (norme deontologiche). Siamo cioè immersi in un mondo di norme [119], di cui quelle del diritto sono le più cogenti, quelle maggiormente capaci di condizionare e orientare le nostre condotte, le cui sanzioni sono predeterminate e istituzionalizzate [120].

La seconda considerazione che possiamo trarre, chiarita l'importanza di uno schema oggettivo di qualificazione della realtà, si riferisce al fatto che il punto di vista brigatista, che ha prodotto il linguaggio qui esaminato, non riconosce né un sistema oggettivo, istituzionalizzato, di regole, né il fatto che un insieme di norme possa essere basato sulla, ed orientato alla, pacifica convivenza tra portatori di interessi confliggenti/contrastanti. Si tratta, invece, di un sistema soggettivo, fondato su autoqualificazioni di azioni e fatti, condiviso all'interno di una cerchia ristretta di soggetti, che nasce dal e si alimenta col conflitto, senza immaginare che esso si possa comporre e risolvere. Non esiste una prospettiva effettiva di pacificazione. La lotta, la guerra, la rivoluzione sembrano il solo orizzonte di vita immaginato e possibile.

Per gli esponenti delle Br le regole di condotta approvabili e da tenere sono regole "ibride", al tempo stesso regole morali, in quanto adottate e ritenute "buone regole di vita" per gli aderenti alle Brigate Rosse; sono altresì regole sociali, perché condivise in una dimensione sovraindividuale, parzialmente istituzionalizzata, poiché coloro che dissentono o, ad un certo punto, vogliono distanziarsi da quanto deciso all'interno delle Br, sono biasimati e allontanati immediatamente dal gruppo. Le norme individuate dai brigatisti sono, altresì, le uniche regole necessarie per "la cosa pubblica": nell'ottica di una rifondazione delle istituzioni dello Stato e delle dinamiche sociali ed economiche, non si riconoscono come valide le regole di diritto emanate da organi competenti, nel rispetto di predeterminate procedure. Le norme emanate dal Parlamento, presenti nei regolamenti regionali o negli statuti delle società in cui la-

---

[119] N. Bobbio, *Teoria generale del diritto*, Giappichelli, Torino, 2002, pp. 3 ss.; L. Forni, *Il diritto e i suoi strumenti*, cit., pp. 47 ss.

[120] L. Forni, *Il diritto e i suoi strumenti*, cit., pp. 91-93; C.S. Nino, *Introduzione all'analisi del diritto*, Giappichelli, Torino, 1996, pp. 149 ss.; N. Bobbio, *Teoria generale del diritto*, cit., pp. 123 ss.

vorano molti "compagni" sono forma ed espressione deteriorate di diritto, corrotte dalle logiche capitalistiche/imperialistiche. Ciò che deve guidare le scelte e le azioni dei consociati non va individuato nella Costituzione o nei Codici. Va ricercato in regole di azione violenta, di lotta armata, di guerra allo Stato, al termine di deliberazioni degli organismi brigatisti [121]. Solo in un secondo momento, gli esponenti delle Br hanno ritenuto idealmente estendibili alla società le prescrizioni da loro individuate durante le loro discussioni. In buona sostanza, il diritto si sarebbe determinato solo a conclusione della fase rivoluzionaria, senza tuttavia che fosse mai preso seriamente in considerazione come dare vita a processo sociale, politico e giuridico post- rivoluzionario. In breve, e in modo paradossale, essi non hanno saputo tradurre in una proposta prescrittiva definita, articolata e completa, la nuova idea di organizzazione sociale per la quale combattevano [122].

La guerra urbana e la rivoluzione non sembravano produrre altro che lotta e guerra quotidiana, senza arrivare ad una teorizzazione compiuta [123] dei caratteri propri di uno stato comunista, senza più battaglie e scontri armati. Sul punto, alcuni studiosi hanno precisato che: «Le Brigate Rosse non hanno mai chiarito né quale fosse il loro progetto di disarticolazione e di distruzione dello Stato, né le modalità della presa del potere, le tappe, i passaggi, i risultati intermedi di questo possibile processo» [124].

L'autoqualificazione del materiale sociale secondo l'ottica brigatista nasce dalla violenza, è legittimata dal conflitto, approva la lotta armata, ma finisce col generare solo violenza: l'autoqualificazione brigatista delle azioni compiute non è compatibile con la pace, con una società pacificata.

---

[121] Il gruppo dirigente era chiamato «direzione strategica» e definiva la linea politica da seguire; ogni singola *colonna* decideva le azioni armate da compiere sul territorio di pertinenza, in base alla linea strategica decisa a livello centrale. Le azioni più importanti venivano decise da un altro organismo, il «Comitato esecutivo», composto dai membri della direzione strategica che avevano la responsabilità di dirigere una colonna. G. Panvini, *Le Brigate rosse e i movimenti del 1977*, cit.

[122] C. Marra, *Le Brigate Rosse in Italia. Uno sguardo d'insieme tra sociologia, storia e cronaca*, cit.; A. Ventrone, *«Vogliamo tutto». Perché due generazioni hanno creduto nella rivoluzione 1960-1988*, cit., pp. 226 ss.

[123] L. Boccarossa *et al.*, *La violenza e la politica*, Roma, 1979, pp. 16-17.

[124] A. Ventrone, *La "guerra civile di lunga durata" e l'idea di Stato nell'Italia degli anni Settanta*, in *Annali dell'Istituto storico italogermanico in Trento*, n. 34, 2008, pp. 373-382, in particolare p. 374.

(b) Processo non legale di fondazione di un nuovo sistema politico, giuridico e sociale: il cambio di *Grundnorm*

Il secondo strumento di analisi proposto per una rilettura del linguaggio di guerra delle Br è la nozione di *Grundnorm*[125], di norma fondamentale, concetto centrale nei contributi di Hans Kelsen. Non è possibile, in questa sede, dilungarci sulle molte questioni sottese e connesse alla *Grundnorm*. Ci limitiamo a ricordare che, per l'Autore, essa è da intendersi come l'elemento unificatore, a cui ricondurre la validità di tutte le norme di un ordinamento normativo, sia esso morale o giuridico[126]. La *Grundnorm* è infatti definita da Kelsen il principio sul quale si fonda l'unità di una pluralità di norme, che consente di guardare ad un sistema prescrittivo come ad un tutto unitario: una regola, per Kelsen, fa parte di un certo sistema normativo se, in ultima istanza, è riconducibile al principio unificatore, vale a dire alla norma fondamentale, o *Grundnorm*.

La *Grundnorm* del sistema normativo di diritto è un "fondamento ipotetico". Con quest'espressione l'Autore rinvia all'idea di uno strumento ideale, un *escamotage*[127], che consente di guardare ad una pluralità di regole come ad un tutto unitario, e che consente di fondare la validità delle norme del sistema e di poterle conoscere, nei diversi livelli in cui sono poste nella struttura a gradi[128].

Kelsen, tuttavia, non considera la *Grundnorm* una norma di diritto positivo, perché secondo l'Autore non è stata emanata da alcun organo, ma è un presupposto epistemologico di pensabilità del sistema stesso[129], è uno espediente teorico, appunto, mettendo in campo il quale è possibile conoscere, studiare e comprendere la struttura stessa dell'ordinamento. Essa, pertanto, serve a predicare la validità delle singole norme dell'ordinamento e consente di conoscere tutte le altre varie norme, attraverso l'articolazione della struttura istituzio-

---

[125] Per una ricostruzione della teoria della *Grundnorm*, H. Kelsen, *Lineamenti di dottrina pura del diritto*, cit., pp. 95 ss. ID., *La dottrina pura del diritto* (ed. it. a cura di M.G. Losano), Einaudi, Torino, 1966, pp. 223 ss. Più di recente, ID., *La dottrina pura del diritto* (ed. it. a cura di M.G. Losano, ultima edizione aggiornata), Einaudi, Torino, 2021, pp. 253 ss. Per un inquadramento semplificato del tema, si rinvia a L. Forni, *Il diritto e i suoi strumenti*, cit., pp. 125 ss.

[126] H. Kelsen, *La dottrina pura del diritto* (ed. it. a cura di M.G. Losano), Einaudi, Torino, 1966, pp. 210-220; ID., *La dottrina pura del diritto* (ed. it. a cura di M.G. Losano, ultima edizione aggiornata), Einaudi, Torino, 2021, pp. 255-259.

[127] H. Kelsen, *Lineamenti di dottrina pura del diritto*, cit., pp. 98-99.

[128] Kelsen teorizza, appunto, la costruzione a gradi dell'ordinamento giuridico, lo *Stufenbau*. H. Kelsen, *Lineamenti di dottrina pura del diritto*, cit., pp. 104-116. ID., *La dottrina pura del diritto* (ult. ed. 2021), cit., pp. 296-311.

[129] H. Kelsen, *Lineamenti di dottrina pura del diritto*, cit., p. 104; ID., *La dottrina pura del diritto* (ult. ed. 2021), cit., pp. 264 ss.

nale propria di un certo ordinamento, che dai livelli (o gradi) normativi superiori a quelli inferiori prende forma.

Dobbiamo a questo punto chiarire quale sia la relazione istituita da Kelsen tra *Grundnorm* e rivoluzione. È lo stesso Kelsen a fornire la risposta: «Il significato della norma fondamentale è specialmente chiaro nel caso in cui un ordinamento giuridico non viene mutato per via legale, ma viene sostituito con un nuovo ordinamento per mezzo di una rivoluzione – [...] In uno stato monarchico un gruppo di uomini tenta, mediante un brusco rovesciamento, di porsi al posto del governo legittimo e di cambiare governo, finora monarchico, in repubblicano» [130].

È la rivoluzione il momento iniziale, a partire dal quale può prendere vita un cambiamento di ordinamento giuridico. L'autore chiarisce, infatti, che la norma fondamentale ha origine in momenti storici travagliati [131], segnati da grande instabilità politica: si ha il tentativo di una nuova *Grundnorm* ogni volta che c'è una guerra, un golpe, rivoluzione, ovvero il tentativo di scardinare l'ordinamento precedente istituendone uno nuovo.

Rileggendo Kelsen, si trovano passi che suscitano interesse, in riferimento alla correlazione stretta che egli individua tra lotta, violento cambiamento, guerra, golpe, etc. e nuovo sistema di regole politico-giuridiche e sociali. Scrive in proposito: «[...] non ha importanza se questa modificazione [la guerra, il golpe, la rivoluzione,] sia stata causata da un'azione di forza contro un governo legittimo o da membri del governo stesso, se sia causata da un movimento di masse popolari o da un piccolo gruppo di individui» [132]. Va detto che, ai tempi in cui egli scriveva, non vi erano rivoluzioni di stampo terroristico in corso. Proprio per questo è particolarmente apprezzabile la rilettura kelseniana degli accadimenti brigatisti italiani, che nell'analisi teorico-giuridica che si può condurre assumono sfumature e significati nuovi.

L'Autore, inoltre, precisa: «Se ciò riesce, cioè se cessa l'ordinamento antico e comincia ad avere efficacia il nuovo, nel momento in cui l'effettivo comportamento degli uomini non corrisponde più all'antico, ma in generale al nuovo, ci si comporta allora con questo come con un ordinamento giuridico, cioè si concepiscono gli atti compiuti in esecuzione di questo come atti giuridici e i fatti che lo ledono come violazione di diritto. Si presuppone, allora, una nuova norma fondamentale» [133].

---

[130] H. Kelsen, *Lineamenti di dottrina pura del diritto*, cit., p. 99.

[131] H. Kelsen, *La dottrina pura del diritto* (ult. ed. 2021), cit., pp. 276 ss.

[132] H. Kelsen, *La dottrina pura del diritto* (ult. ed. 2021), cit., p. 276.

[133] H. Kelsen, *Lineamenti di dottrina pura del diritto*, cit., pp. 99-100.

Pensiamo, al riguardo, alla situazione italiana nella Seconda Guerra mondiale, a partire dal 1943, che ha segnato il periodo della Resistenza al regime fascista, e che si è caratterizzato da rivolte e insurrezioni armate. Con la sconfitta del fascismo (e più in generale del nazi-fascismo), si è dato vita ad un periodo storico di enormi cambiamenti istituzionali, fino ad arrivare la Referendum col quale gli italiani, chiamati a scegliere tra monarchia e repubblica, votarono a favore della seconda forma di Stato. A seguito dell'esito referendario, si insediò l'Assemblea costituente, al termine della quale venne emanata, nel 1948, la nostra Costituzione [134].

Le radici della nostra *Grundnorm*, pertanto, risiedono in quel periodo travagliato, di lotte e di tentativi di rovesciare il sistema politico e giuridico sino ad allora in vigore, che ha portato poi, col successo referendario e con la promulgazione della Costituzione repubblicana, all'instaurazione di un nuovo ordinamento giuridico.

Un altro esempio, a noi più vicino nel tempo, di tentativi di modificare norme fondamentali in altri Paesi del mondo è rappresentato dalle c.d. "primavere arabe", che hanno interessato, a partire dal 2011, molti Stati nordafricani e mediorientali. In alcuni casi, come per esempio in Tunisia, si è avuto un cambio effettivo di norma fondamentale, con la nuova Costituzione del 2014; in molti altri casi, invece, come ad esempio nel contesto della Libia, o della Siria, la situazione è ancora fortemente instabile, problematica e non possiamo affermare che si sia prodotto un vero e proprio mutamento di norma fondamentale [135].

E in riferimento al periodo delle Brigate Rosse?

Le Br rappresentano, rileggendo i loro comunicati e le loro azioni e decisioni in essi descritti, una tra le più efficaci incarnazioni di quei "poteri di fatto" che sono il substrato di un tentativo di cambiamento (radicale e non pacifico) di ordinamento e di assetto delle istituzioni. Tuttavia, se per Kelsen la rivoluzione è un momento violento certo, sanguinario talvolta, ma transitorio e fecondo, capace di portare alla costruzione di un sistema di regole politico-giuridico-sociali ben definito, in cui trovino spazio diritti e libertà di tutti i soggetti, nella prospettiva brigatista la rivoluzione, invece, è un *continuum* della Storia, è il mantenimento di una condizione di conflitto che non si compone, ma che perpetua se stesso, che non sfocia mai in una realtà normativa precisa, nella quale si risolvano anche le più aspre contrapposizioni e si superi la logica "del nemico".

---

[134] L. Forni, *Il diritto e i suoi strumenti*, cit., p. 138.

[135] *Ibidem*.

Come affermato dallo stesso Kelsen, per poter sostenere che si sia radicata una nuova *Grundnorm*, bisogna che questa abbia successo: che sia considerata vincolante dai consociati, in breve che la popolazione conferisca durevole obbedienza al nuovo sistema che si è prodotto. Se ciò avviene, potremo affermare che vi è stato un cambio di norma fondamentale; diversamente, non si avrà alcun nuovo ordinamento, ma resterà in vigore quello precedente.

Alla luce delle considerazioni fin qui svolte, e sulla base dei fatti storici che hanno segnato il periodo brigatista, possiamo osservare che la lotta armata, la guerra allo Stato perpetrata dalle Brigate Rosse non ha condotto all'instaurarsi di una nuova norma fondamentale. Le masse popolari che le azioni violente delle Br volevano infiammare e portare dalla propria parte, in un processo rivoluzionario, non hanno seguito il tentativo brigatista di arrivare ad un nuovo assetto istituzionale.

3.3. *Grundnorm* e rivoluzione

Kelsen introduce la *Grundnorm* in relazione all'ordinamento giuridico per prendere le distanze dalle teorie che consideravano il diritto mera espressione di potere: potere del più forte, potere di legiferare e governare esercitato da chi ha prevalso sugli altri, attraverso la forza fisica, o quella militare, (o oggi potremmo aggiungere, quella economico-finanziaria). In effetti, ritroviamo nella teoria della norma fondamentale il coronamento della preoccupazione kelseniana di regolare l'esercizio e l'uso della forza. Se il sistema giuridico è caratterizzato dal momento coercitivo, vale a dire se, in un sistema, esistono norme per l'applicazione delle sanzioni, allora queste ultime, come espressione concreta della coazione, devono essere istituzionalizzate: questo significa che l'uso della forza deve essere soggetto a regole, ed in ultima istanza tali regole devono essere giustificate, in quanto riferibili ad un'altra regola: la norma fondamentale. La forza, in breve, non è più messa in atto sulla base di poteri di fatto, sulla base di chi è, nei fatti, riuscito a prevaricare sugli altri. La disciplina dell'uso della forza è regolamentata dal diritto, il cui fondamento, per Kelsen, è una norma, presupposta, ipotetica, ma pur sempre una norma giuridica, la *Grundnorm*.

Kelsen offre una rappresentazione teorica di un modello di sistema giuridico non solo fondato su elementi di diritto e chiuso da una norma giuridica, ma nel quale sia il diritto a guidare, a gestire, a controllare, attraverso norme, il potere e non viceversa, vale a dire egli prospetta un modello che rifiuta l'idea che siano i poteri a piegare la produzione giuridica ai loro fini o scopi.

Anche rispetto a questo profilo, l'esperienza delle Brigate Rosse può essere riletta, osservando che il tentativo di fondazione di un nuovo ordine politico e giuridico da esse auspicato, iniziato e perseguito con la lotta armata e la guerra allo Stato, è stato un esempio di poteri di fatto che, in modo contrario allo schema kelseniano, volevano piegare norme e istituzioni al volere/potere di pochi.

Nella teoria kelseniana della *Grundnorm* ritroviamo gli elementi della antica dicotomia platonica, che contrapponeva il "Governo degli uomini" al "Governo delle leggi" [136]: il primo sarebbe l'espressione dei poteri di fatto, appunto, che agiscono in funzione della legge del più forte, di chi è riuscito a strappare il governo con la forza e ora è alla guida di una comunità di consociati; il secondo, invece, è espressione del diritto, che disciplina l'uso della forza e che è il limite a cui devono sottostare anche coloro che esercitano il potere [137].

Se, pertanto, nella teoria di Kelsen prevale il modello secondo il quale "*Lex facit regem*" [138], cioè il modello per il quale è il diritto che pone regole e limiti, anche a chi detiene certi poteri, nel tentativo di fondazione di una nuova *Grundnorm* brigatista il modello di riferimento è opposto, vale a dire "*Rex facit legem*" [139], cioè chi è reggente il potere (di fatto) è colui che può porre le proprie condizioni per la fondazione politico-giuridica di un nuovo sistema sociale [140].

Queste considerazioni conducono ad un altro tema rilevante, nella riflessione teorico e filosofico-giuridica: il rapporto tra potere e diritto. Facendo nostra una riflessione di Norberto Bobbio [141], potremmo sostenere che la teoria kelseniana della *Grundnorm* è la più alta teorizzazione di un modello di diritto, o meglio, di un modello di Stato di diritto, in cui il potere è tanto più legit-

---

[136] Per una recente riconcettualizzazione, M.C. Pievatolo, *Fra governo degli uomini e governo della legge: rule of law e ordine spontaneo*, in P. Costa, D. Zolo (a cura di), *Lo Stato di diritto. Storia, teoria, critica*, Feltrinelli, Milano, 2002, pp. 460-484. L. Baccelli, *Il governo della legge e governo degli uomini*, in *Critica del repubblicanesimo*, 2003, pp. 116-133.

[137] L. Forni, *Il diritto e i suoi strumenti*, cit., pp. 136-137.

[138] La ricognizione degli usi dell'espressione è stata oggetto dello studio di C.H. McIlwain, *Costitutionalism: Ancient and Modern* (1947), tr. it. *Costituzionalismo antico e moderno*, il Mulino, Bologna 1990, p. 93.

[139] La prima comparsa dell'espressione sarebbe attribuibile a H. Bracton, *De legibus et consuetudinibus Angliae* (1235), I, 8, 5, oggi riportata in G.E. Woodbine (a cura di), *Bracton on the Laws and Customs of England*, Harvard University Press, Cambridge, 1968, II, p. 33.

[140] L. Forni, *Il diritto e i suoi strumenti*, cit., p. 137.

[141] N. Bobbio, *Il potere e il diritto*, in *Nuova Antologia*, Le Monnier, Firenze, 1982, pp. 68-80. ID., *Sul principio di legittimità*, in *Studi in memoria di Antonio Falchi*, Giuffrè, Milano, 1964, pp. 79-93.

timo[142], quanto più è esercitato, dai livelli inferiori fino al vertice, secondo norme, esplicite o presupposte[143].

Invece, nella caotica rappresentazione delle Br, la guerra allo Stato non serviva per creare un nuovo Governo delle leggi; esse volevano, prima di tutto, delegittimare il potere gestito da chi, allora, era espressione dello Stato di diritto e, inoltre, con azioni e metodi violenti, esse volevano determinare le condizioni per l'insediamento di un nuovo Governo degli uomini, a guida rivoluzionaria[144]. Le Br volevano sostituire il debole Governo delle leggi a guida democristiana, secondo loro considerato manifestazione della "borghesia imperialista", con un Governo degli uomini, espressione della loro proposta di (nuovo) regine: quello brigatista-comunista.

4. Qualche osservazione a chiusura della rilettura kelseniana delle Br

Dobbiamo riconoscere che la teoria della norma fondamentale è utile per comprendere non solo molte dinamiche, a livello globale, a cui assistiamo, ancora oggi, ma è divenuto strumento fecondo per una rilettura critica della guerra interna allo Stato, che abbiamo vissuto nei decenni passati, e di cui abbiamo dato conto nei paragrafi precedenti.

Tuttavia, ad un'analisi approfondita della teoria kelseniana, e procedendo con alcune riflessioni conclusive sul tema trattato, dobbiamo prendere in esame due problemi teorici riguardo alla *Grundnorm*[145]: la sua validità, che coincide con la sua efficacia da un lato e, dall'altro, la natura controversa di elemento teorico-giuridico.

Il primo profilo di criticità che esaminiamo riguarda la validità della norma fondamentale: se è vero, infatti, che essa diventa effettiva quando riceve durevole obbedienza dai consociati, è altresì vero che Kelsen finisce col predicare della *Grundnorm* proprio ciò che ha sempre rifiutato per tutte le altre norme del sistema. La contraddizione che si deve rilevare consiste nel fatto che, mentre per ogni norma interna all'ordinamento validità ed efficacia (così come va-

---

[142] M. Cuomo, *Rapidità. Teoria e storia di una categoria di legittimazione del potere*, in *Ragion pratica*, n. 1, 2016, pp. 137-158.

[143] N. Bobbio, *Il potere e il diritto*, cit., p. 79.

[144] A. Ventrone, *«Vogliamo tutto»*, cit., p. 226; C. Marra, *La violenza diretta nel terrorismo italiano: le Brigate Rosse e i Nuclei Armati Rivoluzionari (1969-1982)*, testo reperibile al seguente indirizzo: https://unibo.academia.edu/ChiaraMarra.

[145] L. Forni, *Il diritto e i suoi strumenti*, cit., pp. 138-141.

lidità e contenuto di una norma) sono profili che devono restare indipendenti, per la *Grundnorm* egli afferma che essa è valida, se è anche – e fintantoché è – efficace [146]. In breve, un nuovo sistema politico-giuridico è valido da quando e finché è obbedito dai consociati, statuendo, cioè, che validità ed efficacia della norma fondamentale coincidano [147]. Se questo è un aspetto di problematicità per la coerenza della teoria kelseniana dell'ordinamento, non lo è se lo mettiamo in relazione con la teoria brigatista. Anzi, l'idea di un cambio di sistema violento e pragmatico, in cui la validità della norma fondamentale di riferimento sia coincidente con l'obbedienza data al nuovo assetto risulta, per certi aspetti, congruente con il modello di società immaginato dai brigatisti. Essi, del resto, avevano più volte ammesso che la violenza fosse una necessità intrinseca nel cambio del sistema e nella lotta di classe [148]. Inoltre, essi ritenevano plausibile che vaste masse popolari, di studenti, di operai, in genere di individui oppressi dalla classe dominante, avrebbero dato – e volentieri – durevole obbedienza ad un nuovo modello comunista di organizzazione politico – sociale [149], che era da loro inteso, primariamente, come un modello pratico di organizzazione politico-sociale.

Questo profilo introduce il secondo rilievo critico che va ricordato a proposito della teoria della norma fondamentale. Kelsen ha difeso la qualificazione della *Grundnorm*, nonostante le radici fattuali, come elemento teorico-giuridico, necessario per chiudere l'ordinamento con un elemento di diritto, che rappresenti il limite invalicabile per i poteri di fatto [150]. L'Autore, come abbiamo ricordato, ha sostenuto che la *Grundnorm* è un espediente teorico, ed è una norma giuridica, anche se solo presupposta, necessaria per fondare ogni sistema di diritto [151]. Quando però egli stesso ne spiega l'origine e il contenuto, dice che ha origine da una rivoluzione, in una situazione determinata da poteri di fatto. Di questo aspetto problematico, poco sopra, abbiamo ricordato la contraddizione in cui è incappato Kelsen. Abbiamo menzionato, infatti, che la

---

[146] H. Kelsen, *La dottrina pura del diritto* (ult. ed. 2021), cit., pp. 286-287.

[147] *Ibidem.*

[148] M Galfré, E. Saccoman, *Anni Settanta e lotta armata: una storia da dimenticare? Le origini delle Brigate rosse in base a nuove acquisizioni documentarie*, in *Italia contemporanea*, n. 3, 2015, pp. 556-580, in particolare p. 573.

[149] A. Berardi, *Il diritto e il terrore. Alle radici teoriche della finalità di terrorismo*, Cedam, Padova, 2008.

[150] L. Forni, *Il diritto e i suoi strumenti*, cit., pp. 139-140.

[151] H. Kelsen, *Lineamenti di dottrina pura del diritto*, cit., pp. 99-101; Id., *La dottrina pura del diritto*, ed. it. 1966, cit., pp. 226-231; Id., *La dottrina pura del diritto*, ed. it. 2021, cit., pp. 264-271.

Grundnorm, nel momento della sua formazione e individuazione, non è un elemento teorico, tanto meno possiamo sostenere che sia una norma di diritto. Una rivoluzione armata, una guerra, un golpe, non sono elementi di riflessione teorica, né profili giuridici; sono semmai feroci manifestazioni di poteri di fatto.

Come possiamo allora difendere la proposta kelseniana? La *Grundnorm* ha le proprie radici, ma non esaurisce la propria portata politico-giuridica, nei momenti di rivoluzione: la si individua in un momento di tensione e di grande instabilità politico-sociale, in un momento rivoluzionario, declinabile in diversi modi, e dunque essa ha origine e si sostanzia non certo in un elemento teorico, e nemmeno in un elemento di diritto, ma a ben guardare la norma fondamentale diviene, nel tempo, espressione complessa, ibrida, di poteri di fatto e di nuove determinazioni politiche. Qualora poi i nuovi poteri riescano a prendere realmente il sopravvento in una certa comunità, e a radicarsi stabilmente in un determinato periodo storico, si struttureranno via via in un nuovo sistema di regole di diritto. Ecco, dunque, che la *Grundnorm* diviene, una volta stabilizzata e obbedita, lo strumento teorico-giuridico introdotto da Kelsen, per tenere sotto controllo i poteri di fatto da cui essa stessa ha avuto origine.

Questo è un elemento interessante del pensiero kelseniano che, trattato criticamente, porta a nuove interpretazioni riguardo all'esperienza brigatista. Anche per le Br, infatti, la fondazione di un nuovo sistema si basa sull'ibridazione di elementi politici con elementi di fatto. A differenza di quanto affermato nella teoria kelseniana, però, che pur con le criticità menzionate [152], fa prevalere, alla fine, l'elemento giuridico e teorico con la posizione di una nuova *Grundnorm*, per dare espressione ad una finalità politica precisa, vale a dire per soggiogare i poteri di fatto a regole proceduralmente e ordinatamente individuate [153], le Br ritengono che sia il potere del popolo, che è in lotta, in una perenne guerra contro i nemici del proletariato, che dovrà soggiogare – e semmai solo in un momento successivo, cambiare – le regole della convivenza [154].

Se, infine, per Kelsen il golpe, la rivoluzione, il mutamento non legale e violento di una realtà istituzionale è funzionale ad ottenere durevole obbedienza dai consociati in una nuova realtà pacificata [155], per le Br la rivoluzione non

---

[152] L. Forni, *Il diritto e i suoi strumenti*, cit., pp. 138 ss.

[153] H. Kelsen, *La dottrina pura del diritto*, ed. it. 2021, cit., pp. 311 ss.

[154] C. Lettieri, *Il caso Moro: memorie e narrazioni*, in *Italies. Littérature-Civilisation-Société*, n. 20, 2016. pp. 205-208.

[155] Sul tema, che apre al contempo ad una rilettura critica della nostra repubblica negli anni delle Brigate Rosse, con particolare attenzione al caso Moro, si rinvia a A. Mastropaolo, *Da una democrazia all'altra*, in *Contemporanea*, n. 11, 2008, pp. 89-95.

è necessariamente volta alla conquista della pace. Certo, la durevole obbedienza è presa in esame, nel senso che anche i brigatisti ritengono che la massa popolare, l'unico soggetto politico che considerano meritevole delle loro azioni, e per il quale sono in guerra, si atterrà alle nuove norme e a nuove istituzioni comuniste, quando queste prenderanno piede. Non ritengono, tuttavia, che tale processo debba portare al superamento del conflitto e della lotta armata. In breve, se dovessimo immaginare la *Grundnorm* del pensiero delle Br, essa si tradurrebbe in una costante contrapposizione violenta [156], una guerra perpetua [157] contro le istituzioni vigenti, e non il presupposto da porre, ma andando oltre il quale, si possa dar vita ad una nuova realtà politica, giuridica e sociale pacificata.

La fondazione di un nuovo ordine sociale non arriverà mai a compimento, mentre l'attività di guerra al cuore dello Stato è durata molti anni: per molto tempo abbiamo vissuto *il contrario della pace*.

---

[156] E. Betta, *Violenza politica e anni Settanta. Intervengono Vittorio Vidotto, Marco Scavino, Carlo Fumian, Eduardo Rey Tristán*, in *Contemporanea*, n. 4, 2013, pp. 613-644.

[157] G.M. Ceci, *Interpretazioni del terrorismo: il primo dibattito scientifico italiano (1977-1984)*, in *Mondo contemporaneo: rivista di storia*, n. 3, 2009, pp. 49-106, in particolare pp. 62 ss.

Capitolo 2

La *guerra* tra Federazione russa ed Ucraina. Un *contrario della pace* contemporaneo

1. La guerra tra Federazione russa ed Ucraina: quale vita si difende?

Dopo aver discusso, nel capitolo precedente, l'esperienza del terrorismo interno di matrice brigatista, come esempio di "un" contrario della pace, in questo capitolo sarà proposto un percorso di analisi filosofico-giuridica relativo al conflitto bellico vero e proprio in atto tra Federazione russa ed Ucraina [1], iniziato formalmente il 24 febbraio 2022. Si darà pertanto conto di alcuni temi di interesse teorico, sollevati dalla discussione intorno alla guerra che sta interessando, ormai da molti mesi, il cuore dell'Europa [2] e che è il più recente, ed evidente, "contrario" della pace a cui stiamo assistendo.

Quanto è accaduto, infatti, ha sconvolto le vite degli gli stessi abitanti dell'Ucraina, ed ha altresì suscitato in tutti i Paesi occidentali sconcerto e preoccupazione. Vi sono diversi argomenti che portano e ritenere che, in effetti, stiamo assistendo al peggiore *contrario della pace*, almeno come è andata configurandosi la realtà europea dal Secondo Dopoguerra in poi. Questa guerra, infatti, ha alcune caratteristiche che la connotano in modo particolare [3]. Ri-

---

[1] Per una ricostruzione storico-politica del conflitto tra Russia ed Ucraina, M. Minakov, *Ucraina, l'Occidente alla prova. Ma per il Cremlino è l'inizio della fine*, in *Mondo economico*, 28 febbraio 2022. M. Minakov, *Dialettica della modernità nell'Europa orientale. Una riflessione socio-filosofica*, Ledizioni, Milano, 2022.

[2] M. Dogliani, *La guerra in Ucraina tra tabù nucleare e oltranzismo politico-mediatico*, in *Democrazia e diritto*, vol. 1, 2022, pp. 7-14; R. Ibrido, *I fattori costituzionali condizionanti della politica estera tra diritto e geopolitica*, in *Diritto pubblico comparato ed europeo, Rivista trimestrale*, vol. 2, 2022, pp. 343-378, in particolare p. 355 ss., infine, L. Mellace, *Cosmopolitismo giuridico ed effettività del diritto internazionale oggi: è possibile andare oltre lo stato?*, in *Materiales de Filosofia del Derecho*, vol. 2, 2022.

[3] ISPI, Istituto per gli Studi di Politica Internazionale, *La più grande crisi europea dalla Seconda Guerra mondiale*, 27 marzo 2022.

flettendo sulle conseguenze possibili, ma fortunatamente non ancora prodottesi, si pensi all'eventualità di un'*escalation* atomica del conflitto e alla sua espansione verso altri Stati europei e con la NATO, che darebbero vita al primo conflitto nucleare vero e proprio sul pianeta. Con riferimento alle conseguenze che si sono già prodotte, invece, possiamo rilevare, ad esempio, l'esodo di massa a cui abbiamo assistito, che nelle prime settimane di guerra ha portato circa quattro milioni di persone a lasciare l'Ucraina, per raggiungere altri Paesi europei. Inoltre, il numero dei profughi e di sfollati, nei primi mesi di ostilità, è stato di quattro volte superiore a quello della guerra nei Balcani o in Kosovo[4] negli anni Novanta. Milioni di persone, in vaste regioni, oggi non hanno la possibilità di potersi riscaldare, non hanno più accesso all'acqua potabile né a fonti sicure di energia, con i pericoli epidemici a cui questa situazione espone gli abitanti delle zone interessate[5] e tutti i cittadini europei sono alle prese con la peggiore crisi umanitaria dal secondo dopoguerra[6]. Oltre a quanto ricordato, vi sono anche conseguenze giuridiche rilevanti, non solo in relazione a violazioni del diritto internazionale[7], ma anche in riferimento al numero di uccisioni di civili ucraini, per le quali si stanno valutando azioni presso la Corte penale internazionale[8] e altre corti sovranazionali.

Quelle fin qui sinteticamente richiamate sono alcune peculiarità della guerra in atto, che ha innescato discussioni animate su molte questioni ad essa collegate.

In questo capitolo si porterà attenzione ad un profilo specifico presente nei dibattiti, vale a dire ci si interrogherà su quale forma di pacifismo possa essere preferita, promossa e difesa, in considerazione della necessità di giungere ad una composizione del conflitto.

Nel panorama di coloro che si sono occupati, a vario titolo, della questione, alcuni studiosi[9] hanno discusso, con argomenti di interesse, una forma di pacifismo molto rappresentato, al momento, in Italia, nei confronti politici e nei

---

[4] *Ibidem*.

[5] R. Biselli *et. al.*, *A Historical Review of Military Medical Strategies for Fighting Infectious Diseases: From Battlefields to Global Health*, in *Biomedicines*, vol. 10, 2022.

[6] AA.VV., *Russia Invades Ukraine*, in *American Journal of International Law*, vol. 3, 2022, pp. 593-604.

[7] I. Brunk, M. Hakimi, *Russia, Ukraine, and the Future World Order*, in *American Journal of International Law*, vol. 4, 2022, pp. 687-697; E. Chachko, K. Linos, *Ukraine and the Emergency Powers of International Institutions*, in *American Journal of International Law*, vol. 4, 2022, pp. 775-787.

[8] S. Occhipinti, *La Corte penale internazionale: limiti di giurisdizione e conseguenze sulla questione ucraina*, in *Altalex*, 15 marzo 2022.

[9] F. Pellecchia, *Pacifismo, libertà e nuda vita*, in *Micromega*, 12 maggio 2022.

media, ma ancora poco approfondito, in sede di riflessione critica. Si tratta della posizione che considera la guerra tra Federazione russa ed Ucraina una situazione drammatica, che pone dinanzi al dilemma di scegliere quale valore debba prevalere, nella ricerca di una soluzione del conflitto e per ritornare alla pace: se cioè sia da considerare prioritaria la salvaguardia della vita, oppure se sia da preferire la difesa della libertà e dell'autodeterminazione.

Prenderemo in esame alcuni profili propri del pacifismo [10], così come ricostruito sia a livello internazionale [11], sia attraverso i molti contributi della riflessione italiana [12] e discuteremo, nello specifico, il pacifismo volto a salvaguardare la vita come valore supremo, per capire a quali orizzonti valoriali faccia riferimento, a quali implicazioni potrebbe portare e per interrogarci se sia possibile un'altra ridefinizione di "pacifismo", meritevole di essere presa in esame.

2. Due differenti ridefinizioni di "pacifismo"

Il pacifismo che andiamo a esaminare criticamente considera la tutela della vita un valore naturale autoevidente; la ritiene, altresì, un presupposto necessario e irrinunciabile per procedere a qualunque altra valutazione sul piano etico-filosofico, non meno che giuridico-politico, quando si deve (ri)costruire la

[10] T. Greco, *Il sogno di Einstein. Una rilettura del pacifismo giuridico*, in *il Mulino, Rivista trimestrale di cultura e di politica*, vol. 3, 2022, pp. 205-222.

[11] J. Narveson, *Pacifism: A philosophical analysis*", in *Ethics*, vol. 4, 1965, pp. 259-271; A. Fiala, voce *Pacifism*, in *Stanford Encyclopedia of Philosophy*, Stanford, 2006; D.L. Cady, *From Warism to Pacifism: A Moral Continuum*, Temple University Press, Philadelphia, 2010.

[12] A. Capitini, *Antifascismo tra i giovani*, Célèbes, Trapani, 1966; A. Capitini, *Italia nonviolenta*, Fondazione Centro studi Aldo Capitini, Perugia, 1981. A proposito di Aldo Capitini, si rinvia, più di recente, a S. Lagi, *Aldo Capitini "uomo di pace": nonviolenza e inclinazione biofila*, in *Per la filosofia: filosofia e insegnamento*, n. 15, 2022, pp. 51-60. Si rinvia, inoltre, a N. Bobbio, *Pacifismo*, in N. Bobbio, N. Matteucci, G. Pasquino (a cura di), *Dizionario di politica*, Utet, Torino, 1976, pp. 693 ss.; N. Bobbio, *Il problema della guerra e le vie della pace*, il Mulino, Bologna, 1984; G. Pontara, *Note sulla nonviolenza come azione e come pensiero*, in *Parolechiave*, vol. 2, 2008, pp. 1-21; G. Pontara, *Quale pace? Sei saggi su pace e guerra, violenza e nonviolenza, giustizia economica e benessere sociale*, Mimesis, Milano-Udine, 2016; E Brighi, M. Chiaruzzi, *Pace e guerra*, in *Rivista italiana di scienza politica*, vol. 1, 2009, pp. 113-146; A. Castelli, *Apologie della guerra e retoriche della pace in Europa (1914-1915)*, in *Storia del pensiero politico*, vol. 2, 2014, pp. 239-263; G. Scocozza, *Dalla "nonviolenza" di Aldo Capitini alla "paz del hombre" di Eugen Relgis: umanitarismo e pacifismo tra Italia e Uruguay*, in S. Ferrari, E. Leonardi (a cura di), *Rutas Atlánticas Redes narrativas entre América Latina y Europa*, Milano University Press, Milano, 2021, pp. 286-299; T. Casadei, *Nonviolenza e educazione alla pace: rileggere Aldo Capitini, con uno sguardo all'Agenda 2030 dell'Onu*, in *Eunomia, Rivista di studi su pace e diritti umani*, vol. 1-2, 2021, pp. 143-164.

pace. Ne deriverebbe, pertanto, che continuare con le ostilità, accettarle o considerare ragionevole la condizione di difesa armata della nazione Ucraina, che implica un invio massiccio di armi alla nazione aggredita da parte di altri Paesi, significherebbe avallare una posizione moralmente biasimevole e giuridicamente illecita. A tale conclusione si arriverebbe poiché accettare, difendere o considerare tollerabile la resistenza armata (anche se in ragione di un'aggressione subita) vorrebbe dire considerare accettabile una serie di azioni omicide. Nel criticare tale impostazione [13], sono precisate alcune implicazioni a cui conduce questa forma di pacifismo: «alla prosecuzione dei combattimenti e all'escalation degli armamenti, è dunque preferibile qualsiasi forma di armistizio e di avvio del negoziato tra le parti: anche quella, estrema, di una resa incondizionata del più debole [...]» [14].

In effetti, di fronte a questi argomenti, e in considerazione dell'elevatissimo numero di morti, militari e civili, già prodottosi, dei lutti e dei traumi già avvenuti e che probabilmente ancora si determineranno, sembrerebbe che, per aversi la pace, ci sia una sola scelta o soluzione obbligata: il rifiuto di qualunque atto violento, che si traduce nella resa, appunto, quali che siano le conseguenze sul piano giuridico, politico, materiale, geografico, storico, etc.

Il pacifismo così descritto è volto a perseguire il valore della vita ad ogni costo, in qualunque condizione. Il valore dell'esistenza in vita, pertanto, è considerato un meta-valore, rispetto al quale devono essere prese tutte le decisioni e devono esser qualificate, per essere considerate moralmente approvabili e giuridicamente sostenibili, scelte e azioni.

«Ma la parola "vita" contiene in se stessa un'ambivalenza e un enigma che impongono un'ulteriore riflessione» [15]. Condividiamo con l'Autore la considerazione relativa alla densità semantica che, anche e a maggior ragione in un contesto di "guerra", assume il termine "vita": a seconda di come si ridefinisce la parola, "vita", infatti, può assumere significati diversi.

Senz'altro, in un primo significato, essa denota lo stare in vita, la vita meramente biologica, l'esistenza naturale. Una parte del movimento pacifista contemporaneo carica di enorme valenza positiva questo nucleo di significato, considerandolo al tempo stesso elemento descrittivo e normativo [16], elevando-

---

[13] F. Pellecchia, *Pacifismo, libertà e nuda vita*, cit.

[14] *Ibidem*. Per un approfondimento giuridico al riguardo, si rinvia a P. Bonetti, voce *Difesa dello Stato*, in M. Cartabia, M. Ruotolo (a cura di), *Enciclopedia del Diritto, Potere e Costituzione*, Giuffré, Milano, 2023, vol. 5, pp. 56-103, in particolare pp. 80-82.

[15] *Ibidem*.

[16] U. Scarpelli, *Gli orizzonti della giustificazione*, in L. Gianformaggio, E. Lecaldano (a cura di), *Etica e diritto*, Laterza, Roma-Bari, 1986, p. 28.

lo a criterio per la soluzione della guerra: pur di salvaguardare questo primo valore naturale, la mera esistenza biologica, chiunque sia coinvolto, a qualunque titolo, in un conflitto, dovrebbe riconoscere la preminenza dal valore assoluto della "vita", che diviene premessa e condizione per l'applicazione di qualunque ulteriore schema decisionale o normativo in senso lato.

Tuttavia, "vita" designa, sia nel linguaggio ordinario, sia nei linguaggi normativi, non solo la mera esistenza biologica, "la nuda vita", ma anche «l'insieme delle abitudini, delle relazioni interpersonali e dei codici di condotta che vivono e si incarnano nel nudo fatto di esistere» [17].

Prendendo allora in considerazione una seconda, e più pregnante ridefinizione, "vita" denota non tanto un intrinseco assoluto o "naturale" valore buono, scaturente dalla vita biologica, portata avanti a qualunque condizione. «Non si vive mai una vita purché sia, ma sempre e soltanto una forma-di-vita, compatibile con le scelte, con i desideri, con le restrizioni che compongono il nostro essere-nel-mondo. Precisamente questa implicazione offre la chiave per comprendere un fatto che si annuncia come uno "scandalo" logico: che ci siano comunque cittadini, persone comuni pronte a rischiare la loro vita biologica, pur di salvare qualcos'altro» [18].

"Vita" racchiude in sé almeno un'altra area semantica, riferita ai valori di libertà e di autodeterminazione, vale a dire ai valori a cui improntare decisioni autonome (cioè compiute senza pressioni indebite e condizionamenti imposti) e libere (nel senso di non essere determinate con la forza, con l'oppressione, con la violenza), riguardo alle condizioni, ai modi, ai tempi dell'esistenza biologica, ma anche alle interazioni con altri soggetti (umani e non umani [19]), alle scelte che comportano una qualità delle esperienze che si compiono o si vogliono compiere. Si tratta di un'area semantica che va oltre la mera condizione naturale; al contrario, considera "vita" termine che denota anche condizioni *normative* e culturali, frutto di scelte e di determinazioni valoriali umane.

Sulla base di queste considerazioni, possiamo (pur rapidamente) rilevare che la posizione di chi fa della vita un meta-valore autoevidente, al punto da

---

[17] F. Pellecchia, *Pacifismo, libertà e nuda vita*, cit. Sul concetto di "forme-di-vita", si rinvia a R. Jaeggi, *Critica delle forme di vita*, Mimesis, Milano-Udine, 2021.

[18] F. Pellecchia, *Pacifismo, libertà e nuda vita*, cit.

[19] Si pensi a quanti documenti e testimonianze abbiamo a disposizione a proposito di cittadini ucraini che non scappano dalle proprie terre o case, pur di non abbandonare i loro animali, oppure, si pensi a quanti profughi hanno portato con sé gli animali domestici. In effetti, questa è la prima guerra in cui si porta direttamente attenzione al valore della vita anche dei soggetti non umani. Per una panoramica delle molte questioni etico-giuridiche connesse a questi profili, M. Marzano, *Etica oggi. Fecondazione eterologa, «guerra giusta», nuova morale sessuale e altre grandi questioni contemporanee*, Erikson, Roma, 2022.

considerare ovvio che ad esso si debba guardare per individuare i criteri normativi utili a dirimere le attuali, dolorose, controversie, si iscrive in una sorta di paradigma giusnaturalista [20]. Viceversa, la posizione di coloro che non considerano naturali i valori, e che qualificano come preferibile a quello dalla vita il valore della libertà, potrebbe essere ricondotta ad un paradigma giuspositivista, laddove le scelte normative, precisamente quelle giuridiche, sono considerate il prodotto, il frutto di esperienze e valutazioni tutte interne all'esperienza umana. Non si teorizza, anzi si esclude, che vi sia un altro e previgente orizzonte di valori e regole già dati, precostituiti, a cui fare riferimento, da ritenere guide sempre sicure, certe e giuste, nelle difficili situazioni contingenti [21].

2.1. Pacifismo vitalista e pacifismo realista

Alla luce delle considerazioni qui sopra richiamate, si delinea un altro modo di intendere il pacifismo. Si tratta di una teorizzazione che non squalifica l'importante valore dell'esistenza biologica (lo stare in vita), ma ritiene che a questo possa essere anteposto, e ritenuto superiore, un altro valore: la libertà [22], per rendere ogni vissuto non solo un fatto meramente biologico, ma anche un costrutto, un risultato e un insieme di scelte, di esperienze biografiche significative e degne di essere vissute.

È una precisazione doverosa, perché il dibattito attuale pare schiacciato sull'idea che, riguardo alla guerra in Ucraina, vi sia (spazio per) uno e un solo "pacifismo", laddove i "pacifisti" della vita ad ogni costo riducono l'ambito della discussione legittima (politica, giuridica, filosofica, etc.) al rifiuto del-

---

[20] Si è consapevoli che sulle questioni teoriche di fondo, qui appena richiamate, la bibliografia di riferimento è estremamente vasta. Sinteticamente, si rinvia a P. Borsellino, *Diritto naturale e diritto positivo. Le origini e gli sviluppi*, in A. Bonomi, N. Pasini, S. Bertolino (a cura di), *Struttura della società. valori e politica*, Utet, Torino, 2010, pp. 8-29; altresì, Bruno Celano, *Giusnaturalismo, positivismo giuridico e pluralismo etico*, in *Materiali per una storia della cultura giuridica*, vol. 1, 2005, pp. 161-184. Infine, si rinvia a N. Bobbio, *Giusnaturalismo e positivismo giuridico*, Ed. di Comunità, Milano, 1972, in particolare pp. 127-195.

[21] U. Scarpelli (a cura di), *Diritto e analisi del linguaggio*, Ed. di Comunità, Milano, 1976; G. Pino, A. Schiavello, V. Villa (a cura di), *Filosofia del diritto. Introduzione critica al pensiero giuridico e al diritto positivo*, Giappichelli, Torino, 2013. R. Guastini, *La sintassi del diritto,* Giappichelli, Torino, 2014; R. Guastini, *Filosofia del diritto positivo*, a cura di V. Velluzzi, Giappichelli, Torino, 2017.

[22] I. Berlin, *Due concetti di libertà, Due concetti di libertà*, Feltrinelli, Milano, 2000.

l'uso delle armi (di qualunque arma[23]) e al "cessate il fuoco", come azioni necessarie, imposte indistintamente ai soggetti belligeranti.

Questo tipo di pacifismo[24], che potremmo definire "vitalista"[25] per realizzare lo scopo, pur nobile, della tutela della vita, sempre e comunque, non pare però esigere principalmente da chi, per primo, ha violato l'ordine internazionale, il più gravoso impegno di interrompere, immediatamente, le azioni belliche (che sono la causa diretta di migliaia di morti). Spesso, al contrario, si limita ad esprimere un accorato appello, sintetizzato nell'imperativo "Fermatevi!"[26], che diviene una prescrizione rivolta ad entrambe le parti.

Questo è un profilo di particolare criticità, perché non tiene conto delle diverse responsabilità e delle differenti condizioni esistenti tra chi ha invaso e chi è stato invaso, tra chi lancia l'offensiva e chi si è trovato a doversi difendere, rischiando di considerare, dal punto di vista morale, e anche da quello giuridico, su un medesimo livello soggetti che, invece, non lo sono nella guerra in atto. Inoltre, si sottostimano le implicazioni che si produrrebbero se a tradurre in pratica, per primo, la richiesta di cessazione di ogni ostilità fosse chi è stato aggredito e non, come invece ci si dovrebbe aspettare, l'aggressore. Inoltre, equiparare i due soggetti belligeranti, chiamandoli entrambi ad un esercizio di pari impegno per cessare i combattimenti, è una modalità di qualificazione dei fatti non funzionale a fare chiarezza sulla complessa situazione che si è prodotta; infine, evocare continuamente un impegno solo delle parti in causa non dà adeguato rilievo all'imprescindibile ruolo che deve tornare ad avere la di-

---

[23] È, in effetti, un'operazione infruttuosa ostinarsi a distinguere tra armi offensive e difensive: non sono gli oggetti a possedere intrinseche qualità, materiali o morali, che ne evidenziano usi propri e legittimi, o impropri e illegittimi. Sono sempre gli individui, con le loro azioni e le loro scelte e qualificazioni convenzionali, a fare di uno strumento un'arma, di offesa o di difesa. Sul tema delle differenti modalità di qualificazione delle armi, in prospettiva teorico-giuridica, F. Chesini, *«Terminator Scenario»? Intelligenza artificiale nel conflitto armato: Lethal Autonomous Weapons Systems e le risposte del diritto internazionale umanitario*, in *BioLaw Journal*, vol. 3, 2020, pp. 441-471; F. Ruschi, *Il volo del drone. Verso una guerra post-umana? Una riflessione di filosofia del diritto internazionale*, in *Jura Gentium: Rivista di filosofia del diritto internazionale e della politica globale*, vol. 1, 2016, pp. 12-38.

[24] Sono riconducibili a questa forma di pacifismo intellettuali, docenti universitari, giornalisti, artisti, etc., le cui posizioni sono state ben rappresentate nell'iniziativa *La pace proibita*, evento tenutosi al teatro Ghione, a Roma, il 2 maggio 2022.

[25] Per una ricostruzione del "vitalismo" come approccio filosofico a molti temi e questioni eticamente rilevanti, P. Borsellino, *Bioetica tra "morali" e diritto*, Cortina, Milano, 2018, pp. 112-113.

[26] Nel 2022, la consueta Marcia per la Pace Perugia-Assisi, ha avuto, infatti, come slogan, il seguente: *Fermativi! La guerra è una follia!* Sul punto, L. Forni, *La pace nella* Costituzione per la Terra *di Lugi Ferrajoli. Brevi considerazioni filosofico-giuridiche*, in *Notizie di Politeia*, Milano, n. 149, 2023, pp. 172-176.

plomazia internazionale. I sostenitori di questa concezione [27], che alcuni studiosi, già da alcuni anni, hanno qualificato come espressione di un "pacifismo cieco" [28], non riconoscono, tuttavia, che quella da loro proposta è *una, non la sola*, posizione etico-politica e teorico-giuridica in campo e che, a ben guardare, non è quella seguita fino ad ora – ed in generale auspicata – dal popolo ucraino, che pare aderire alla seconda accezione di vita qui discussa, impegnata a difendere la vita nella libertà, e non la vita a prescindere da un contesto di libertà.

Si delinea, pertanto, un secondo tipo di pacifismo, che potremmo definire "realista" [29], che si schiera apertamente dalla parte del "soggetto debole", dell'aggredito e ritiene che debba essere l'aggressore il primo a "fermarsi". Non considera l'uso delle armi uno strumento sempre approvabile e legittimo, e rileva che si tratti di un tema moralmente controverso e complesso da giustificare. Tuttavia, la situazione che si è determinata è tale da presentare le caratteristiche tipiche di una esimente, di una condizione di legittima difesa [30], nella consapevolezza che l'assenza di una difesa armata non genererebbe minori mali nel popolo colpito. Del resto, anche autori radicalmente pacifisti hanno, a certe condizioni, avallato questo argomento [31]. In effetti, la situazione in cui si è ritrovato il popolo ucraino, situazione brutale, distruttiva, violenta, disumana [32], non è stata frutto di scelta deliberata, presa dalle istituzioni o dalla popolazione. Si è invece determinato un contesto con caratteristiche tali da porre i soggetti (individui singoli e istituzioni) di fronte ad un bivio: cedere alle pressioni e alle violenze del nemico, oppure mettere in atto un'articolata resistenza. Si tratta, certamente, di una situazione emergenziale, straordinaria, che non legittima, in linea di principio, il ricorso alle armi quale unica risposta sufficiente per la gestione e per la composizione del conflitto, ma che tuttavia può essere giustificata. In effetti, di fronte all'impasse del diritto internazionale, al

---

[27] A. Orsini, *Cosa penso davvero su Nato, Usa, Ucraina, russi e guerre di Hitler*, in *ilfattoquotidiano*, 14 maggio 2022.

[28] G. Sartori, *Il mondo irreale dei ciecopacisti*, in AA.VV., *Dossier Guerre*, 2002.

[29] D.C. Hodges, *La dottrina della Realpolitik e il positivismo politico*, in *Il Politico*, vol. 1, 1962, pp. 147-168, in particolare pp. 148 ss.; K. Waltz, *Teoria della politica internazionale*, il Mulino, Bologna, 1987; A. Casadei, *Romanzi di Finisterre. Narrazione della guerra e problemi del realismo*, Carocci, Roma, 2000.

[30] A. Algostino, *Pacifismo e movimenti fra militarizzazione della democrazia e Costituzione*, in AA.VV., *Il costituzionalismo democratico può sopravvivere alla guerra?*, Editoriale Scientifica, Napoli, 2022, pp. 67-90; A. Algostino, *Il senso forte della pace e gli effetti collaterali della guerra sulla democrazia*, in *AIC.it Associazione Italiana dei Costituzionalisti*, 2022.

[31] G. Pontara, *Note sulla nonviolenza come azione e come pensiero*, cit., pp. 117-119.

[32] G. Pontara, *Note sulla nonviolenza come azione e come pensiero*, cit., p. 117.

pericolo di annientamento di una Nazione e del suo popolo e in assenza di concreti risultati diplomatici, la difesa si è resa possibile prevalentemente attraverso forme di combattimento, attuato contro gravissimi e indiscriminati atti di ferocia, che i poteri di fatto [33] esercitati dall'invasore hanno rivolto, prevalentemente, contro la popolazione civile.

Chi, pertanto, sostiene la seconda concezione, quella propria del pacifismo realista, strettamente correlata alla ridefinizione di vita incentrata sulla libertà, certamente condivide coi sostenitori del pacifismo vitalista l'obiettivo di arrivare il prima possibile al "cessate il fuoco" e alla pace. L'aggettivo realista si spiega e si giustifica perché chi se ne fa sostenitore [34] tiene in grande considerazione le reali condizioni in cui si discute su come arrivare alla pace e porta attenzione non ad un'ideale modello di società pacificata, bensì alle condizioni concrete in cui, nel momento attuale, si ritrova un popolo stretto nella morsa della guerra, che rivendica la propria libertà dall'invasore.

I sostenitori del pacifismo realista, in linea di principio considerano, come abbiamo poco sopra argomentato, il ricorso alle armi un male: si tratta, però, di un male necessario, anche se transitorio, di fronte allo stallo diplomatico, all'alternativa inevitabile dell'annichilimento (la denazificazione [35] annunciata con l'operazione militare speciale) di un popolo invaso e all'assoggettamento, al di fuori di qualunque regola di diritto internazionale, di una nazione libera e sovrana, che senza adeguate difese perderebbe ben più delle libertà, rinunciando alla propria sovranità e dovendo ridiscutere ogni aspetto del proprio assetto politico e del proprio ordinamento giuridico.

Si potrebbe a questo punto obiettare che sia arduo dirsi "pacifisti" nell'accezione realista, perché sembra difficile conciliare, sebbene in casi eccezionali e limitatamente a contesti straordinari, il ricorso alla violenza e all'uso delle armi con la volontà di ottenere la pace. A questa obiezione si può rispondere, ricordando che, se ci limitassimo a considerare il termine "pacifismo" nella sola accezione che denota una particolare scelta morale e/o filosofico-politica, caratterizzata dal rifiuto, sempre e comunque, dell'uso delle armi come rispo-

---

[33] H. Kelsen, *Lineamenti di dottrina pura del diritto*, Einaudi, Torino, 2000, pp. 98-100. N. Bobbio, *Sul principio di legittimità*, in AA.VV., *Studi in memoria di Antonio Falchi*, Giuffrè, Milano, 1964, pp. 79-93; N. Bobbio, *Studi per una teoria generale del diritto*, a cura di T. Greco, Giappichelli, Torino, 2012, pp. 106-147.

[34] P. Flores D'Arcais, *La pace si difende difendendo la libertà degli ucraini*, in *MicroMega*, 2 febbraio 2022.; P. Flores D'Arcais, *Un deserto chiamato pace?*, in *MicroMega*, 5 marzo 2022; P. Flores D'Arcais, *Massacri, resistenza, logica*, in *MicroMega*, 12 marzo 2022; L. Manconi, *La resistenza armata è etica*, in *la Repubblica*, 9 marzo 2022.

[35] L. Forni, *Ragionando su pandemia e guerra: significati, discorsi, prospettive*, in *Notizie di Politeia*, vol. 146, 2022, pp. 112-136, in particolare p. 121.

sta ad una guerra, ridurremmo tale nozione ad un significato limitato e radicale; dovremmo, allo stesso tempo, però, rilevare che questo è uno, ma non l'unico, significato con cui si può usare la parola "pacifismo"[36]. Pur nella difficoltà di pervenire ad una ridefinizione precisa, stiamo ragionando su condizioni e circostanze d'uso particolari del concetto in esame. Infatti, se si ritiene che, di fronte ad una brutale invasione, per la nazione offesa vi siano spazi di legittima risposta, anche armata e che tale circostanza non sia pregiudizievole, di per sé, all'obiettivo, da tutti auspicato della pace, vi sono buone ragioni per considerare, tra le molte presenti nel dibattito, anche la ridefinizione di pacifismo nell'accezione realista. Del resto, non va dimenticato che il popolo ucraino, così come chi si è schierato dalla parte del soggetto aggredito, non ha voluto, né ha determinato o scelto, per primo, lo strumento della belligeranza quale mezzo per la composizione dei conflitti tra Stati. Non ha scelto neppure di porre fine a decenni di pace. Piuttosto, si è trovato nella condizione di dover subire azioni di guerra e, in tale contesto, sia le istituzioni ucraine e internazionali, sia i singoli cittadini, si sono trovati a dover scegliere tra due mali, di cui il ricorso alle armi, per la propria sopravvivenza nell'immediato, e per arrivare, nel minor tempo possibile, ad un negoziato che porti alla fine della guerra (vale a dire, in un'accezione ristretta, alla pace[37]), è parso quello minore.

Infine, il pacifismo vitalista, che contesta l'opzione del pacifismo realista, rischia di confondere la scelta nonviolenta a cui spesso fa riferimento, che sarebbe quella propria delle lotte c.d. "incruente"[38], con una opzione politico-giuridica di rifiuto assoluto, di totale nonviolenza, ritenuta la sola scelta legittima e l'unica di cui si possa discutere nel contesto pubblico. Se si dà per scontato che parlare di "pacifismo" equivalga a parlare di "lotte incruente", e che solo in questo modo si tuteli il valore della vita, si opera una semplificazione inappropriata. Quando si fa appello alle c.d. "lotte incruente"[39], infatti, si fa riferimento a movimenti e azioni collettive, che vogliono determinare un positivo impatto sullo scenario politico interno ad uno Stato, attuate, anche in forma radicale e incisiva, da cittadini che vogliono rivendicare obiettivi politici e intendono ottenere riconoscimenti giuridici per una o più istanze emergenti, senza ricorrere a scontri e a forme di violenza. La caratteristica di questa particolare forma di attivismo politico nonviolento è quella di essere sempre avvenuto, però, quando non vi è in atto un conflitto armato di uno Stato con altre Nazioni. Bisogna in proposito precisare che un conto è promuovere for-

---

[36] M. Pianta, *Il pacifismo e i movimenti globali*, in *Parolechiave*, vol. 2, 2008, pp. 193-205.

[37] Si rinvia a quanto riportato *infra*, in questo capitolo, par. 3.

[38] G. Pontara, *Note sulla nonviolenza come azione e come pensiero*, cit., pp. 3-5.

[39] *Ibidem*.

me di resistenza nonviolenta, anche estreme, che muovano dal basso, nella società civile, per ottenere riconoscimenti politici o nuove sensibilità giuridiche quando non vi è una guerra (in atto). Un conto molto diverso, invece, è proporre il rifiuto radicale di qualunque forma di lotta armata durante una guerra quale strumento (talora necessario) per determinare condizioni di fatto propedeutiche ad un negoziato, la cui soluzione sia non solo il "cessate il fuoco", bensì un trattato di pace. In poche parole, il pacifismo vitalista non precisa che le lotte incruente hanno sempre portato al conseguimento di obiettivi politici per via pacifica quando, e in ragione del fatto che, la pace c'è già, mentre sottostimano le conseguenze, non solo politiche, a cui condurrebbe un ostinato rifiuto di qualunque forma di (doloroso) combattimento, per ottenere la pace che al momento manca.

3. La pace: una risorsa vantaggiosa

Ragionare sui "contrari" della pace porta a dover prendere in esame la nozione stessa di "pace" (vedi *infra*, Sezione III, cap. 3).

Pace è una parola spinosa[40]. È, in breve, un termine che impegna i teorici in complesse attività di riflessione e di ridefinizione. Come scriveva Norberto Bobbio, «nella sua accezione più generale "pace" significa assenza (o cessazione, soluzione etc.) di un conflitto»[41].

Bobbio ha proposto una prima distinzione, tra "pace interna" e "pace esterna"[42]. L'espressione "pace interna" denota un'assenza di conflitto tra comportamenti o atteggiamenti riferibili ad un solo soggetto, prevalentemente usata per riferirsi ad un singolo individuo, e che si traduce, il più delle volte, in frasi come: «Sono in pace!» oppure «Ho la coscienza in pace»; la seconda espressione, invece, denota un'assenza di conflitti fra individui o gruppi diversi e organizzati.

Ragionando sulle varie forme di "pace esterna", la parola "pace" è messa in relazione, e in stretta connessione, prevalentemente con "guerra" e, alla luce di una seconda distinzione, può essere definita in negativo o in positivo. La definizione negativa di pace si riferisce ad ogni condizione di "non – guerra", di assenza di scontro. Bobbio ricorda che, in quest'accezione, "pace" è conside-

---

[40] N. Bobbio, *La pace ha un futuro? Una domanda difficile*, in C.M. Martini, N. Bobbio, *Pace. Dialoghi sul futuro*, Feltrinelli, Milano, 2014, pp. 13-25, in particolare pp. 21 ss.

[41] N. Bobbio, *Il problema della guerra e le vie della pace*, cit., pp. 119-120.

[42] *Ibidem*.

rato un "termine debole", che denota lo stato in cui si trovano gruppi di individui, tra i quali non esista un rapporto di conflitto, caratterizzato dall'esercizio di violenza durevole e organizzata [43]. La ridefinizione "positiva" di "pace", invece, è specifica dell'ambito giuridico, e rinvia al significato di «conclusione giuridicamente regolata di un conflitto» [44].

Tuttavia, questa seconda distinzione di aree di significato, negativo o positivo, pare non del tutto soddisfacente. Nel tentativo di ridefinire ulteriormente il termine, precisando l'accezione positiva, si potrebbe portare attenzione, oggi e primariamente, alla dimensione dell'impegno, di proficui e incessanti sforzi, istituzionali e individuali, volti a creare spazi di libertà, di diritti e di diritti fondamentali in particolare [45].

Viene ribadita la tesi, cara ad Immanuel Kant [46], così come ad Hans Kelsen [47], che sia proprio il diritto il principale strumento da mettere in campo, per promuovere, affermare e mantenere la "pace" [48]. In particolare, Bobbio ha sostenuto con forza l'idea che la pace debba e possa essere ristabilita o ottenuta attraverso tre strade. La prima consiste nell'individuare una precisa azione politica, cioè volta a promuovere scelte e decisioni che limitino il più possibile le condizioni in cui si possa avere una proliferazione di conflitti. La seconda riguarda il ruolo principe del diritto, nazionale ed internazionale, che ha, come aveva teorizzato Kelsen, il compito preminente di regolare, istituzionalizzandola, l'uso della forza nei conflitti (latamente intesi). Infine, la terza si riferisce al compito di ogni individuo, e nello specifico di ogni studioso, giurista o

---

[43] N. Bobbio, *Il problema della guerra e le vie della pace*, cit., pp. 121-126.

[44] *Ibidem*.

[45] I. Trujillo, *Human rights, peace, and the concept of law. The story of an incomplete legal revolution*, in *Philosophy of Law and General Theory of Law*, vol. 1, 2019, pp. 175-200; I. Trujillo, *L'oblio del diritto alla pace nella pratica dei diritti umani*, in *Ragion pratica*, vol. 1, 2019, pp. 19-33.

[46] I. Kant, *Per la pace perpetua*, prima traduzione italiana a cura di A. Massoni, Sonzogno, Milano, 1885.

[47] H. Kelsen, *La pace attraverso il diritto*, Giappichelli, Torino, 1990.

[48] W. Barberis (a cura di), *Guerra e Pace*, Einaudi, Torino, 2002; R. Paganelli, *Pensieri di pace*, EDB, Bologna, 2003; B. Rosemberg Marshall, *Parlare di Pace: quello che dici può cambiare il tuo mondo*, Esserci editore, Reggio Emilia, 2006; AA.VV., *Costruire una pace per imparare a non credere nella fatalità delle guerre*, Mondadori, Milano, 2007; M. Simoncelli (a cura di), *La pace possibile: successi e fallimenti degli accordi internazionali sul disarmo e sul controllo degli armamenti*, Ediesse, Roma, 2012; B.S. Mawajdeh *et. al.*, *The Culture of Peace and the Prevention of Terrorism from the Perspectives of Islamic Education and the United Nations*, in *Journal of Education and Practice*, vol. 8, 2017, pp. 43-56; D. Cortright, M.C. Greenberg, L. Stone, *Civil Society, Peace, and Power*, Rowman & Littlefield Publishers, Lanham, Maryland, 2017.

intellettuale, che dovrebbe tendere alla maggior diffusione possibile della cultura e dell'etica della pace, intesa come valore portante di ogni società libera e democratica [49] (vedi anche *infra*, cap. 3, Sezione III).

3.1. Pace, diritto, diritti

Il collegamento tra "pace e *diritti*" [50] rinvia al ruolo che il *diritto*, le istituzioni giuridico-politiche, non meno che i consociati, dovrebbero avere nel contrasto alle molte forme di insicurezza, di disuguaglianza, di povertà, cioè a quelle con-cause materiali, prima ancora che giuridiche o politico-ideologiche, che alimentano focolai di azioni violente e di feroci attacchi, perpetrati contro chi è considerato "il nemico" da colpire, indebolire e annientare.

La pace è senza dubbio lo scopo principale di ogni forma di pacifismo ed è un obiettivo che, come abbiamo chiarito poco sopra, è perseguibile, pur secondo diversi modelli, per via politica, giuridica, culturale o che, nei dibattiti contemporanei, è ritenuta possibile anche attraverso strumenti ausiliari, vale a dire per mezzo di decisioni economiche [51].

La pace, nella sua ridefinizione positiva, può essere considerata, allora, (anche) una particolare attività/risultato di complesse procedure e norme.

La pace, come chiarito, ha molte dimensioni e può riferirsi alle condizioni di vissuto dei singoli soggetti, ma anche alle condizioni proprie di una comunità (statale, sovranazionale, internazionale). Potremmo allora domandarci cosa accomuni le due auspicate condizioni di pace, del singolo e della collettività.

La ricerca, la costruzione della pace, in entrambe, è volta al superamento della guerra [52]. In proposito, possiamo richiamare la concezione hobbesiana di guerra continua, quando non vi è (ancora) diritto, espressa nella formula propria dello stato di natura: la guerra di tutti contro tutti. La radice hobbesiana del *bellum omnium contra omnes*, come è stato proposto in alcune analisi [53], è

---

[49] N. Bobbio, *Il problema della guerra e le vie della pace*, cit.

[50] T. Greco, *Il sogno di Einstein. Una rilettura del pacifismo giuridico*, in *il Mulino, Rivista trimestrale di cultura e di politica*, cit., pp. 218 ss.

[51] G. Sadun Bordoni, *Tre modelli per la pace*, in V. Ferrari (a cura di), *Filosofia giuridica della guerra e della pace*, Franco Angeli, Milano, pp. 467-476, in particolare pp. 471 ss.

[52] L. Forni, T. Vettor (a cura di), *Sicurezza e libertà in tempi di terrorismo globale*, cit., p. 3-17.

[53] G. Sadun Bordoni, *Tre modelli per la pace*, cit.

tanto più evidente se si considera la guerra fra Stati una sorta di nuova forma [54] di *statum naturae*, da superare.

A partire da questa preliminare osservazione, possiamo allora ipotizzare che, come i singoli individui, ad un certo punto, decidono di uscire dallo stato di natura, cedendo le proprie libertà e i loro poteri su tutti gli altri ad un solo soggetto, il Sovrano assoluto, che racchiude in sé il monopolio dell'uso della forza, così i singoli Stati, di fronte ad un conflitto, dovranno accettare e riconoscere come soluzione razionale la cessione dell'uso delle armi, della forza, ad un Terzo soggetto, un ente, un organo sovranazionale a cui conferire il diritto/potere di fermare le guerre in atto. Senza pretesa di esaustività, e consapevoli di non poter approfondire questi complessi temi, ci limitiamo a ricordare che la teoria di un soggetto Terzo per sancire la pace è stata una delle riflessioni più care a Norberto Bobbio [55] e che ha impegnato a lungo l'Autore, pur senza arrivare, per sua stessa ammissione, a risultati soddisfacenti. Ad ogni modo, tanto riguardo al superamento dello stato di natura da parte di un gruppo di individui, a livello nazionale, quanto in relazione al superamento dello stato di natura a livello sovranazionale, la cessione di poteri di fatto (che hanno generato conflitti e guerre) ad un Terzo sarebbe una scelta approvabile, in quanto funzionale ad ottenere reciproci vantaggi [56].

In considerazione di questo specifico rilievo, che meriterebbe un approfondimento diverso, specie per quanto attiene alla complessità del pensiero bobbiano sul "soggetto Terzo assente" [57], possono tornare utili, nella riflessione sulla "pace", alcuni contributi di Amartya Sen, proprio in relazione al concetto di "vantaggio" e di interazioni tra soggetti e contesto.

Sen ha teorizzato che ogni soggetto (sia considerato come individuo singolo, sia come entità complessa, statale, etc.) ha la possibilità di influire sull'assetto delle istituzioni e, in particolare, nei processi decisionali che lo riguardano e che riguardano le istituzioni con cui si relaziona.

L'Autore ritiene, infatti, che i soggetti non abbiano la sola caratteristica di essere passivi [58], vale a dire che non siano meri destinatari di livelli decisionali (giuridico-politici) stabiliti altrove. Essi sono capaci di esprimere bisogni, a livello sovraindividuale, che esigono considerazione e sono, altresì, in grado

---

[54] L. Forni, *Nuove forme di Stato di natura? Da Hobbes a La notte dei morti viventi*, in G. Viggiani (a cura di), *Didattica del Diritto*, Ledizioni, Milano, 2022, pp. 211-239.

[55] N. Bobbio, *La pace ha un futuro?*, cit.; N. Bobbio, *Il terzo assente*, Sonda, Casale Monferrato, 1989; N. Bobbio, *Il problema della guerra e le vie della pace*, cit., pp. 161 ss.

[56] G. Sadun Bordoni, *Tre modelli per la pace*, cit., pp. 471 ss.

[57] N. Bobbio, *La pace ha un futuro?*, cit., pp. 21 ss.; D. Zolo, *La filosofia della guerra e della pace in Norberto Bobbio*, in *Iride*, vol. 1, 1998, pp. 105-115.

[58] A. Sen, *L'idea di giustizia*, Mondadori, Milano, 2010, p. 261.

di incidere direttamente sulla soddisfazione o sulla realizzazione delle proprie aspettative. In poche parole, ciascun agente, soggetto singolo o istituzionale, ha le potenzialità per essere un attore dinamico, in una realtà in continua evoluzione. Ciascun soggetto ha «la libertà di decidere a cosa attribuire valore e in che modo cercare di arrivarvi» [59], per migliorare la condizione in cui si trova; ciascun soggetto ha, pertanto, la libertà di valutare le opportunità di cui gode o potrà avvalersi, e di stimare i vantaggi della propria condizione. La teoria di Sen presenta elementi di grande interesse: egli sostiene, infatti, che la valutazione di una scelta deliberata e qualificata come "libera e giusta" debba essere stimata in riferimento al vantaggio generale che ne trae un soggetto. Sen propone una originale ridefinizione del termine "vantaggi", in inglese *capabilities*. Per "vantaggio" o "vantaggi", Sen intende la capacità concreta dei soggetti di interagire con l'ambiente in modo da modificarlo e di riuscire così a fare «ciò a cui il soggetto stesso assegna un valore» [60].

"Vantaggio" è il termine che consente di attribuire valore a qualcosa sulla base di elementi, reali o potenziali, presenti per uno o più soggetti in una certa condizione. Egli precisa, in proposito, che "attribuire valore", in un primo senso, può significare «ciò che vale la pena di fare/essere» [61]. In un secondo senso, Sen ritiene che attribuire valore, riflettere su "ciò che vale la pena fare o essere", sia un altro modo di individuare ciò che è una risorsa [62].

La valutazione di "ciò che vale la pena", ovvero "di ciò che è una risorsa" diventa un giudizio articolato di comparazione tra valutazioni soggettive e regole istituite in un certo contesto. Stimare nella situazione concreta cosa rappresenti per il soggetto/i soggetti coinvolto/i il vantaggio personale significa, in ultima istanza, secondo Sen, stabilire cosa rappresenti una risorsa.

Che si tratti allora della sua affermazione per via politica, o per via strettamente giuridica, o attraverso operazioni etico-culturali, non meno che mediante accordi economici, la pace dovrebbe essere proposta e considerata non solo un obiettivo comune da conseguire, ma anche una risorsa tra le più vantaggiose: sia che la si consideri nella ridefinizione negativo-fattuale (assenza di un conflitto), sia che la si proponga nel significato positivo-normativo (condizione espressamente regolata da norme giuridiche) [63], essa consente di dare concretezza a pre-

---

[59] *Ibidem*.

[60] A. Sen, *L'idea di giustizia*, cit., p. 243.

[61] A. Sen, *L'idea di giustizia*, cit., pp. 262-277.

[62] A. Sen, *L'idea di giustizia*, cit., pp. 262-263.

[63] Questa è, in breve, la tesi che si può riscontrare in M.G. Losano, *Le tre costituzioni pacifiste. Il rifiuto della guerra nelle costituzioni di Giappone, Italia e Germania*, Max Planck Institute for European Legal History, Frankfurt am Main, 2020.

cisi impegni assunti dai soggetti coinvolti, rende possibili sviluppi materiali e culturali in ambiti pubblici e privati, innova apparati normativi, è funzionale all'incremento di condizioni generali di benessere, individuali e collettive.

4. Superare il più grave contrario della pace. Guerra, vita e libertà

A muovere da queste considerazioni, non solo i singoli individui, ma anche le comunità statali in cui questi si organizzano, hanno la possibilità di esprimere bisogni e aspettative per la ricerca della pace, secondo la definizione di ciò che, per loro, vale la pena fare. La pace, come ridefinita a partire dal contributo seniano, e calata in una prospettiva di pacifismo realista, è stimata in base ad un complesso giudizio normativo, in cui la vita, ad esempio, è un valore tra i tanti in gioco, ma non il solo, né il primo, né deve necessariamente essere qualificata come ciò a cui attribuire valenza suprema, alla luce del fatto che anche la libertà è considerata un valore irrinunciabile e talora più rilevante della vita stessa.

La posizione pacifista vitalista, che chiede la pace a qualunque costo ha, come conseguenza sul piano giuridico e politico-militare, la resa e, su quello fattuale generale, l'accettazione di enormi perdite, non solo materiali, da parte del soggetto più debole e aggredito. Quest'ultimo, inoltre, sia per quanto riguarda situazioni giuridiche soggettive, sia per quanto attiene al profilo statale/ordinamentale e ai diritti/poteri/doveri della Nazione, dovrebbe sacrificare enormi spazi di sovranità, di indipendenza, di libertà e di autodeterminazione.

La resa incondizionata risulterebbe, allora, vantaggiosa, nell'ottica del pacifismo vitalista, nella misura in cui, cessando ogni attività bellica, si riescano a salvare, almeno nell'immediato, molte vite. Da questa situazione, tuttavia, deriveranno inevitabilmente gravi conseguenze, come la sottomissione per un tempo indefinito della nazione e dei cittadini arresi alla potenza straniera che li ha aggrediti.

Questa forma di pacifismo presenta, come abbiamo argomentato, non poche criticità, a cui aggiungiamo la considerazione che è appare semplice promuoverla da (ancora confortevoli e) distanti realtà occidentali e, qualora la si avallasse, si proporrebbe un modello basato su impegnative condizioni di fine della guerra, a cui far seguire altrettante e maggiormente impegnative condizioni di vita, che sarebbero prescritte, però, non a chi se ne fa sostenitore, ma ad altri uomini e donne, che appartengono ad una diversa collettività, come quella ucraina.

In effetti, dovremmo proprio domandarci quanto possa essere vantaggiosa tale opzione "pacifista vitalista", dal momento che comporterebbe la rinuncia, per un tempo incalcolabile, di quelle libertà di cui, dal 1991 in poi, i cittadini ucraini hanno goduto, a cui hanno attribuito valore fortemente positivo e che per loro, negli ultimi trent'anni, hanno rappresentato ciò che valeva la pena fare, essere, difendere, scegliere.

La prescrizione del pacifismo vitalista, "Fermatevi!", portata alle sue estreme conseguenze, sul piano giuridico, significherebbe, per l'Ucraina, rinunciare a dare durevole obbedienza [64] ad un ordinamento di tipo democratico-liberale.

Sarebbe una scelta che favorisce un certo significato di "pace", intesa, in una limitata e opinabile ridefinizione, come assenza di azioni volte all'uccisione di un grande numero di individui, ma non sarebbe molto altro. Non potrebbe denotare, ad esempio, una condizione non solo materiale, ma anche morale o spirituale volta al miglioramento delle condizioni della popolazione dopo la cessazione delle ostilità e al ripristino di diritti fondamentali, tra cui i diritti di libertà, cari, invece, al pacifismo realista.

Inoltre, comporterebbe una conseguenza fattuale, individuale e collettiva, di tipo supererogatorio [65]. Si chiederebbe alla popolazione e alla nazione ucraina di accettare e sopportare perdite, limitazioni e condizionamenti incalcolabili, ben oltre ogni ragionevole aspettativa.

Pur nella consapevolezza che non esistono, nel momento in cui si scrive, soluzioni soddisfacenti volte a superare la guerra in atto e a ripristinare una condizione di pace, va tuttavia ribadito che l'idea di pacifismo realista che qui si è proposta e difesa rinvia, a differenza di quanto affermato in relazione al pacifismo vitalista, non tanto ad una generica tutela della vita, ma si fonda, prioritariamente, su una precisa ridefinizione di "libertà". Sia declinata in relazione alla qualificazione dello Stato (Ucraina intesa come Stato libero e sovrano), sia messa in relazione con le condizioni dei cittadini ucraini, (che rivendicano specifiche qualificazioni normative riguardo a certe condizioni fattuali, e che dunque non sono disponibili a perdere diritti), essa denota un complesso insieme di valori "non negoziabili". Nell'usare questa espressione precisiamo, infine, che non ci si riferisce a valori sottratti a qualunque valutazione o ritenuti non disponibili e autoevidenti, da sempre e per sempre presenti nella natura umana; al contrario, si vuole far riferimento a quei valori qualificati come irrinunciabili da coloro che hanno in gioco la propria vita e il proprio

---

[64] H. Kelsen, *Lineamenti di dottrina pura del diritto*, cit., pp. 98-100.

[65] E. Lecaldano, voce *Supererogatorio*, in *Dizionario di Bioetica*, Laterza, Roma-Bari, 2022, p. 293.

destino[66], valori che, ad esempio, il popolo ucraino vuole salvaguardare, anche ad un costo molto elevato, e non solo per le vite già in essere, ma – anche e soprattutto – per le vite dei cittadini e delle cittadine di domani[67].

---

[66] P. Borsellino, *Libertà, giustificazione della pena e metodo delle discipline penali in Mario Calderoni*, in *Rivista critica di storia della filosofia*, vol. 3, 1979, pp. 317-349; P. Borsellino, *Bioetica tra "morali" e diritto*, cit., pp. 393-395.

[67] G. Sobrino, *Le generazioni future «entrano» nella Costituzione*, in *Quaderni costituzionali, Rivista italiana di diritto costituzionale*, vol. 1, 2022, pp. 139-142.

Capitolo 3

Pandemia e guerra: due catastrofi e *due contrari* della pace

1. *Pandemia* e *guerra*. Brevi note introduttive

Mentre nel capitolo precedente abbiamo dato conto del grave conflitto, nel cuore dell'Europa, perpetrato dalla Federazione russa ai danni dell'Ucraina [1], non dobbiamo dimenticare che (da poco) è stata dichiarata la fine della pandemia da Sars-CoV-2 [2].

Ciononostante, permangono gravi preoccupazioni riguardo alle conseguenze ancora persistenti nelle aree interessate dal conflitto riguardo alla pandemia, non solo a livello sanitario; a queste, si sono aggiunti gravi timori legati alle condizioni determinate dalla guerra [3].

In questo capitolo proporremo un'analisi concettuale di "pandemia" e "guerra": saranno chiariti i significati con cui queste parole sono impiegate, esaminando quali siano eventuali elementi in comune e quali le sostanziali differen-

---

[1] Riguardo all'invasione russa e all'inizio della guerra, M. Minakov, *Ucraina, l'Occidente alla prova. Ma per il Cremlino è l'inizio della fine*, in *Mondo economico*, editoriale del 28 febbraio 2022, consultabile al seguente indirizzo: https://mondoeconomico.eu/editoriali/ucraina-l-occidente-alla-prova-per-il-cremlino-l-inizio-della-fine. Per quanto attiene alle radici del conflitto, in particolare al conflitto del Donbass e partire dal 2014 e all'annessione della Crimea alla Federazione russa, cfr. A. Carati, *Falsi Miti2: la guerra ibrida russa*, in *Commentari, Pubblicazioni ISPSI*, ottobre 2014, consultabile al seguente indirizzo: https://www.ispionline.it/it/pubblicazione/falsi-miti2-la-guerra-ibrida-russa-11363.

[2] L'Organizzazione Mondale della Sanità ha dichiarato la fine della pandemia da Sars-CoV-2 il 5 maggio 2023.

[3] Intervistato su possibili scenari della guerra, il generale Marco Bertolini ha così commentato il pericolo di fronte al quale ci troviamo: «Questo conflitto è a due passi da casa nostra e può espandersi come fa il virus, infettare il nostro Continente in un attimo». Si rinvia a quanto pubblicato su *Il fatto quotidiano*, consultabile al seguente indirizzo: https://www.ilfattoquotidiano.it/2022/04/07/guerra-russia-ucraina-lanalisi-del-generale-bertolini-putin-si-riposiziona-verso-i-reali-obiettivi-kiev-diversivo-tattico-e-politico/6551253/.

ze, chiarando in che senso entrambe possano essere considerate, in un discorso che le accomuna, *contrari della pace*. Sarà poi portata attenzione ai discorsi in cui questi termini sono (stati) usati: si darà conto delle peculiarità proprie dei discorsi *sulla* pandemia e *sulla* guerra (con particolare attenzione a quella in atto), per poi interrogarci riguardo al linguaggio usato, con quali funzioni, nelle loro narrazioni. Si metterà in rilievo, in particolare, l'uso della *metafora* (della metafora della guerra) e della *propaganda*, la prima impiegata nei discorsi *sulla pandemia*, la seconda utilizzata nei discorsi *sulla guerra* (a cui stiamo assistendo). Infine, ritenendo le riflessioni su "pandemia" e "guerra" un'occasione per ragione sul futuro, proporremo alcune considerazioni sul ruolo degli studiosi, sulla loro responsabilità e su quali contributi possano offrire, una volta che pandemia e guerra (o altre catastrofi) siano alle spalle.

1.1. "Guerra" e "pandemia": elementi comuni e sostanziali differenze

In ragione della centralità che assume la riflessione linguistica sui temi oggetto di questo lavoro, dobbiamo domandarci se vi sia un linguaggio che accomuna "pandemia" e "guerra".

Sia nel caso di una pandemia [4], sia in quello di guerra [5], si può parlare di due situazioni di profonda crisi, che sono state definite catastrofiche [6], con enormi conseguenze socio-politiche, economiche e giuridiche. Il concetto di catastrofe, in effetti, denota una situazione o una serie di fatti, improvvisa o imprevista, grave, spesso con esiti dolorosi o luttuosi, che colpisce, in tutto o in parte, una popolazione [7].

---

[4] V. Lemm, *Coronavirus e comunità di vita*, in *Quodlibet. almanacco di Filosofia e politica*, n. 4, 2022, pp. 69-83, che ha definito la pandemia di Sars-CoV-2 una "catastrofe suprema", capace, però, di generare straordinarie opportunità; G. Facci, *Covid 19, medicina delle catastrofi e responsabilità sanitaria*, in *Giustizia civile, numero speciale dedicato all'Emergenza Covid-19*, n. 3, 2020, pp. 105-122.

[5] M. Minakov, *Dialettica della modernità nell'Europa orientale. Una riflessione socio-filosofica*, Ledizioni, Milano, 2022.

[6] La definizione lessicale di "catastrofe" denota ogni «esito imprevisto e grave, doloroso o luttuoso di una situazione, o di una serie di fatti; è sinonimo di grave sciagura. Denota, altresì, un improvviso disastro che colpisce una nazione, una città, una famiglia etc.». Si rinvia alla definizione lessicale di "catastrofe" come proposta nel Vocabolario Treccani, consultabile al seguente indirizzo: https://www.treccani.it/vocabolario/catastrofe.

[7] Il tema della guerra come "catastrofe" non è particolarmente controverso. Lo è, invece, la qualificazione di "catastrofe" riferita a "pandemia". In questa sede, ci limitiamo a segnalare che la questione è molto dibattuta e, sul punto, si rinvia, in sintesi, a: D.P. O'Mathúna, V. Dranseika, B. Gordijn, *Disasters: core concepts and ethical theories*, Springer Nature, Cham,

Come prima operazione, chiariremo con quali significati intendiamo usare i termini "pandemia" e "guerra", intesi come eventi catastrofici. Riproponendo la definizione del WHO [8], consideriamo "pandemia" una epidemia virale globale, rispetto alla quale c'è poca o nessuna immunità preesistente nella popolazione umana, che può causare malattie di diversa entità, da infezioni lievi a situazioni gravi o che, in taluni casi, può portare alla morte dei soggetti contagiati. Si tratta di un fenomeno che si riscontra su vasta scala, impossibile da prevedere sia riguardo al tipo specifico di agente patogeno, sia in riferimento alle dinamiche di diffusione (c.d. *spread*) e/o alla gravità degli effetti possibili sulla popolazione.

Per quanto riguarda "guerra" [9], e pur nella difficoltà di trovare una definizione del tutto soddisfacente [10], come abbiamo già avuto modo di rilevare nel capitolo precedente (vedi *retro*, questa Sezione, cap. 1), il termine ha un nucleo di significato certo, che rinvia all'idea di conflitto armato fra stati, o in genere fra gruppi organizzati, etnici, sociali, religiosi, etc., nel quale si fa ricorso alle armi e alla violenza contro uno o diversi territori, contro le persone e i beni dell'altro stato/gruppo colpito, pretendendo inoltre che gli attori rimasti fuori del conflitto assumano un comportamento imparziale. Le guerre, come sono state messe in atto, per secoli [11], e fino alla Seconda Guerra Mondiale [12], hanno combattuto nemici certi, conosciuti, riconoscibili [13]. Pensando tuttavia agli ultimi decenni, "guerra" ha assunto anche un'area semantica di in-

---

2018. M.C. Schwartz, (a cura di), *Ethics of Pandemics*, Broadview Press, Peterborough, 2020; K. Takaki, *Catastrophe Ethics*, in *Journal of Philosophy of Life*, n. 2, 2020, pp. 146-163; G.E. Pence, *Bioethics Pandemics*, Broadview Press. Peterborough, 2021.

[8] Per la definizione di "Pandemic" si fa riferimento a quella riportata al seguente indirizzo: https://www.euro.who.int/en/health-topics/communicable-diseases/influenza/pandemic-influenza: «A global epidemic caused by a new influenza virus to which there is little or no pre-existing immunity in the human population. Influenza pandemics are impossible to predict; and they may be mild, or cause severe disease or death. Severe disease may occur in certain risk groups, which may correspond to those at risk of severe disease due to seasonal influenza. However, healthy persons are also likely to experience more serious disease than that caused by seasonal influenza».

[9] Voce "Guerra", in *Vocabolario Treccani*, consultabile al seguente indirizzo: https://www.treccani.it/vocabolario/guerra/.

[10] Per un quadro riassuntivo delle principali posizioni teoriche sviluppatesi nei contesti occidentali sulla nozione di "guerra", rinviamo a C. Galli, *Guerra*, Laterza, Roma-Bari, 2004.

[11] G. Patrizio, *Tempo di guerra. Tempo di pace. Stabilità e durata nel mondo globale*, cit.

[12] Sul tema della c.d. "guerra fredda", tra blocco occidentale e blocco sovietico, si rinvia sinteticamente a F. Romero, *Storia della Guerra fredda: l'ultimo conflitto per l'Europa*, cit., e, *retro*, al primo paragrafo del cap. 1 della Sezione I.

[13] L. Ferrajoli, *Guerra e terrorismo internazionale. Un'analisi del linguaggio politico*, cit., pp. 77-78.

certezza, quando, ad esempio, ci riferiamo alla c.d. "guerre ibride"[14], alla *cyberwar*[15], alle guerre senza territori, etc. In relazione al conflitto in atto tra Russia e Ucraina, si potrebbe senz'altro fare riferimento alla nozione classica di guerra, senza tuttavia omettere che molti aspetti del conflitto riguardano (anche) azioni ibride e *cyber attacks*.

Per entrambe, si può dire che si tratti di due fattori catastrofici, che travalicano confini nazionali, e di grande crisi. Entrambe sono, allo stesso tempo, minacce alla vita quotidiana e pacificata; inoltre, sono esempi di *contrari della pace*. Infatti, sia che esse siano intese come fenomeni separati, sia, a maggior ragione, riflettendo sugli effetti che la guerra ha in un momento in cui la pandemia da Sars-CoV-2 sta lasciando ancora i propri strascichi, si può comprendere la gravità della situazione in cui versano le popolazioni colpite contemporaneamente da queste catastrofi.

Dobbiamo a questo punto comprendere in che senso, tra guerra e pandemia, si possano rilevare somiglianze o differenze.

Un primo elemento comune si riferisce ad uno *scopo generale* che si vuole perseguire e raggiungere, quando si deve contrastare un avversario, visibile (come, ad esempio, un esercito ostile) o invisibile (come un agente patogeno): si dà vita ad una strenua, impegnativa battaglia contro un *nemico*[16]. Non a caso, e per l'appunto, abbiamo sentito spesso usare, per il Covid-19, l'espressione "guerra alla pandemia", oppure: "siamo in guerra contro un nemico invisibile e insidioso". Nella guerra vera e propria, invece, il *nemico* è visibile, anche se è spesso altrettanto insidioso; la guerra a questo nemico usa armi, informazioni di intelligence, ma anche *social media*. In entrambi i casi, si usa un linguaggio che rinvia all'idea di una grave minaccia, di un pericolo forte e ostile, "da fronteggiare e distruggere".

Un secondo tratto comune riguarda gli *effetti* della guerra al nemico, vale a

---

[14] Rispetto all'evoluzione delle diverse forme di guerra, si rimanda a M. Losano, *Guerre ibride, omicidi mirati, droni: conflitti senza frontiere e senza diritto*, in L. Forni, T. Vettor (a cura di), *Sicurezza e libertà in tempi di terrorismo globale*, cit., pp. 19-38; G. de Vergottini, *Nuovi conflitti e sfide alla democrazia*, in L. Forni, T. Vettor (a cura di), *Sicurezza e libertà in tempi di terrorismo globale*, cit., pp. 39-62.

[15] Sul tema della *cyberwar* si rinvia a M. Lehto, P. Neittaanmäki (a cura di), *Cyber security: power and technology*, Springer Nature, Cham, 2018, doi: 10.1007/978-3-319-75307-2. U. Gori, *Cyber Warfare 2018. Dalla difesa passiva alla risposta attiva: efficacia e legittimità della risposta attiva alle minacce cibernetiche*, Franco Angeli, Milano, 2019 e U. Gori, D. Vernon De Mars, *Cyber Warfare 2019-2020: dall'evoluzione della Warfare alla resilienza al Covid-19*, Franco Angeli, Milano, 2021.

[16] J.A. Errazuriz, *La notion de l'ennemi dans le discours des philosophes: vers une taxonomie du concept*, in *Scienza & Politica, per una storia delle dottrine*, n. 62, 2022, pp. 141-169; U. Eco, *Costruire il nemico e altri scritti occasionali*, Bompiani, Milano, 2012, p. 208.

dire lo stravolgimento, su vasta scala, della quotidianità [17], delle attività scolastiche, professionali, commerciali e la messa in pericolo della vita. In effetti, il *lockdown* del 2020 è stato paragonato ad un momento di guerra: così come avviene durante un conflitto, anche durante alcune fasi della pandemia le attività commerciali erano chiuse o ferme, e lo stesso è valso per tutte le istituzioni scolastiche. La popolazione è stata confinata per diverso tempo in casa, in certi periodi c'è stato il coprifuoco, è stata emanata una normativa di emergenza [18].

Ci sono, tuttavia, radicali differenze *fattuali* tra pandemia e guerra: nella pandemia i complessi architettonici e abitativi di città, paesi, borghi non sono demoliti dall'attacco del *nemico*; non vengono intaccate le infrastrutture dei territori, non si sono verificati esodi di massa di milioni di persone verso Paesi diversi dal proprio, per mettere in salvo sé e i propri cari e per sfuggire alla morte imminente. Certamente, il profilo che più ha accomunato – e che accomuna – pandemia e guerra riguarda il numero elevatissimo di morti, anche se va subito precisato che sono dovuti a cause molto diverse. Per quanto riguarda la Sars-CoV-2, almeno nelle fasi iniziali, sono rimasti ignoti, a lungo, i fattori scatenanti, così come è stato difficile riconoscere i sintomi direttamente ad essa riferibili, gli effetti e i meccanismi di trasmissione e replicazione. Questa insidiosa situazione ha generato non solo una pressione elevatissima, incessante e mai registrata, negli ultimi decenni, sulle strutture ospedaliere, ma ha determinato, altresì, anche l'aggravarsi delle condizioni e (poi, spesso) la morte di migliaia di individui, che non sono riusciti materialmente a ricevere cure adeguate, né all'interno di strutture sanitarie, né attraverso cure domiciliari. Nel contesto di guerra, invece, il numero di morti non è dovuto ad un agente patogeno ignoto, e le migliaia di morti non si verificano nelle case o negli ospedali per la mancanza di terapie sintomatiche o di diretto contrasto ad un agente patogeno sconosciuto. Le morti sono causate, generalmente, dall'uso delle armi, che bombardano persone e cose dal cielo, dalla terra, con i carrarmati; più semplicemente, le morti della guerra sono la conseguenza dell'uso della violenza e degli armamenti, a disposizione sul campo o teleguidati e ca-

---

[17] Sul punto, P. Donatelli, *Covid-19. Alcune lezioni da trarre dalla pandemia in corso*, in *Notizie di Politeia*, n. 142, 2021, pp. 23-32.

[18] In Italia, lo stato di emergenza era stato decretato, per la prima volta, con delibera del Consiglio dei ministri, il 31 gennaio 2020 e poi rinnovato, di sei mesi in sei mesi, fino allo scorso 31 marzo 2022. Le delibere dell'Esecutivo sono disponibili al seguente indirizzo. https://www.gazzettaufficiale.it/eli/id/2020/02/01/20A00737/sg. Invece, col d.l. 24 marzo 2022, n. 24, *Disposizioni urgenti per il superamento delle misure di contrasto alla diffusione dell'epidemia da Covid-19, in conseguenza della cessazione dello stato di emergenza*, è stata decretata la fine dello stato di emergenza da Covid-19, che è terminato il 31 marzo 2022.

paci, nel giro di qualche minuto, di azzerare interi complessi urbani, civili o militari.

Preso atto della sussistenza di elementi di fatto comuni, ma anche di sostanziali differenze, dobbiamo ricordare che "pandemia" e "guerra" sono, altresì, ambiti che interessano svariate discipline [19], e che hanno ricevuto particolare attenzione dalla riflessione teorico-giuridica e filosofico-giuridica [20]. Nei prossimi paragrafi analizzeremo come *pandemia* e *guerra* possano essere qualificate e come questi termini siano usati all'interno di discorsi differenti, che condividono però la funzione di condizionare i destinatari a cui sono rivolti, attraverso strumenti persuasivi, retorici, non razionali.

---

[19] T. Piazza, *Propaganda, linguaggio e conoscenza. Introduzione a Stanley*, in J. Stanley, *La Propaganda. Cos'è e come funziona*, cit., pp. 1-42. F. Farina, *Siamo in guerra. L'anno che per poterci curare non andammo da nessuna parte*, Mimesis, Milano-Udine, 2021, pp. 61-76; infine, N. Bobbo, P. Rigoni, *La metafora della guerra nella pandemia da Sars-CoV-2: tra anomia e liberismo in una società che sta perdendo l'ultima occasione per arrabbiarsi*, in *Journal of Health Care Education in Practice*, n. 1, 2021, pp. 81-90.

[20] In relazione alla vasta bibliografia sui molti aspetti di interesse filosofico-giuridico e bioetico sollevati dalla pandemia, si rinvia, in sintesi, a L. Busatta, M. Tomasi (a cura di), *Special Issue, BioLaw*, n. 1, 2020, consultabile al seguente indirizzo: https://iris.unito.it/retrieve/handle/2318/1740278/615287/Biolaw%20Journal_Nudging%20Theory.pdf.2020. Si rimanda, inoltre, a P. Borsellino, *CoViD-19: Quali criteri per l'accesso alle cure e la limitazione terapeutica in tempo di emergenza sanitaria?*, in *Notizie di Politeia*, n. 138, 2020, pp. 5-25. Sul tema, si rinvia anche a L. Rosenmbaumm, *Facing CoViD-19 in Italy. Ethics, Logistics, and Therapeutics on the Epidemic's Front Line*, in *New England Medical Journal*, 2020, consultabile al seguente indirizzo https://www.nejm.org/doi/full/10.1056/NEJMp2005492, 2020; A. Pioggia, *La sanità italiana di fronte alla pandemia. Un banco di prova che offre una lezione per il futuro*, in *Diritto pubblico*, n. 2, 2020, pp. 385-403; J. Savulescu, I. Persson, D. Wilkinson, *Utilitarianism and the pandemic*, in *Bioethics*, n. 34, 2020, pp. 620-632. D. Testa, *Il diritto alla salute in tempo di emergenza: la gestione del Servizio Sanitario Nazionale tra Stato sociale e sussidiarietà*, in *Iusinitinere.it*, 2020, consultabile al seguente indirizzo: https://www.iusinitinere.it/il-diritto-alla-salute-in-tempo-di-emergenza-la-gestione-del-servizio-sanitario-nazionale-tra-stato-sociale-e-sussidiarieta-26560; C. Petrini, G. D'Aprile *et. al.* (a cura di), *Tutela della salute individuale e collettiva: temi etico – giuridici e opportunità per la sanità pubblica dopo Covid-19*, Rapporto ISTISAN, Istituto Superiore di Sanità. Roma, 2020; F. Ciaramelli, *Su alcune implicazioni filosofico-giuridiche della crisi provocata dal Covid-19*, in *Società e Diritti*, 2021, consultabile al seguente indirizzo: https://doi.org/10.13130/2531-6710/16081. Più di recente, P. Donatelli, *Covid-19. Alcune lezioni da trarre dalla pandemia in corso*, cit., pp. 23 ss. Si rimanda anche al volume di *BioLaw* n. 4, 2021. In relazione, invece, al tema della guerra e alle riflessioni filosofico-giuridiche al riguardo, si rinvia, *retro*, alla nota 3 del cap. 1, in questa Sezione.

2. I discorsi *su* pandemia e guerra: una prima analisi

A proposito dei contesti in cui sono utilizzate, e prima di analizzare i discorsi in cui sono inserite, dobbiamo chiarire due questioni: la prima, se "pandemia" e "guerra" siano due parole usate, oltre che nel linguaggio ordinario, anche in linguaggi parzialmente tecnicizzati di tipo prescrittivo; la seconda, volta a chiarire se, riguardo alla loro origine, si tratti di fatti naturali o artificiali.

Per quanto attiene alla prima questione, le ritroviamo certamente nel linguaggio ordinario, ma sono presenti anche nei linguaggi del discorso pubblico degli ultimi due anni, e impiegate in un linguaggio normativo particolare, come quello giuridico. "Pandemia" e "guerra", in effetti, sono termini che denotano fatti (anche piuttosto complessi) che hanno ricevuto molta attenzione normativa[21]. Possiamo considerarli termini che designano fatti qualificati secondo norme[22]. Riproponendo alcune considerazioni di Uberto Scarpelli, «[...] può accadere che un termine sia applicabile non [solo] quando si abbia una fatto e il fatto sia qualificato in un certo modo da certe norme, ma [anche] quando *si abbia una situazione tale che, ove si abbia un fatto, questo fatto sia qualificato in un certo modo da certe norme*»[23]. Si tratta, come del resto notava lo stesso autore, di una faccenda piuttosto complicata quando ci si confronta con alcuni particolari termini designanti fatti qualificati secondo norme. Quando si tratta di procedere con tali qualificazioni, può accadere che gli stessi fatti, a cui le parole si riferiscono, abbiano una struttura complessa e complesse diventino le operazioni di qualificazione[24]. I termini "guerra" e "pandemia" sono due esempi: affinché ricevano una certa qualificazione normativa, deve darsi una situazione che produca uno o più fatti, qualificati poi da una o più norme. Negli ultimi anni i linguaggi normativi hanno preso in considerazione la necessità di valutare (come giuridicamente rilevanti) certi complessi accadimenti (la diffusione virale di un patogeno e l'invasione di un Paese sovrano da parte di un un'altra nazione) e hanno dovuto introdurre regole specifiche, o prendere decisioni politico-giuridiche, per la loro qualificazione.

---

[21] Per quanto riguarda i provvedimenti giuridici italiani per la pandemia, si rinvia alle fonti presenti al seguente indirizzo: https://www.governo.it/it/coronavirus-normativa. Per quanto attiene, invece, alla guerra in atto, si rinvia, ad esempio, al numero speciale del 2020 de *Il Mulino*, dedicato a *La guerra in Ucraina. L'invasione e la difesa degli ucraini, ma anche le cause di un conflitto che non nasce oggi*, in particolare, P. Caroli, *Il diritto e la guerra*, in *Il Mulino*, ed. speciale 2022, cit., pp. 1-8.

[22] U. Scarpelli, *La definizione nel diritto*, cit., pp. 188 ss.

[23] U. Scarpelli, *La definizione nel diritto*, cit., p. 189.

[24] *Ibidem*.

Per quanto attiene al secondo problema posto, se si tratti di due parole che rinviano al concetto di "naturale" o "artificiale", solo in apparenza risulta banale dare una risposta.

Trattarle come naturali, significa considerarle prodotti indipendenti dalla nostra volontà. Viceversa, darne conto come situazioni "artificiali", presuppone e implica una diretta responsabilità del nostro «pericolante consorzio umano» [25] nella loro determinazione e in relazione alle loro conseguenze.

A lungo, durante la pandemia, si è dibattuto riguardo alle origini [26], naturali o artificiali [27], della Sars-CoV-2. Senza dilungarci in questa sede, ricordiamo che vi sono state fantasiose teorie sulla sua creazione artificiale [28], senza tuttavia che sia stata smentita l'origine naturale del virus [29].

Se per la pandemia la qualificazione di "evento naturale" è stata talora messa in discussione e ha portato a dibattiti, polemiche (superate) e verifiche, per quanto riguarda la guerra, tali osservazioni sembrerebbero del tutto escluse. In effetti, sulla base di quali argomenti la guerra potrebbe essere un fenomeno naturale? Non certo nel senso di accadimento sottratto al controllo e alla volontà umana; forse, ed in modo inappropriato, nel senso di essere un prodotto che *naturalmente, normalmente, abitualmente* è connesso a certe caratteri-

---

[25] U. Scarpelli, *Gli orizzonti della giustificazione*, in L. Gianformaggio, E. Lecaldano (a cura di), *Etica e diritto*, Laterza, Roma-Bari, 1986, p. 3.

[26] Per una panoramica delle posizioni presenti nel dibattito e per comprendere lo stato attuale delle conoscenze riguardo all'origine del virus, A. Scarpelli (a cura di), *Sulle origini del virus Sars-CoV-2. – Una rassegna dei contributi scientifici e delle iniziative politiche*, Ed. Centro Studi di Politica Internazionale, Roma, 2021. Secondo una prima, e non confermata ipotesi, il virus della Sars-CoV-2 sarebbe fuggito da un laboratorio; un'altra teoria che è circolata molto ha riguardato, invece, l'ipotesi che sia stato il frutto di una deliberata azione di sconvolgimento degli equilibri globali. Questo profilo rimanda alle teorie del complotto, a cui faremo riferimento, si veda *infra*, ultimo paragrafo di questo capitolo.

[27] D.A. Relman, *To stop the next pandemic, we need to unravel the origins of COVID-19*, in *Proceedings of the National Academy of Sciences*, n. 47, 2020, doi https://doi.org/10.1073/pnas.20211331172020.

[28] In proposito, spesso si è fatto riferimento al fatto che sarebbe stato creato artificialmente, in laboratorio, a fini di studio, ma che poi sarebbe sfuggito al controllo degli scienziati, nel centro di ricerca biotecnologico National Biosafety Laboratory di Wuhan, che con altri cinque centri di ricerca è stato inaugurato nel 2017, proprio per studiare e per compiere esperimenti sui patogeni più ad alto rischio, come la Sars e l'Ebola. Si rinvia a quanto pubblicato al seguente indirizzo: https://www.medimagazine.it/il-virus-cinese-potrebbe-essere-fuggito-da-un-laboratorio-vicino-wuhan/.

[29] S.P. Otto, T. Day *et. al.*, *The origins and potential future of Sars-CoV-2 variants of concern in the evolving COVID-19 pandemic*, in *Current Biology*, n. 31, 2021, pp. 919-929; M. Cecconi, G. Forni, A. Mantovani, *Rapporto Covid-19*, in *Accademia Nazionale dei Lincei*, 2022, disponibile al seguente indirizzo https://www.lincei.it/sites/default/files/documenti/Commissioni/COVID-19_An%20_executive_report_IT_20200401.pdf.

stiche proprie delle condotte e delle inclinazioni umane. In questo caso, l'aggettivo *naturale* sarebbe impiegato per evidenziare un significato in senso lato, figurato, che denota ciò che normalmente accade, in certe condizioni e in certe circostanze, vale a dire che rinvia alle circostanze e/o condizioni proprie dall'animosità e della conflittualità del genere umano. Non può essere questo, però, un significato accettabile di *naturale* quale aggettivo riferito a "guerra".

Per la sua origine, per le implicazioni e conseguenze che produce e per la possibilità di non iniziarla o porvi fine, "guerra" è un fenomeno fortemente segnato dalla volontà umana e, in questo senso, del tutto artificiale.

Eppure, studiosi come Benedetto Croce hanno argomentato in modo diverso. L'Autore, ad esempio, nel discutere la Prima guerra mondiale, l'aveva qualificata come un "fenomeno naturale"[30]. Egli, infatti, considerava la guerra come un cataclisma, una calamità naturale al pari della «siccità o di una violenta grandinata»[31] e, proprio per questa sua caratteristica, la qualificava come un accadimento *naturale*, indomabile, refrattario a ogni razionalizzazione o concettualizzazione[32].

È una posizione, quella crociana, suggestiva, ma non condivisibile[33]. Se consideriamo *naturale* ogni evento sottratto alla volontà umana, lo sono certamente un terremoto, o una violenta grandinata, ma mai lo potrà essere una guerra. La guerra non è un fenomeno indipendente dalla volontà umana, né ingovernabile, poiché la sua origine, il superamento delle fasi di conflitto, così come l'affermazione di garanzie per la sua fine, sono frutto di costruzioni direttamente dipendenti dalla volontà umana, dalla quale discendono, a livello economico-sociale, non meno che a livello giuridico-politico, i risultati (i successi, la pace[34] o gli insuccessi, il permanere del conflitto) e possibili conseguenze.

Una volta chiarito che i discorsi *descrittivi* della pandemia sono riferiti ad un fenomeno naturale, mentre quelli della guerra hanno a che fare con un fe-

---

[30] B. Croce, *L'Italia dal 1914 al 1918. Pagine sulla guerra*, in a cura di C. Nitsch, Edizione Nazionale delle Opere di Benedetto Croce, Bibliopolis, Napoli, 2018, p. 250.

[31] *Ibidem*.

[32] E.P.C. Alessiato, *In tempo di guerra, bugie come terra. Le Pagine sulla guerra di Benedetto Croce*, in *Storia del pensiero politico*, n. 1, 2021, pp. 159-184, pp. 159-184, in particolare p. 160.

[33] Sebbene oggi stiamo assistendo ad un conflitto che ha armi, strategie, strumenti, intelligence radicalmente diversi da quelli della Prima guerra mondiale, nessuna guerra può essere qualificata come "naturale".

[34] Il tema meriterebbe una trattazione a parte. Per un approfondimento, in questa sede si rinvia alla bibliografia presente in L. Forni, T. Vettor (a cura di), *Sicurezza e libertà in tempi di sicurezza globale*, cit., pp. 10-17.

nomeno artificiale, la riflessione crociana riveste tuttavia un certo interesse, perché, riproponendone altri brevi passaggi, ci consente di formulare qualche considerazione su discorsi diversi, *prescrittivi*, che si rinvengono in un momento di catastrofe. In breve, è data l'occasione per riflettere sulle *funzioni* a cui i discorsi su guerra e pandemia possono portare.

Croce sottolineava l'importanza di ricondurre *i discorsi sulle calamità* in ambito pubblico ed *entro un contesto razionale*. Il pericolo denunciato dal filosofo riguardava l'esaltazione – spesso fuori misura – delle scelte strategico-politiche compiute, la radicalizzazione di posizioni ideologiche, non meno che le mistificazioni di eventi e fatti, da piegare ad un ideale nazionale da salvaguardare, sempre e comunque. Egli sottolineava, altresì, la necessità, in un momento di profonda crisi politica, economica e culturale, di dedicarsi allo studio e di coltivare l'impegno critico, volto a smantellare chiacchiere pseudo-scientifiche riguardo a notizie infondate sui fatti rilevanti accaduti.

Per Croce si trattava di promuovere e compiere atti «di fedeltà alla sobrietà del pensare, nel tentativo di preservare la dignità di se stessi e della nazione; ed è, non in ultimo, un atto insieme di posizionamento civile e di commossa partecipazione alle sorti dell'umanità» [35].

Muovendo dalle osservazioni dell'Autore, possiamo pertanto rilevare due funzioni *prescrittive* che dovrebbero avere i discorsi su pandemia e guerra: da un lato, mettere in guardia da riflessioni non razionali, fondate sull'uso evocativo-emotivo del linguaggio, sulla retorica e sugli slogan, con evidente finalità manipolativa e/o di propaganda; dall'altro lato, evidenziare l'importanza di un linguaggio *non ideologico*, equilibrato, in un confronto pubblico, in cui gli intellettuali rivestano un ruolo di primo piano [36].

Riguardo alla insidiosità del linguaggio persuasivo, ci occuperemo ora dell'analisi della *metafora della guerra*, adottata nei discorsi sulla pandemia. In merito alla guerra vera e propria, invece, ci chiederemo se possa essere considerata essa stessa un linguaggio e ci concentreremo su un tipo specifico di metadiscorso con finalità manipolativa, vale a dire la *propaganda* [37].

---

[35] B. Croce, *L'Italia dal 1914 al 1918. Pagine sulla guerra*, cit., p. 250.

[36] *Infra*, ultimo paragrafo di questo capitolo.

[37] *Infra*, par. 4.1.

3. Contro il nemico invisibile. La pandemia e l'uso della metafora della guerra

La metafora[38] è una figura retorica molto utilizzata nei contesti di malattia e che ha avuto un ruolo centrale nella pandemia[39]. Nello specifico, la metafora della guerra è divenuta uno strumento linguistico tra i più usati[40], sia a livello di sentire comune o nei *mass media*, sia nei contesti tecnici, per spiegare la situazione in atto e giustificare le scelte normative compiute[41]. Abbiamo sentito ripetere spesso alcune di queste frasi: «Siamo in guerra»[42]; oppure: «un tiranno ha sconvolto la nostra vita, e si chiama coronavirus. Resisteremo e combatteremo ovunque, nelle case, nei luoghi di lavoro. Aiutando i più deboli e sacrificandoci per un domani migliore»[43].

È stata evocata l'immagine dell'umanità che sta combattendo una *guerra*

---

[38] Per "metafora" si intende, secondo una definizione lessicale, un'espressione linguistica che denota una figura retorica, basata su una similitudine sottintesa, ossia su un rapporto analogico tra due vocaboli o locuzioni, che sono usati per esprimere un concetto diverso da quello a cui normalmente si riferiscono. Si rinvia alla voce "Metafora" nel dizionario Treccani, consultabile al seguente indirizzo: https://www.treccani.it/vocabolario/metafora/.

[39] L'uso della metafora in generale, e di quella militare, in particolare, in ambito medico – clinico, a dire il vero, non è nuovo: S. Sontag, H. Hale Broun, *Illness as metaphor*, Farrar, New York, 1977. S. Sontag, *Aids and Its Metaphors*, Farrar, New York, 1989. Il contributo di Sontag è stato riproposto, di recente, con un approfondimento e un parallelismo tra Aids e pandemia da Sars-CoV-2, ad esempio, da D. Craig, *Pandemic and its metaphors: Sontag revisited in the COVID-19 era*, in *European Journal of Cultural Studies*, n. 6, 2020, pp. 1025-1032. Il tema, tuttavia, è stato oggetto di rivisitazione critica anche da M. Sreekala, *Disease is not a Metaphor: the Requisite Recital of Susan Sontag in the Time of Covid– 19 Pandemic*, in *Assonance, Journal of Russian & Literature Comparative Study*, n. 22, 2022, pp. 363-368.

[40] Sul rapporto tra pandemia e metafora della guerra, S. Bazzoni, M. Pelli, *Oltre la metafora della guerra. Informazione, comunicazione, crisi ecologica nel tempo della pandemia, Psicobiettivo*, n. 2, 2020, pp. 59-79.

[41] G.P. Dolso, M.D. Ferrara, D. Rossi, *L'ordinato disordine del diritto ai tempi della pandemia*", in G.P. Dolso, M.D. Ferrara, D. Rossi (a cura di), *Virus in fabula. Diritti e Istituzioni ai tempi del Covid-19*, EUT, Trieste, 2020, pp. 9-11. M. Barberis, N. Muffato, in M.P. Dolso, M.D. Ferrara, D. Rossi (a cura di), *Virus in fabula. Diritti e Istituzioni ai tempi del Covid-19, Eccezione, emergenze, digitalizzazione*, cit., pp. 15-28.

[42] Espressione usata dal Presidente del Piemonte, Luca Zaia, il 13 marzo 2020, consultabile negli archivi online de *ilfattoquotidiano.it*; la medesima espressione è stata impiegata anche dall'allora premier Giuseppe Conte, il 5 dicembre 2020, consultabile negli archivi online di *repubblica.it*.

[43] Così si è espresso il noto virologo Roberto Burioni il 10 marzo 2020: intervento consultabile negli archivi online de: *ilmessaggero.it*.

contro un nemico invisibile [44]: il virus della Sars-CoV-2. «Al virus bisogna dichiarare una *guerra* globale. Interrompere tutti i suoi rifornimenti, fare terra bruciata intorno, arroccarsi in una strenua difesa, serrare le fila, e nel frattempo organizzarsi per inventare un'arma letale, un'arma che lo distrugga per sempre. La vittoria finale» [45].

Queste parole descrivono in modo molto efficace il clima che si è vissuto, specie nei primi mesi della pandemia e che è rimasto, a lungo, anche una volta individuati alcuni rimedi, come ad esempio antivirali specifici, farmaci monoclonali e, soprattutto, la campagna vaccinale [46].

Alcuni studiosi hanno sottolineato che: «[...] alla fine del 2020 l'Italia, come ogni altra nazione europea, ha dichiarato ufficialmente *guerra al virus*. E, nello stato di guerra, tutto cambia [...]. I *media* principali sono chiamati a dare il loro contributo a *vincere la guerra* che è stata dichiarata. Non era mai successo, dalla fine della Seconda guerra mondiale, ossia *dall'ultima guerra vera scoppiata in Europa*» [47].

Da un punto di vista retorico, l'uso metaforico della *guerra* è (risultato) potente. Lo ritroviamo, talvolta, espresso in figure di qualificazione normativa, caricate di significato positivo, come ad esempio: "*è doveroso* fare ogni sforzo necessario per *sconfiggere* il virus", oppure "è *imperativo* unirsi nella *guerra* comune al virus". Viceversa, non attenersi alle prescrizioni poste significa tenere una condotta *colpevole*, assimilata al sabotaggio [48] o, addirittura, ad una vera e propria diserzione. «La popolazione è chiamata a cooperare allo *sforzo bellico*, e chi è nella condizione di *vestire la divisa* (i maggiorenni) è tenuto ad *arruolarsi* (vaccinarsi). Chi rifiuta di farlo, chi non partecipa alla campagna di arruolamento, o lo fa esprimendo qualche riserva, viene visto come un disfattista o, peggio, un *disertore*» [49]. La metafora della guerra è efficace nel suscitare stati di d'ansia, di paura e di tensione, sottesi al vissuto delle persone al

---

[44] L. Ricolfi, *A voce alta. Covid e tabù. L'informazione ai tempi della guerra contro il Covid*, in *Comunicazione politica*, n. 3, 2021, pp. 463-471.

[45] S. Bazzoni, M. Pelli, *Oltre la metafora della guerra*, cit., p. 71.

[46] Non a caso, dopo un commissario civile, la campagna vaccinale, per la sua più compiuta ed efficace realizzazione, è stata affidata, dal 2021, al Generale dell'Esercito italiano Francesco Paolo Figliuolo, che ha ricoperto l'incarico di commissario straordinario per l'attuazione e il coordinamento delle misure occorrenti per il contenimento e contrasto dell'emergenza epidemiologica Covid-19 fino al 31 marzo 2022.

[47] L. Ricolfi, *A voce alta. Covid e tabù. L'informazione ai tempi della guerra contro il Covid*, cit., pp. 463-464.

[48] N. Bobbo, P. Rigoni, *La metafora della guerra nella pandemia da Sars-CoV-2*, cit., p. 85.

[49] L. Ricolfi, *A voce alta. Covid e tabù*, cit., p. 463.

tempo del Covid-19, e richiama immediatamente la gravità della situazione e la necessità di uniformare le condotte; è altresì funzionale ad aggregare e compattare le valutazioni morali, sociali e giuridiche rispetto alle decisioni prese o da prendere. Infatti, accanto alle sanzioni giuridiche in senso stretto, vi è stata una condanna morale e sociale diffusa riguardo a coloro che hanno tenuto condotte difformi rispetto a quelle prescritte nel periodo di emergenza pandemica.

Le espressioni poco sopra ricordate mettono in evidenza il senso del pericolo imminente e su vasta scala, il timore per la propria vita e per la propria salute, non meno che i problemi connessi alla gestione della salute, nella sua dimensione collettiva, durante una crisi pandemica. La loro funzione emotivo-evocativa [50] si è rivelata particolarmente appropriata nel facilitare la mobilizzazione e l'eventuale riallocazione di ingenti risorse (economiche, umane, etc.) senza che fossero richieste, almeno in prima battuta, giustificazioni logico-razionali ed è servita a veicolare, nei cittadini, l'idea che nessun sacrificio possa essere eccessivo o vano [51].

Tale uso, tuttavia, ad un'analisi razionale, risulta inappropriato e pericoloso [52]. La finalità volta a suscitare certi stati d'animo, a far rivivere emozioni, spesso negative, frustranti, solo in apparenza è in grado di individuare buoni argomenti o appropriati strumenti razionali, per giustificare le scelte effettuate e capaci di incidere nella sfera sociale, politica e giuridica [53]. Si confina il discorso in una dimensione illusoria, che promette, senza riuscirci, di fornire «una soluzione semplice ad un problema complesso» [54]. Secondo questo uso manipolativo del linguaggio, ad esempio, «le morti di medici e infermieri contagiati durante il loro servizio sono state accettate dall'opinione pubblica nel momento in cui tutti gli operatori sanitari impegnati nei reparti Covid sono stati rappresentati come eroi o martiri» [55].

Un uso disinvolto della metafora della guerra risulta, tuttavia, non solo inappropriato, ma anche pericoloso, almeno riguardo a due profili. In primo luogo, perché esaspera la conflittualità tra i singoli (specie coloro che hanno

---

[50] L. Forni, *Il diritto e i suoi strumenti*, cit., in particolare pp. 40 ss.; F. Macagno, *Gli usi argomentativi del linguaggio emotivo*, in *Sistemi intelligenti*, n. 3, 2012, pp. 465-485.

[51] N. Bobbo, P. Rigoni, *La metafora della guerra nella pandemia da Sars-CoV-2*, cit., pp. 85 ss.

[52] *Ibidem*.

[53] S. Bazzoni, M. Pelli, *Oltre la metafora della guerra*, cit., p. 71.

[54] S. Bazzoni, M. Pelli, *Oltre la metafora della guerra*, cit., p. 59.

[55] N. Bobbo, P. Rigoni, *La metafora della guerra nella pandemia da Sars-CoV-2*, cit., p. 85.

posizioni di dissenso) e la società[56]. Si instilla l'idea che l'individuo sarà curato – o salvato – a patto che, come un buon soldato, accetti, senza discutere, gli ordini o, più in generale, le prescrizioni che vengono impartite[57]. In questo modo risultano offuscati e depotenziati valori importanti come la responsabilità, ma anche la solidarietà e il dovere di collaborazione[58].

In secondo luogo, l'uso manipolativo del linguaggio emotivo rischia di divenire un alibi per sottrarre a un rigoroso controllo, razionale ed intersoggettivo, i contenuti proposti, tanto a livello comunicativo tra i decisori politici e la cittadinanza, quanto a livello normativo in senso stretto, in relazione, cioè, agli strumenti giuridici adottati[59]. Il costante richiamo alla "guerra" sembra giustificare, in breve, il fatto di non voler dare messaggi decodificabili, comprensibili[60]. Per i cittadini è dunque più difficile essere consapevoli di ciò che accade e di conoscere, con chiarezza, ciò che è deciso; infine, il linguaggio opaco della belligeranza è funzionale alla giustificazione delle scelte volte a limitare o a sospendere diritti personalissimi e fondamentali. Se pensiamo, ad esempio, al fondamentale diritto alla salute, nella sua dimensione di diritto soggettivo personalissimo, da esercitarsi *anche* in relazione alle molte patologie diverse dal Covid-19, negli ultimi due anni abbiamo registrato una forte compressione di tale diritto[61], la cui giustificazione ha spesso fatto appello alla metafora dei tempi di guerra, e al suo uso emotivo[62].

---

[56] S. Bazzoni, M. Pelli, *Oltre la metafora della guerra*, cit., p. 76.

[57] N. Bobbo, P. Rigoni, *La metafora della guerra nella pandemia da Sars-CoV-2*, cit., p. 85.

[58] A. Elia, *Non deve essere una guerra: la viralità delle metafore belliche nel linguaggio della pandemia*, in *RumeliDE Dil ve Edebiyat Ara ş t ı rmalar ı Dergisi*, n. 26, 2022, pp. 965-977.

[59] Sono state poche le posizioni di giuristi apertamente schierati contro l'uso della metafora della guerra, e del linguaggio normativo ad essa sotteso. Si può menzionare, al riguardo, la posizione, rimasta minoritaria, di Sabino Cassese: S. Cassese, *La pandemia non è una guerra*, 2020, consultabile al seguente indirizzo: https://www.ildubbio.news/2020/04/14/cassese-la-pandemia-non-e-una-guerra-pieni-poteri-al-governo-sono-illegittimi/2020 e Id., *La nuova Costituzione economica*, Laterza, Roma-Bari, 2021, in particolare l'ultimo capitolo, nel quale al tema della pandemia è dedicato il paragrafo *La pandemia e la reazione*.

[60] S. Bazzoni, M. Pelli, *Oltre la metafora della guerra*, cit., p. 76.

[61] Per una ricostruzione dei problemi riguardo al diritto alla salute, nella sua dimensione di diritto soggettivo e fondamentale, da garantire non solo in relazione alle prestazioni direttamente connesse alla Sars-Cov-2, L. Forni, *Contro la pandemia. Analisi etico-giuridica del Piano pandemico 2021-2023*, in *BioLaw Journal – Rivista di Biodiritto*, n. 3, 2021 pp. 275-299. 275-299, in particolare pp. 288-291.

[62] Un esempio tra i più evidenti dell'impatto emotivo della guerra, non solo a livello verbale, e ben oltre l'uso metaforico, è stata l'immagine di camion militari che, il 18 marzo 2020, a

4. Il linguaggio della guerra e la guerra come linguaggio

La guerra è stata la metafora più usata nei discorsi sulla pandemia e, a partire dal febbraio 2022, *fuor di metafora,* come abbiamo ricordato nel precedente capitolo, tra la Federazione russa e l'Ucraina si è verificato un conflitto militare vero e proprio [63].

In questo paragrafo, portando attenzione alle riflessioni elaborate in periodi bellici e all'interno di discorsi di guerra, discuteremo il linguaggio della guerra vero e proprio, con particolare attenzione all'uso della c.d. *propaganda.*

Alcuni studiosi hanno notato che «*Dire le cose come stanno* è difficile *nel corso di una guerra*» [64].

La guerra, non da oggi, è ritenuta un fenomeno di grande interesse per molte discipline, tra cui la semiotica [65]: secondo alcuni autori, infatti, la guerra «racchiude in sé, accentuandoli all'estremo, tutti i problemi, tutte le variabili e le categorie che una disciplina come la semiotica – occupandosi dell'analisi dei sistemi di produzione del senso e dei testi nelle culture – riconosce come fondamentali: il tempo e lo spazio; gli attori in gioco e il loro volere o potere, il loro sapere e saper-fare; la loro capacità di pianificare l'azione; il rapporto fra passione, percezione e azione» [66].

La guerra può inoltre essere considerata un linguaggio particolare [67]. Può essere studiata come un sistema complesso di segni e suoni, di pratiche non

---

Bergamo, sono stati impiegati per trasferire fuori dal Comune e della regione Lombardia le salme delle vittime di Covid-19 che, per l'elevatissimo numero, non era possibile tenere negli obitori, né seppellire nei cimiteri. Non a caso, è stata istituita, dopo questo accadimento, la *Giornata nazionale in memoria delle vittime della pandemia da coronavirus*, che si celebra, per l'appunto, ogni 18 marzo.

[63] Come è stato precisato anche in precedenza, non ci addentreremo né in ricostruzioni delle radici del conflitto tra Russia ed Ucraina, né saranno offerte analisi politiche e giuridiche del conflitto. Per tali profili, e in ragione della complessità della guerra richiamata, si rinvia *retro*, al cap. 2 di questa Sezione.

[64] L. Ricolfi, *A voce alta. Covid e tabù*, cit., p. 463.

[65] U. Eco, *Costruire il nemico e altri scritti occasionali*, cit., particolare pp. 9-15; Id., *A passo di gambero. Guerra calde e populismo mediatico*, La nave di Teseo, Milano, 2016; U. Volli, *Manuale di semiotica*, Laterza, Roma-Bari, 2000.

[66] F. Montanari, *Linguaggi di guerra*, Meltemi, Roma, 2004, pp. 8-9. P. Fabbri, F. Montanari, *Semio-guerra. Approfondimenti per una semiotica della strategia*, in L. Bozzo (a cura di), *Studi di strategia. Guerra, politica, economia, semiotica, psicanalisi, matematica*, Egea, Milano, 2012, pp. 159-182.

[67] Non a caso, si parla, dalle teorizzazioni di fine Ottocento del generale prussiano Carl von Clausewitz in poi, di "grammatica della guerra": sul punto, F. Montanari, *Linguaggi di guerra*, cit., pp. 21 ss.; A.J. Echevarria, *War, Politics, and RMA. The Legacy of Clausewitz*, in *National*

solo di produzione, ma anche di «distruzione di significati»[68]; riguarda, inoltre, la loro codificazione e rappresentazione: essa comprende «i modi di costruzione del senso attraverso la distruzione e la sottomissione degli oggetti, dei territori e degli uomini»[69].

Studiando la guerra come linguaggio, potremmo considerarla un linguaggio con una generale prevalente funzione prescrittiva; non tratteremo, tuttavia, questo profilo, che rimanda a competenze altre e diverse, come quelle della geopolitica, dell'analisi militare, strategica e tattica, etc.

Considerando invece, il linguaggio della guerra latamente inteso, ci occuperemo di una funzione non esclusiva (del contesto bellico) ma prevalente che possiamo riscontrare: la propaganda.

«In tempo di guerra, bugie come terra»[70]. Questo detto popolare, in effetti, allude al ruolo della manipolazione, ruolo centrale che assumono le narrazioni[71] e i discorsi *sulla guerra*[72], non tanto attraverso l'uso di figure retoriche come la metafora, bensì attraverso notizie false, racconti menzogneri, ma ancor più, attraverso un'articolata distorsione della realtà, realizzata, appunto, con la *propaganda*[73].

Quando ci riferiamo a "propaganda"[74], come già abbiamo avuto modo di sottolineare (vedi *retro*, cap. 2, Sezione I), la intendiamo, in un primo e generico significato, come un discorso che veicola notizie false, faziose, diffuse specificamente per certi fini o scopi, non apertamente dichiarati. Ricordiamo, inoltre, che in un secondo significato, di portata più circoscritta e precisa, il termine denota condotte o affermazioni volutamente ingannatorie[75], messe in atte e/o diffuse per condizionare, in modo non dichiarato, opaco, subdolo, l'opinione pubblica.

Defense, Winter 1995-96, pp. 76-80. B. Fleming, *Can Reading Clausewitz Save Us from Future Mistakes?*, in *The US Army War College Quarterly: Parameters*, n. 3, 2004, pp. 62-76.

[68] F. Montanari, *Linguaggi di guerra*, cit., p. 9.

[69] *Ibidem*.

[70] B. Croce, *L'Italia dal 1914 al 1918. Pagine sulla guerra*, cit., p. 75.

[71] U. Volli, *La svolta narrativa della semiotica*, cit., pp. 227-237.

[72] F. Montanari, *Linguaggi di guerra*, cit., pp. 8-9.

[73] N. Pietroni, *Il consenso politico. Modelli, funzioni, aspetti cognitivi ed emotivi*, Rubbettino, Soveria Mannelli (Cz), 2022; H.D. Laswell, *La propaganda*, a cura di ed. italiana G. Fatelli, Armando Editore, Roma, 2020; S. Minelli, *Mito, utopia e propaganda Linguaggio di verità o tecniche di manipolazione?*, in *Thomas Project*, n. 3, 2020, pp. 32-47. D. Pecoriello, *L'influenza sociale e la persuasione come fattori determinanti nella pubblicità e nella propaganda*, in *Piesse*, n. 1, 2022, pp. 1-20.

[74] Per una ricostruzione del significato e degli usi del termine "propaganda", rinviamo alla bibliografia proposta nel cap. 2 della Sezione I di questo lavoro.

[75] F. Montanari, *Linguaggi di guerra*, cit., pp. 8-9.

Abbiamo altresì ricordato che possiamo distinguere due diversi tipi di propaganda, la propaganda positiva, che abbiamo chiamato *supporting propaganda* e la propaganda negativa, che abbiamo denominato *undermining propaganda*[76] (vedi *retro*, cap. 2, Sezione I).

Ricordiamo brevemente in questa sede che la *supporting propaganda* ha la funzione di convincere i destinatari della comunicazione, con strumenti e argomenti non razionali, a compiere/non compiere certe azioni o ad avere /non avere certe opinioni o credenze, specialmente facendo leva su emozioni gradevoli, positive, che vengono suscitate nell'uditorio per perseguire un fine qualificato come meritevole di essere perseguito, appagante. Allo stesso modo, richiamiamo la caratteristica prevalente della propaganda negativa, della *undermining propaganda*, che consiste sempre nell'operare una persuasione[77], ma ciò che si comunica sono valori o ideali ritenuti negatici, vale a dire valori o ideali che si vogliono contrastare, disprezzare, demonizzare[78]. È spesso messa in atto con strategie volte a terrorizzare l'uditorio, poiché mira proprio ad ottenere paura e obbedienza acritica a quanto proposto nel discorso propagandistico, minacciando di mettere in pericolo, o di procurare conseguenze gravi e negative, a coloro che non si omologano[79].

4.1. Qualche esempio di *propaganda* nella guerra tra Federazione russa ed Ucraina

La situazione determinatasi con l'offensiva della Federazione russa ai danni dell'Ucraina ha offerto diversi esempi di propaganda, positiva e negativa. Possiamo riscontrare fenomeni di propaganda messi in atto da entrambe le parti del conflitto[80].

---

[76] J. Stanley, *La Propaganda. Cos'è e come funziona*, cit., in particolare i capp. 4 e 5, pp. 125-222.

[77] Sul tema della persuasione, si rinvia, in questa sede, a C. Perelman, L. Olbrechts-Tyteca, *Trattato sull'argomentazione. La nuova retorica*, Einaudi, Torino, 2001.

[78] T. Piazza, *Propaganda, linguaggio e conoscenza*, cit., pp. 4-5.

[79] *Ibidem*.

[80] Per un efficace esempio della propaganda, messa in campo da parte ucraina, si rinvia, ad esempio, ad una serie di filmati creati ad arte, in cui le principali capitali europee verrebbero bombardate e distrutte dalla Russia. La finalità di questi video è dimostrare quale sarebbe l'imminente pericolo per tutta l'Europa, qualora non si schierasse a fianco dell'Ucraina. Sul punto, si rinvia ai contenuti disponibili al seguente indirizzo https://www.lastampa.it/esteri/2022/03/12/video/parigi_bombardata_da_putin_il_video_choc_della_propaganda_ucraina_per_ottenere_la_nofly_zone_sul_paese-2872636/. Hanno, altresì, effetto di propaganda le video comunicazioni effettuate dal Presidente dell'Ucraina, Volodymyr Zelensky, realizzate con video collegamenti

Ai fini di questo lavoro, ci limiteremo tuttavia ad analizzare solo alcune espressioni, all'interno della comunicazione del soggetto aggressore, perché tra le più efficaci a denotare diversi tipi di propaganda. Una di esse riguarda, ad esempio, la stessa qualificazione dell'invasione russa non come "atto di guerra", bensì come "operazione militare speciale" [81]. Tale espressione può essere considerata come propaganda, di tipo positivo, perché volta a promuovere l'ideale della Grande Madrepatria russa che soccorre un popolo fratello, un popolo amico: la popolazione ucraina. Tale intervento si sarebbe reso indispensabile a fronte della minacciosa presenza, nelle stesse istituzioni ucraine, di nazisti. In questo orizzonte semantico si colloca, altresì, un altro termine impiegato come esempio di propaganda positiva: l'opera di "denazificazione" [82]. Con questa espressione, a dire il vero mai adeguatamente chiarita o precisata dagli stessi soggetti che l'hanno introdotta nei discorsi, si vorrebbe compiere un'azione di lungo corso, per salvare la cultura e la popolazione ucraine dal nazifascismo, che avrebbe non solo conosciuto un momento di grande rinascita e di diffusione, repentina e incontrollata, ma che avrebbe già prodotto effetti deleteri, nel senso che avrebbe corrotto le persone in generale, e la classe dirigente (politico-militare), in particolare. Questa, la denazificazione, sarebbe lo scopo lodevole, positivo, da perseguire, a giustificazione della quale si è messa in atto l'operazione militare speciale russa.

Accanto ad alcuni esempi della c.d. *supporting propaganda*, vi sono altresì esempi della c.d. *undermining propaganda*, riscontrati in alcuni casi.

La giornalista Marina Ovsyannikova, il 14 marzo 2022, in diretta nazionale, durante il notiziario serale del primo canale russo [83], ha mostrato un cartello con scritto "Stop War", per esprimere il proprio personale dissenso rispetto alla guerra contro l'Ucraina. La donna è stata subito arrestata con l'accusa di

---

con diverse istituzioni europee. Si rinvia, ad esempio, per il video della comunicazione al Parlamento europeo, al seguente indirizzo: https://www.ilpost.it/2022/03/17/ucraina-comunicazione-russia-zelensky-guerra/.

[81] Quanto riportato è disponibile nella rivista *Internazionale*, al seguente indirizzo https://www.internazionale.it/opinione/pierre-haski/2022/03/18/discorso-putin-purificazione.

[82] Per la spiegazione della qualifica di "denazificazione" del popolo ucraino, si rinvia ai contenuti presenti ai seguenti indirizzi: https://www.corriere.it/esteri/22_aprile_04/denazificazione-secondo-mosca-durera-25-anni-lavori-forzati-via-nome-ucraina-610e2240-b40e-11ec-a8ea-1989748a429c.shtml; https://www.ilpost.it/2022/04/05/articolo-ria-novosti-ucraina-denazificazione/.

[83] Il fatto è stato oggetto di grande attenzione, specie dei media occidentali. Per la visione del filmato, si rinvia a https://www.corriere.it/video-articoli/2022/03/14/manifestante-no-war-tg-russo-fermate-guerra-qui-vi-stanno-mentendo-arrestata/bace3024-a3cc-11ec-9af1-c1077f9ccdda.shtml; per quanto riguarda la ricostruzione dell'accaduto, . anche quanto riportato al seguente indirizzo: https://www.ilfoglio.it/esteri/2022/03/15/video/russia-marina-ovsyannikova-protesta-in-tv-contro-la-guerra-ora-e-scomparsa-3808529/.

aver organizzato una protesta non autorizzata, è stata interrogata per molte ore, ed è stata poi rilasciata, a seguito del pagamento di una ammenda. È stato inoltre avviato un procedimento penale nei suoi confronti, con l'accusa di aver diffuso notizie false, violando le nuove norme del Codice penale russo, modificato il 5 marzo 2022 [84]. Secondo le innovazioni apportate recentemente, sono stati introdotti nuovi illeciti, riguardanti le condotte che contribuiscono alla «determinazione della responsabilità penale per azioni volte a screditare l'uso delle Forze armate della Federazione Russa, per aver diffuso consapevolmente false informazioni sull'uso delle Forze armate della Federazione Russa» [85]. Per tali figure di reato, le pene sono sia pecuniarie, sia detentive e la pena massima consiste nella reclusione fino a quindici anni di carcere.

L'effetto di propaganda negativa ha riguardato il fatto che Marina Ovsyannikova non solo è stata licenziata e ha dovuto lasciare il suo russo [86], ma ha anche perso quasi tutti i contatti con i suoi colleghi, conoscenti e amici, che le hanno fatto, come si dice, "terra bruciata intorno". Si tratta di qualcosa di più e di diverso da sanzioni morali o sociali (che si aggiungono a quella giuridica): chi si è smarcato dalla presa di posizione della giornalista l'ha fatto non (sempre o necessariamente) per esprimere del biasimo; piuttosto, per la paura di essere associato ad una dissidente, dal timore di poter a propria volta essere punito con pesanti sanzioni penali e finire in carcere.

Si è colpita una giornalista non solo con l'arresto, con le sanzioni pecuniarie e con l'avvio di un procedimento a suo carico, ma anche screditandola, additandola come l'anti-patriota, nemica della Russia. In questo modo, sono state colpite, in una sola volta e con modalità opache, dissimulate, anche la libertà di espressione in generale, il dissenso rispetto a certe azioni/scelte politiche, il pensiero divergente e critico, considerati valori da deprecare e compromettere.

---

[84] Il testo della legge approvata dalla Duma il 5 marzo 2022 ha modificato gli articoli 207, 280, 284 del codice penale russo, punendo con severe ammende e con la reclusione fino a quindici anni di carcere chi si rende responsabile di diffusione pubblica di informazioni consapevolmente false in merito uso delle Forze Armate della Federazione Russa; chi compie azioni pubbliche volte a screditare l'uso delle forze armate della Federazione Russa, messe in atto al fine di proteggere interessi della Federazione Russa e dei suoi cittadini, e per mantenere la pace e la sicurezza internazionali. Contemporaneamente, sono stati riformati gli articoli 31 e 151 del codice di procedura penale della Federazione Russa. Il testo normativo è consultabile al seguente indirizzo: https://sozd-duma-gov-ru.translate.goog/bill/464757-7?_x_tr_sl=en&_x_tr_tl=it&_x_tr_hl=it&_x_tr_pto=wapp. Per una spiegazione dei principali provvedimenti, si rinvia al seguente indirizzo: https://sozd.duma.gov.ru/bill/464757-7 30 marzo 2022. https://www.lantidiplomatico.it/dettnews-qual_il_nuovo_disegno_di_legge_russo_contro_le_false_informazioni_sulloperazione_in_ucraina/45289_45460/.

[85] *Ibidem.*

[86] Sarebbe attualmente in uno Stato europeo vicino alla Russia. La giornalista ha dovuto lasciare la sua nazione per evitare altri arresti e, in buona sostanza, per aver salva la vita.

Un altro episodio merita attenzione in riferimento alla c.d. propaganda negativa. Ekaterina Shevliakova, giornalista e reporter russa, che vive però da molti anni in Italia, durante una trasmissione televisiva [87], lo scorso 20 marzo, si è rifiutata di pronunciare la parola "guerra", non solo nella sua lingua, ma anche in italiano. Incalzata a fornire una spiegazione per questa reticenza, ha affermato che, sulla base delle nuove norme russe, è fatto divieto a chiunque si riferisca all'operazione militare speciale in corso in Ucraina, pronunciare, scrivere, utilizzare in qualunque forma, orale o scritta, "la *parola con la G*".

La partecipazione ad una trasmissione televisiva e la (più volte espressa) vicinanza al popolo ucraino non integravano, per Shevliakova, alcuna condotta penalmente rilevante (nemmeno per il nuovo Codice penale russo). Ciononostante, su di lei ha avuto effetto la leva della paura di ulteriori, gravi conseguenze e non si è sentita libera di chiamare "guerra" lo scontro in atto, per il timore di essere assimilata al nemico, ad un oppositore della Russia. In modo obliquo, indiretto, sono stati svalutati e sminuiti i valori dell'autonomia nella determinazione delle proprie scelte, e l'autonomia e l'indipendenza dei giornalisti, nello specifico.

Nei casi di propaganda positiva, prescindendo da argomenti di tipo razionale, si sono esaltati certi valori, come la liberazione di una nazione e del suo popolo, che devono essere salvati da un nemico; l'ideale di giustizia, il valore dell'amore per la Patria, etc., presentati al pubblico come ideali da conseguire attraverso certe precise azioni (l'operazione militare speciale e la denazificazione). A dire il vero, si è attuato un inganno, perché si sono prese decisioni e impartito ordini, si sono individuati strumenti e mezzi, tutti però volti a sabotare i fini o i valori dichiarati, tanto da renderli impraticabili o, paradossalmente, operando un ribaltamento della realtà. Si è determinata una condizione molto simile ad un contesto distopico [88], nel quale i valori inizialmente propugnati si sono trasformati nel loro opposto. Soccorrere un popolo fratello ha assunto il significato di invadere il suo territorio con armi, esercito, carrarmati, etc. e ha comportato la distruzione di intere città. Così, ad esempio, la "denazificazione", da ideale missione di liberazione da un nemico, è divenuta occupazione violenta di territori e proprietà, si è concretizzata in stupri, uccisioni di massa, devastazioni, deportazioni e violenze.

---

[87] E. Shevliakova al minuto 38.16 della trasmissione televisiva *Non è l'Arena,* trasmessa in diretta il 20 marzo 2022 sul canale La7, afferma: «Non posso dire *la parola con la G*». Quanto riportato è disponibile al seguente indirizzo https://www.la7.it/nonelarena/rivedila7/non-e-larena-puntata-del-2032022-21-03-2022-429959.

[88] A. Lucci, M. Tirino, *Filosofia e fantascienza. Spazi, tempi e mondi altri*, in *Philosophy Kitchen. Rivista di filosofia contemporanea*, 10, pp. 177 ss. Sul tema, si rinvia alla Sezione III del presente lavoro.

Per quanto riguarda, invece, i casi di propaganda negativa, sono state colpite alcune giornaliste, alle quali è precluso di poter esprimere liberamente una propria idea, anche in dissenso rispetto a quanto deciso dai vertici politici del loro Paese. I valori di autonomia e libertà sono stati sviliti, denigrati; questi ultimi sono stati considerati valori da deplorare, da deprecare, poiché generalmente fatti propri da chi è un potenziale nemico della Patria. Pronunciare la "parola con la G", dire "guerra" ha assunto il significato di un atto sovversivo, non solo a livello linguistico [89].

5. Il ruolo degli studiosi per promuovere la pace, oltre *pandemia* e *guerra*

"Pandemia" e "guerra", da termini ritenuti confinati nel passato, sono tornati nel nostro presente, spesso usati in discorsi con finalità manipolative, retoriche, come è stato fin qui argomentato. Hanno altresì riportato al centro dei dibattiti la loro complessità, poiché denotano fenomeni caratterizzati da molti aspetti, che vanno compresi ed interpretati [90]. Diversi contributi ne hanno evidenziato il ruolo trasformativo [91], e quasi sempre negativo [92], richiamando l'opportunità, quando non la necessità, come abbiamo peraltro già ricordato, di riportare le riflessioni in un ambito pubblico [93] e razionale, nel quale giocano un ruolo di primo piano gli studiosi.

---

[89] Questi episodi potrebbero essere riassunti, andando ben oltre la finzione letteraria, con i tre famosi slogan proposti da G. Orwell in *1984*: «La guerra è pace». «La libertà è schiavitù». «L'ignoranza è forza». G. Orwell, *1984*, Feltrinelli, Milano, 2021. Sul punto, vedi *infra*, cap. 2 della Sezione III.

[90] G. Chamayou, *Teoria del drone. Principi filosofici del diritto di uccidere*, DeriveApprodi, Roma, 2014, pp. 17-18. M. Vegetti, *L'invenzione del globo. Spazio, potere, comunicazione nell'epoca dell'aria*, Einaudi, Torino, 2017, pp. 162 ss.

[91] I. Capua, *La meraviglia e la trasformazione. Verso una salute circolare*, Mondadori, Milano, 2021; L. Lo Sapio, *Sars-CoV-2 e salute circolare: un'occasione per ripensare il rapporto tra sapiens e gli animali non umani*, in *Notizie di Politeia*, n. 142, 2021, pp. 3-10; C.R. Lucey, S.C. Johnston, *The Transformational Effects of COVID-19 on Medical Education*, in *JAMA*, n. 324, 2020, pp. 1033-1034, doi:10.1001/jama.2020.14136. Sulla portata trasformativa delle catastrofi non naturali, come le crisi economiche, N. Klein, *Shock Economy. L'ascesa dei capitalismi del disastro*, Bur, Milano, 2008; S. Basuki *et al.*, *Performance Analysis of Female Employees in the Covid-19 Pandemic Period: The Effects of Readiness for Change and Effectiveness of Transformational Leadership*, in *Solid State Technology*, n. 63, 2020, pp. 201-217.

[92] P. Donatelli, *Covid-19. Alcune lezioni da trarre dalla pandemia in corso*, cit., pp. 23-25.

[93] L. Ferrajoli, *Per una Costituzione della Terra. L'umanità al bivio*, cit., in particolare pp. 18-27.

Nel "tempo delle catastrofi"[94], infatti, dove la pace (personale, sociale, economica, politica, etc.) è minacciata, sia in sede di elaborazione di modelli teorici appropriati per gestire le crisi, sia nei contesti pratici, nei quali questi ultimi devono essere tradotti, vi è la necessità di collaborazione[95] tra diverse figure di studiosi, da quelli più vicini alle questioni "tecnico-scientifiche" (siano essi virologi, epidemiologi, medici, ma anche militari e politici), a coloro che sono portatori di competenze diverse, capaci di incidere nelle dinamiche del tessuto sociale (come ad esempio psicologi, sociologi, economisti, studiosi di matematica e fisica applicate, giornalisti e, senz'altro, anche sociologi, filosofi e giuristi, etc.)[96].

Tale compito investe di una particolare responsabilità[97] gli intellettuali. Sono chiamati ad impegnarsi per consolidare saperi e risultati affidabili, credibili, autorevoli[98]; è affidato loro il compito di analizzare criticamente i discorsi (su pandemia e guerra) che sono molteplici e piuttosto complessi. Infine, devono individuare le questioni ancora aperte, gli strumenti per gestirle e, ove possibile, risolverle, e determinare quali siano le istanze meritevoli di essere (ri)affermate, garantite e difese, prime fra tutte la pace[99].

Idealmente, possiamo individuare tre diverse fasi nelle quali si articolano questo lavoro e questa responsabilità.

Una prima fase si riferisce ai discorsi che riguardano i fatti, spesso complessi, da comprendere. Vi è la necessità di dare vita a processi conoscitivo–informativi certi, rigorosi, in grado di rispondere alle molte domande sollevate dalla "situazione catastrofica". È la fase in cui gli studiosi devono ampliare e consolidare conoscenze e informazioni, basate sul metodo scientifico e sulla controllabilità delle affermazioni. Lo scopo di questa fase è duplice: direttamente, è volta a comprendere quale siano i problemi, perché possano essere qualificati come *contrati della pace*, la loro entità, le cause, gli effetti, etc.; in-

---

[94] L. Ferrajoli, *Per una Costituzione della Terra. L'umanità al bivio*, cit., pp. 28-39.

[95] P. Saitta, *Teorie nella crisi: pandemia e produzione culturale*, in *Materialismo storico*, n. 2, 2020, pp. 478-491, in particolare p. 479.

[96] P. Saitta, *Teorie nella crisi: pandemia e produzione culturale*, cit., pp. 480 ss.

[97] V. Franco, *Responsabilità in tempi di pandemia*, in *Politica & Società*, n. 1, 2021, pp. 3-16.

[98] Il compito dello studioso «non è quello di sostenere con tutti i mezzi una determinata causa, foss'anche la più nobile. Il lavoro dello studioso è di dire le cose come stanno, in base alle risultanze della ricerca scientifica. Se non fa questo, e decide che cosa dire e che cosa non dire in base all'opportunità politico-militare del momento, perde completamente la sua credibilità». L. Ricolfi, *A voce alta. Covid e tabù*, cit., p. 464.

[99] V. Franco, *Responsabilità in tempi di pandemia*, p. 7.

direttamente, è volta a placare l'incertezza che una nuova situazione catastrofica determina nei consociati [100].

Una seconda fase è quella in cui bisogna rammentare che fatti e valori stanno su piani diversi e che vanno tenuti distinti. Una volta che, riguardo a certi problemi, anche se gravissimi e catastrofici, vi siano solide evidenze scientifiche, va ribadito che queste ultime rinviano a fatti, che *descrivono* una situazione in atto, o che ragionevolmente si produrrà, ma non contengono intrinseche e oggettive prescrizioni o *indicazioni valutative*, su cosa si deve fare. Per quanto grave, da una catastrofe, sia essa naturale o artificiale, non scaturiscono direttamente o necessariamente criteri prescrittivi, non vi sono contenuti normativi autoevidenti. La qualificazione dei fatti e le scelte normative che dovranno essere compiute sono rinviate al decisore giuridico-politico. In questa fase è importante considerare criticamente i metadiscorsi (descrittivi e prescrittivi) che si producono riguardo ai dati a disposizione. I paragrafi precedenti, a proposito dell'uso della metafora della guerra e della propaganda, sono alcuni esempi di discorsi persuasivi e manipolatori, che hanno il solo scopo di incrementare le criticità delle situazioni di conflitto e aumentare la confusione su molte questioni e, così facendo, si allontanano energie e risorse razionali a favore di discorsi, di ragionamenti e di proposte che portino alla costruzione, all'affermazione e/o alla salvaguardia della pace.

Sull'origine della pandemia e sulle cause della guerra sono circolate numerose spiegazioni [101], teorie, supposizioni, suggestioni, che hanno avuto, in certi casi, la pretesa di esplicitarne o di evidenziarne aspetti peculiari, come ad esempio il significato morale o trascendente [102]. Non sono mancate ipotesi complottistiche [103], di volta in volta attribuite a non meglio precisate entità o

---

[100] *Ibidem.*

[101] R. Capuano, *La sociologia epidemica di Philip Strong*, in *Studi sulla questione criminale*, 2020, consultabile al seguente indirizzo https://tinyurl.com/bexfrpfk.

[102] Riguardo alla guerra, non è nuova la tendenza a individuarne un significato metafisico: M. Mori, *Gli intellettuali e la Grande guerra*, in *Nuova Informazione bibliografica*, n. 3, 2020, pp. 451-462. Più di recente, si pensi alla stessa qualificazione di "guerra metafisica contro l'Occidente" offerta dal Patriarca della chiesa ortodossa russa, Kirill, a proposito del conflitto tra Russia e Ucraina. Riguardo alla pandemia, invece, una rilettura di tipo metafisico-trascendente è stata proposta, ad esempio, da C. Lombardo, S. Mauceri (a cura di), *La società catastrofica. Vita e relazioni sociali ai tempi dell'emergenza Covid-19*, Franco Angeli, Milano, 2020; E. Penco, *Esigenze e modelli di contenimento della responsabilità nel contesto del diritto penale pandemico*, in *Sistema Penale*, consultabile al seguente indirizzo https://www.sistemapenale.it/pdf_contenuti/1613324159_penco-2021a-modelli-contenimento-responsabilita-penale-pandemia-covid.pdf. 2021.

[103] "[...] le più importanti teorie complottiste sono state prodotte nella crisi in ragione della loro capacità di essere consumate e introiettate da un largo pubblico e per la loro funzione mi-

istituzioni, etc.[104]. È auspicabile che in questa fase vi sia la massima attenzione sia all'esplicitazione dei valori a cui improntare scelte normative, sia al vaglio di razionalità delle decisioni prese, per evitare che nei contesti di elaborazione del sapere, di riflessione critica e delle decisioni politico-giuridiche prendano piede pericolose confusioni, o, peggio, derive irrazionali.

A queste due fasi iniziali, ne possiamo aggiungere una terza e conclusiva, vale a dire quella che riguarda il ruolo degli studiosi quando *il contrario della pace* è alle spalle, cioè quando, superata una situazione critica o addirittura catastrofica, si torna, in modo più o meno graduale, ad una (nuova) condizione di normalità[105]. È in questa fase che dovrebbe consolidarsi la collaborazione tra studiosi portatori di diverse competenze e che lavorano in differenti ambiti. Tale cooperazione ha una funzione preventiva e di vigilanza: da un lato, è funzionale ad evitare che, di fronte ad una nuova catastrofe, così come di fronte ad una nuova *minaccia per la pace*, si ripetano problemi ed errori che si sono evidenziati durante una crisi precedente. Dall'altro lato, bisogna vigilare in modo che non si compiano scelte politico-giuridiche, volte al restringimento incondizionato di libertà individuali e di diritti fondamentali, senza adeguate giustificazioni e senza porre precisi limiti, anche temporali, riguardo alle decisioni prese in emergenza (pandemica o di guerra). Si deve evitare, altresì, che si consideri *naturale* o *necessaria* la concentrazione di poteri (giuridici, politici, economici, finanziari, militari, di informazione, etc.) in soggetti che, per la loro posizione di forza, durante l'emergenza, rivestono un ruolo preminente, a livello nazionale o a livello sovranazionale, perché questo può essere un primo campanello d'allarme per la messa in crisi di una società pacificata[106].

Questa, pertanto, pare la principale sfida a cui sono chiamati gli intellettuali[107], in tempi di crisi, di fronte a esempi concreti di "contrari della pace", sia-

---

tica, che consiste nel mettere a nudo e rendere raccontabili sentimenti e visioni intime e socialmente diffuse intorno al farsi del mondo che, per quanto assurde o inverosimili, riescono a spiegare ad un vasto pubblico l'articolazione di strutture di potere, vincoli familiari e forze segrete che terrebbero insieme il mondo. [...] Nel fare questo [...] rassicurano inquietando e semplificano confortando. Confortano, insomma, il fruitore circa la propria impotenza». P. Saitta, *Teorie nella crisi: pandemia e produzione culturale*, cit., pp. 488-489. Per un'analisi dei metadiscorsi "complottistici", M. Leone, *Colpire nel segno. La semiotica dell'irragionevole*, Aracne, Roma, 2020, in particolare pp. 107-117.

[104] I *mass media* e i *social media* offrono continui esempi di questi processi di elaborazione torrentizia e irrazionale. Sul punto, P. Saitta, *Teorie nella crisi: pandemia e produzione culturale*, cit., pp. 482 ss.

[105] Questa terza fase è stata descritta fin dai primi anni Novanta da Philippe Strong, in P. Strong, *Epidemic Psychology: a Model*, in *Sociology of Health & Illness*, n. 3, 1990, pp. 249-259.

[106] P. Saitta, *Teorie nella crisi: pandemia e produzione culturale*, cit., pp. 490.

[107] Riguardo alle responsabilità e al ruolo degli intellettuali – e dei giuristi in particolare –

no essi momenti pandemici o di guerra (o entrambe): proporre e discutere, attraverso la modulazione di concetti appropriati e con le opportune analisi di discorsi, laddove non siano possibili risposte definitive, quanto meno strumenti razionali, per comprendere, interpretare e gestire il momento presente, per non ipotecare diritti e libertà (anche) delle generazioni future.

rispetto ai temi delle libertà e della sicurezza in momenti di "guerra", M. Barberis, *Non c'è sicurezza senza libertà*, cit., in particolare pp. 126-127.

Sezione III

I *contrari della pace* nella narrazione distopica

Capitolo 1

Linguaggio, potere e la ricerca della pace: una rilettura critica di *Fahrenheit 451*

1. Dalla realtà alla distopia. I *contrari della pace* nella narrazione letteraria: *Fahrenheit 451* e *1984*

Dopo aver analizzato alcuni contesti in cui abbiamo dato conto di esempi, reali e concreti, di *contrari della pace* (vedi *retro*, i capitoli della precedente Sezione II), ci occuperemo, rispettivamente in questo e nel prossimo capitolo, di due testi, *Faherenheit 451* [1] e *1984* [2], vale a dire prenderemo in esame due famose opere letterarie, che saranno analizzate come racconti *immaginari*, in cui non c'è più *pace*.

Faherenheit 451 e *1984* sono inoltre considerati esempi di narrativa *distopica*.

Col termine *distopia* si fa riferimento ad un particolare genere della letteratura: si tratta di narrazioni che descrivono ipotetiche realtà del futuro, caratterizzate da vissuti peggiori di quelli attuali. Sono pertanto esempi contrari di "utopia", vale a dire, si tratta di racconti che sono l'opposto di una realtà ideale, particolarmente felice e buona, che si vorrebbe veder realizzata, almeno in un'opera di narrativa immaginaria.

Tipica della distopia è la rappresentazione di *fictional negative societies*, cioè immaginarie società in cui si vive formalmente bene, ma senza felicità, con molti controlli e sistemi di oppressione, senza diritti e senza le principali libertà. Si tratta, inoltre, di realtà sociali in cui c'è il predominio della paura e

---

[1] R. Bradbury, *Fahrenheit 451*, Ballantine, New York, 1953. La versione utilizzata in questo capitolo è R. Bradbury, *Fahrenheit 451*, traduzione italiana a cura di G. Monicelli, Mondadori, Milano, 2008.

[2] G. Orwell, *1984*, Secker & Warburg, Londra, 1949. La versione che sarà utilizzata in questa sede è G. Orwell, *1984*, trad. it. a cura di A. Büchi, Crescere Edizioni, Vedano Olona, Varese, 2021.

dalla distruzione dell'idea positiva di comunità, e in cui si radicano disvalori, che polarizzano l'opposto dell'amicizia, della solidarietà e della cooperazione.

I romanzi distopici appaiono così realistici e convincenti, tanto da essere anche definiti "letteratura di anticipazione"[3].

Il primo testo che analizzeremo (vedi *infra*, in questo capitolo) è l'opera di R. Bradbury, *Fahrenheit 451*. Questo scritto è stato scelto perché ci consentirà di portare attenzione alle modalità con cui, in un ambito narrativo, l'uso del linguaggio del potere ha portato alla distruzione effettiva del sapere, che si realizza bruciando i libri, giungendo infine, con una sorta di *slippery slope*[4], alla de-costruzione di ogni libertà, che porterà alla necessità di rifondare la società e di ricostruire la pace.

Il secondo testo, invece, è il libro di G. Orwell *1984*, (vedi *infra*, il prossimo capitolo di questa Sezione) in cui la narrazione distopica ruota interamente intorno all'assenza della pace. Il lettore si immergerà in un clima diffuso di guerra in cui si è sovrastati da uno slogan costante ed eloquente: "La guerra è pace", che è un esempio calzante del potere dei discorsi persuasivi e di propaganda, che portano al completo ribaltamento della realtà.

2. Linguaggio e potere nel testo di Bradbury: un primo inquadramento

Il libro di Ray Bradbury *Fahrenheit 451* è la narrazione distopica di una realtà, in cui vi è un linguaggio specifico, il linguaggio di chi detiene il potere, che è impiegato attraverso una particolare modalità: la propaganda. Tale uso manipolativo del linguaggio del potere condiziona il vissuto delle persone, fino a trasformare la coscienza di una intera società. Questa operazione è possibile perché i significati delle parole, anche e specialmente delle parole più comuni, sono trasformati radicalmente e, insieme ad essi, vengono mutate anche le qualificazioni normative di azioni e professioni.

Coloro che svolgono un ruolo di salvaguardia della popolazione, i *fire-*

---

[3] A. Lucci, M. Tirino, *Filosofia e fantascienza. Spazi, tempi e mondi altri*, in *Philosophy Kitchen. Rivista di filosofia contemporanea*, n. 10, 2019, pp. 177 ss.

[4] Il concetto di *slippery slope* è usato, prevalentemente, anche se non esclusivamente, nella discussione bioetica e denota, in un significato ampio e inclusivo, l'argomento del "pendio scivoloso". Con tale espressione si fa riferimento ad ogni situazione di per sé negativa o biasimevole, che rischia di degenerare e di dare vita a contesti ancora peggiori e moralmente controversi. Si rinvia alla definizione lessicale dell'espressione, presente nel Cambridge Vocabulary, consultabile al seguente indirizzo: https://dictionary.cambridge.org/it/dizionario/inglese/slippery-slope.

men[5], ad esempio, sono denominati in modi altri e diversi, sono cioè chiamati *Happiness Boys*[6]. Essi non spengono gli incendi: al contrario, appiccano il fuoco per bruciare oggetti pericolosi e vietati, i libri. Il protagonista, Guy Montag, all'inizio del racconto, prova una «gioia speciale»[7] nel vederli *divorati*, non perché letti avidamente, bensì perché anneriti e bruciacchiati per azione delle fiamme. Leggere, infatti, in questa realtà è una azione vietata, come è un illecito possedere libri[8].

In questo capitolo la narrazione distopica sarà esaminata perché ritenuta particolarmente funzionale alla riflessione sul linguaggio usato da istituzioni che vogliono manipolare l'intera vita dei cittadini, sulla funzione prescrittiva del linguaggio di chi detiene il potere e sull'uso politico di un linguaggio specifico, usato proprio per legittimare la guerra e allontanare la costruzione della pace, e che diviene strumento in grado di operare di grandi distorsioni: la propaganda.

Immergendosi nel libro, si è attraversati da una certa inquietudine: il lettore avverte la difficoltà di mantenere distinta la nostra realtà dal contesto immaginario rappresentato nell'opera letteraria. Segno di questa difficoltà è il fatto che il lettore è spinto a porsi alcune domande: come è stato possibile un tale mutamento paradigmatico nell'uso delle parole, dei loro significati, delle loro funzioni di qualificazione delle azioni "lecite" e di quelle "illecite"? Sulla base di quali elementi il linguaggio di chi detiene il potere è riuscito a condizionare così tanto la realtà, da far pensare che la guerra sia normale e che la pace non sia (più) necessaria?

Per rispondere a queste domande, sarà proposta una riflessione filosofico – giuridica su alcuni brani[9], che saranno esaminati, soffermandoci su alcune "spie semantiche" presenti in *Fahrenheit 451*, per evidenziare la centralità di certi usi del linguaggio. La propaganda, intesa come un modo specifico di usare il linguaggio prescrittivo, ha la particolare funzione di condizionare non so-

---

[5] Si rinvia alla descrizione dei pompieri in R. Bradbury, *Fahrenheit 451*, cit., pp. 38-39.

[6] R. Bradbury, *Fahrenheit 451*, cit., p. 6.

[7] R. Bradbury, *Fahrenheit 451*, cit., p. 3.

[8] R. Bradbury, *Fahrenheit 451*, cit., p. 8.

[9] La lettura critica qui proposta si colloca in una ideale linea di continuità con i contributi propri della corrente di "Diritto e Letteratura". Sul punto, si rinvia a F. Di Donato, *Diritto, cultura, letteratura: una proposta di analisi narrativa*, in M.P. Mittica (a cura di), *Diritto e narrazioni. Temi di diritto, letteratura ed altre arti*, Ledizioni, Milano, 2011, pp. 41-59, in particolare pp. 42 ss.

Il movimento accademico e di intellettuali riguardo a Diritto e Letteratura interessa tutto il mondo universitario occidentale. Per quanto riguarda la specificità dei contributi accademici italiani, si rinvia a The Italian Society for Law and Literature (ISLL) https://lawandliterature.org/.

lo i comportamenti delle persone, ma anche di modificare la il rapporto tra cittadini e istituzioni, manipolando norme e procedure, a vantaggio di chi vuole un forte controllo sociale.

Si discuterà dunque la funzione specifica del "linguaggio del potere" che è raccontato, cioè la propaganda [10]. Saranno esaminate le sue peculiarità e le sue caratteristiche. Si analizzerà la sua incisività nella sfera, non solo linguistica, dei destinatari [11]. Lo si farà proprio a partire da alcuni passi del testo *Fahrenheit 451*, per far emergere, attraverso la trama del racconto, quanto sia potente il linguaggio della letteratura e della narrazione [12] nello svelare la funzione retorico-persuasiva della propaganda [13], usata come strumento per generare conflitti e paura e per allontanare la ricerca e la costruzione di un contesto di pace.

In questo capitolo, dopo aver richiamato le peculiarità della "propaganda" e dopo aver chiarito le specificità del linguaggio manipolativo, saranno portati all'attenzione alcuni esempi presenti nel testo sia di propaganda positiva, *supporting propaganda*, sia di *undermining propaganda*, quella negativa.

A seguire, gli elementi tipici di natura narrativa dei discorsi di propaganda saranno descritti ed esaminati, partendo da alcuni brani di *Fahrenheit 451*. Si porterà attenzione, in particolare, ai cosiddetti "argomenti a tema" e "argomenti non a tema" e ad alcune credenze ideologiche fallaci presenti nella narrazione (su questi temi specifici, vedi *retro*, cap. 2, Sezione I).

Infine, alcuni riferimenti al testo di Bradbury saranno analizzati per argomentare a favore del potere del linguaggio critico e libero, che anche in un contesto politico-sociale deteriorato, come quello di *Fahrenheit 451*, diviene un utile strumento per dare vita a contesti sociali rifondati, auspicabilmente pacifici e nuovi, non più schiacciati dal linguaggio oppressivo di chi detiene il potere.

3. Leggere un testo letterario a partire dall'analisi del linguaggio: riflettere su distopia e propaganda

L'analisi filosofico-giuridica del linguaggio con cui si raccontano realtà immaginarie ha conosciuto, negli ultimi anni, un crescente interesse [14]. Una

---

[10] H.D. Lasswell, *La propaganda*, cit.

[11] G. Fatelli, *Il dovere della persuasione*, in H.D. Lasswell, *La propaganda*, cit., pp. 7-51.

[12] J. Stanley, *La propaganda. Cos'è e come funziona*, cit.

[13] Nello specifico, T. Piazza, *Propaganda, linguaggio e conoscenza*, in J. Stanley, *La propaganda. Cos'è e come funziona*, cit., 2020, pp. VII-XLV.

[14] Per un approfondimento delle esperienze realizzate di recente in Italia nell'ambito delle

buna ragione per considerare l'analisi etico-giuridica di un testo letterario è la convinzione che «la letteratura contribuisca a formare la coscienza etica e sociale di chi lavora nel mondo del diritto in modo significativo» [15]. Viceversa, ogni realtà normativa può essere compresa e meglio analizzata a partire da contributi narrativi. L'analisi di un testo distopico permetterà di riflettere sul potere che le parole e i simboli hanno ben oltre l'ambito letterario. Tale analisi sarà utilizzata quale strumento capace di farci comprendere a fondo il presente, i cui talvolta sono impiegati pervasivi linguaggi negativi (di conflitto, di guerra, di ostilità, etc.). Essa porta, infine, a riflettere sull'importanza di compiere, a livello individuale e collettivo, uno sforzo per dare vita, e usare, nuovi linguaggi di pace.

Come abbiamo molte volte ricordato in questo lavoro, la propaganda è spesso usata, senza che l'uditorio sia consapevole di cos'è e di come funziona, in molti ambiti linguistici: la ritroviamo nel linguaggio pubblicitario, così come nei discorsi della politica e anche nella comunicazione dei contesti dove c'è una guerra in atto. Allontanarsi dalla nostra realtà, per andare all'interno di una narrativa distopica, può portare maggiore consapevolezza nei cittadini riguardo a diversi aspetti.

Da una parte, si mette in evidenza lo stretto rapporto che c'è tra linguaggio e potere. Una riflessione critica sul linguaggio fa capire che, se anche apparentemente "suonano bene", le regole che governano la società non possono essere ridotte a slogan, iper-semplificate o fatte passare per altri messaggi banali. Infatti, la complessità della realtà sociale non può essere ridotta attraverso la riduzione delle parole a réclame, o a motti ad effetto.

Dall'altra parte, l'analisi di un testo narrativo fa capire che, qualora ci fosse una situazione di pericolo, il linguaggio è uno degli strumenti-chiave per ripensare la costruzione giuridica e politica di una società fatta a pezzi, in crisi, non più pacificata. La consapevolezza dell'importanza dei linguaggi, di quelli verbali, prevalentemente, che possono avere funzione evocativa, descrittiva, oltre che funzione prescrittiva, rende gli esseri umani particolarmente creativi e liberi di ideare, potenzialmente, nuovi modelli teorico-giuridici. Così facendo, si possono gettare le basi per nuove realtà politiche. È l'uso consapevole del linguaggio che rende le persone libere da forme di oppressione e di abuso di potere, e che le aiuta a costruire un altro, e migliore, futuro di pace.

---

teorie contemporanee del Diritto si faccia riferimento ai contributi di C. Faralli, D. Carpi, F. Belvisi individuati da M.P. Mittica, *Diritto e letteratura in Italia. Stato dell'arte e riflessioni sul metodo*, in *Materiali per una storia della cultura giuridica*, a. XXXIX, Fascicolo 1, giugno 2009, p. 274, disponibile su *Il Mulino – Rivisteweb.it*. L'autrice si occupa, inoltre, di analizzare lo sviluppo storico giusletterario in America e in Europa, sottolineandone finalità e prospettive.

[15] M.P. Mittica, *Diritto e letteratura in Italia. Stato dell'arte e riflessioni sul metodo*, cit., p. 275.

4. Il linguaggio del potere: la propaganda di *Fahrenheit 451*

Una caratteristica tipica del linguaggio di propaganda, come abbiamo molte volte ricordato, presente sia nella *supporting propaganda*, sia nella *underminig propaganda*, è di sembrare *ragionevole* e *comunemente accettato* dalla maggioranza delle persone a cui è rivolto. A ciò si associa un altro elemento: il ricorso costante a espressioni linguistiche che sono stereotipi e pregiudizi, funzionali a descrivere le minoranze come gruppi pieni di difetti e di problemi [16]. Le minoranze sono considerate gruppi di soggetti sovversivi, che incarnano il pericolo più grande per "la pace di chi è al comando": pertanto, devono essere controllati. Le minoranze sono spesso rappresentate come composte da individui indolenti, sovversivi, inaffidabili, violenti, etc. Tali qualificazioni dispregiative e manipolative hanno una finalità specifica: contrariamente a quanto si pensi, esse non intendono realmente favorire un miglioramento o educare coloro che appartengono alle minoranze, bensì vogliono erodere i sentimenti di empatia e/o di rispetto [17] che possono essere nutriti nei confronti di gruppi minoritari. Tale obiettivo è raggiunto escludendo sistematicamente dalla narrazione di chi ha il potere il confronto onesto con questi soggetti e distorcendo, negando o falsificando il loro punto di vista [18]. Le opinioni, le comunicazioni ma soprattutto i valori espressi da "chi è minoranza", con modalità surrettizie, indirette [19], sono spesso associati ad azioni o a situazioni sgradevoli, spiacevoli, biasimevoli [20].

Gli elementi fin qui descritti sono rinvenibili nel testo di *Fahrenheit 451*. Il linguaggio della propaganda è volto a promuovere fini o valori ritenuti rilevanti e ragionevoli, considerati approvabili in un certo contesto socio-giuridico e politico. Il benessere della società rappresentata nel libro, in effetti, sembra raggiunto proprio dall'omologazione dei punti di vista, dalla dismissione del pensiero critico, dall'accettazione della rinuncia a leggere (e dunque a scrivere) libri. Qualificare la lettura come un'azione pericolosa, da vietare, pare comprensibile e tutto sommato una scelta equilibrata, così come pare sensato considerare i libri oggetti illeciti, inutili provocazioni, capaci di generare solamente disobbedienza e disordine.

I valori sottesi a queste scelte etico-politiche si sono tradotti in precise nor-

---

[16] R. Bradbury, *Fahrenheit 451*, cit., pp. 64-71.

[17] J. Stanley, *La Propaganda. Cos'è e come funziona*, cit., pp. 159 ss.

[18] T. Piazza, *Propaganda, linguaggio e conoscenza*, cit., pp. X-XI.

[19] Stanley, ad esempio, distingue tra piano della comunicazione implicita ed esplicita. J. Stanley, *La Propaganda. Cos'è e come funziona*, cit., pp. 175-201.

[20] *Ibidem*.

me giuridiche, che hanno preso corpo in leggi, regolamenti, atti amministrativi, etc., ritenuti – in linea di principio – del tutto conformi alla volontà generale dei consociati [21].

In realtà, la manipolazione opera in modo sottile e pericoloso, tanto da far ritenere che certi fini o valori siano quelli stabiliti dalla maggioranza, promossi attraverso procedure e decisioni prese con metodo democratico, mentre nel concreto si piegano istituzioni e regole per realizzare subdole finalità, che hanno lo scopo preciso di colpire sistematicamente una minoranza (gli amanti dei libri e della lettura). Se si è "colti in flagranza di reato", perché si tengono libri in casa, non si è puniti secondo procedure trasparenti, con sanzioni proporzionate al termine di un processo, ad esempio. Al contrario, la sanzione è immediatamente stabilita e irrogata da chi detiene il potere in quel momento (il capo squadra dei *firemen* o il Capitano della caserma) e si è lasciati al proprio destino. I possessori di libri, talora, sono bruciati vivi dentro le loro case, insieme agli oggetti proibiti – i libri, appunto – che colpevolmente hanno voluto conservare.

La *supporting propaganda*, prescindendo da argomenti di tipo razionale, esalta certi valori, come la fondazione di una nazione autonoma e indipendente, quella americana. Nella narrazione di Bradbury l'espediente letterario del fuoco e del bruciare (i libri) allude a ciò che il linguaggio di propaganda genera: il verbo *bruciare* è la potente spia semantica che consente la fondazione di nuova realtà. Una nuova organizzazione sociale, infatti, è realizzata *bruciando* ogni legame con la prima Patria, l'Inghilterra. Il fuoco è il simbolo che esalta il valore della liberazione *dall'oppressione della cultura*, che attraverso milioni di testi genera solo confusione e disaccordo. Sono i *firemen* gli uomini da avere come esempio, per promuove l'ideale di sicurezza, insieme al valore dell'obbedienza a chi detiene il potere e, in generale, il valore della cieca fedeltà alla Nazione, etc., presentati come ideali positivi, meritevoli di essere conseguiti attraverso certe precise azioni (non possedere libri, non leggere, fare i delatori riguardo ai propri vicini se si sospetta abbiano in casa dei testi [22], avvisare le autorità, che interverranno per bruciare i libri, etc.). Nonostante questi ideali e questi valori di sicurezza e di benessere, la realtà descritta fa capire al lettore che si vive in un mondo molto diverso, "rovesciato".

Si vive in un continuo inganno, perché la Storia è stata riscritta proprio da chi detiene il potere, la sicurezza e la vita ordinata sono imposte ai cittadini, al prezzo dell'omologazione di tutti in consociati ai valori di chi è al comando; si prendono decisioni e si impartiscono ordini, tutti però volti a sabotare i fini o i

---

[21] T. Piazza, *Propaganda, linguaggio e conoscenza*, cit., p. X.

[22] R. Bradbury, *Fahrenheit 451*, cit., p. 42.

valori dichiarati, tanto da renderli impraticabili o, paradossalmente, operando un ribaltamento della realtà. Si è determinata la condizione tipica e propria di ogni contesto distopico[23], nel quale i valori inizialmente propugnati si sono trasformati nel loro opposto. Tenere al sicuro la popolazione ha assunto il significato di bruciare non solo libri, ma anche le case dove essi sono tenuti.

La propaganda negativa di *Fahrenheit 451*, invece, considera disvalori l'educazione e la cultura, realizzate attraverso il tempo che meritano la lettura e lo studio. Gli unici valori buoni dell'educazione sono veicolati da contenuti visivi, stabiliti da chi detiene il potere, e sono immediati, rapidi, mostrati attraverso schermi televisivi e tramandati solo con narrazioni veloci, per lo più orali.

«Un tempo, i libri si rivolgevano ad un numero limitato di persone, sparse su estensioni immense. Ed esse potevano permettersi di essere differenti. Nel mondo c'era molto spazio disponibile, allora, ma in seguito il mondo si è fatto sempre più gremito di occhi, di gomiti, di bocche. La popolazione si è raddoppiata, triplicata, quadruplicata. Film, radio, riviste, libri, si sono tutti livellati su un piano minimo, comune, una specie di norma dietetica universale, se mi intendi. Mi intendi? [...]. I classici sono stati ridotti così da poter essere contenuti in quindici minuti di programma radiofonico, poi riassunti ancora, in modo da stare in una colonna a stampa con un tempo di lettura non superiore a due minuti; per ridursi, alla fine, ad un riassuntino di non più di dieci, dodici righe di un dizionario. Ovviamente esagero. Ho detto dizionario tanto per dire. Molti erano quelli la cui unica conoscenza di Amleto (tu conosci sicuramente questo titolo, vero Montag?) la si riduceva al condensato di una pagina in un volume che proclamava: "Ora finalmente potrete leggere tutti i classici; tenete il passo con i vostri vicini". Vedi? Fuori dalla *nursery*, fino all'Università e ritorno ! Ecco il tuo modello intellettuale per gli ultimi cinque secoli o più»[24].

I valori del libero sapere e del pluralismo delle idee sono stati sviliti, denigrati. Sono considerati deplorevoli, deprecabili, poiché generalmente adottati da chi è un potenziale nemico dell'ordine e della sicurezza: gli intellettuali. Un'altra potente spia semantica riguarda proprio l'uso del termine "intellettuale", che è considerato un termine dispregiativo, denigratorio. Gli "intellettuali" sono cattivi cittadini, brutte persone. «La parola 'intellettuale', ovviamente, è diventata la parolaccia che meritava di essere»[25].

Capiamo dunque come mai possedere uno o più libri sia un'azione deprecabile, sbagliata, illecita, che ha oltretutto assunto il significato di atto partico-

---

[23] A. Lucci, M. Tirino, *Filosofia e fantascienza. Spazi, tempi e mondi altri*, in *Philosophy Kitchen. Rivista di filosofia contemporanea*, n. 10, 2019, pp. 177 ss.

[24] R. Bradbury, *Fahrenheit 451*, cit., pp. 64-65.

[25] R. Bradbury, *Fahrenheit 451*, cit., p. 69.

larmente sovversivo, non solo a livello culturale: è una minaccia per la pace quotidiana e per l'ordine sociale.

Quella appena ricordata, vale a dire la struttura narrativa del rovesciamento paradossale degli eventi, è un espediente presente in molte narrazioni distopiche, come ad esempio anche in *1984* di George Orwell[26]. (vedi *infra*, il prossimo capitolo).

4.1. La specificità del linguaggio della propaganda in *Fahrenheit 451*

Gli studi più recenti sulla propaganda[27] (vedi *retro*, cap. 2, Sezione I) hanno identificato due elementi tipici, che ne connotano i discorsi, vale a dire gli "argomenti a tema" (*at-issue contents*) e gli "argomenti non a tema" (*not at-issue contents*)[28].

Ai fini di questo percorso, ricordiamo, rapidamente, che i c.d. *at-issue contents* sono frasi o espressioni linguistiche ritenute plausibili, ragionevoli, che danno cioè conto in modo non controverso di un certo argomento, tema, soggetto, evento, etc.

I c.d. *not at-issue contents*, invece, sono sì frasi, anch'essi espressioni di senso compiuto, che però, almeno in apparenza, risultano marginali. Sono veicolate nei discorsi di propaganda come elementi trascurabili, messi sullo sfondo della comunicazione, proprio per dare evidenza agli "argomenti a tema"[29], a cui sono collegate. Tali espedienti retorico-narrativi produco, però, una sorta di dissimulazione, volta a gettare discredito o, al contrario, ad esaltare il contenuto principale (espresso dagli argomenti a tema, *at-issue contest*, vedi *retro*, cap. 1, Sezione I).

Ritroviamo questi elementi proprio nel testo di Bradbury. Infatti, il linguaggio di propaganda presente in *Fahrenheit 451*, e di quella negativa in particolare, mescola contenuti a tema e contenuti non a tema: così facendo genera una certa confusione o distorsione, che generalmente insinua elementi di biasimo mascherati. Il linguaggio di propaganda, nello specifico, non usa espressioni apertamente denigratorie, o un linguaggio dichiaratamente razzista, offensivo o discriminatorio; utilizza, invece, espressioni apparentemente neutre, che fungono però da parole-chiave, capaci di aprire un universo di significati

---

[26] Si possono qui richiamare i tre famosi slogan proposti da un altro autore di letteratura distopica, G. Orwell: «La guerra è pace». «La libertà è schiavitù». «L'ignoranza è forza». G. Orwell, *1984*, Feltrinelli, Milano, 2021.

[27] S.E. Murray, *Varieties of Update*, in *Semantics and Pragmatics*, 7, n. 2, 2014, pp. 1-53.

[28] T. Piazza, *Propaganda, linguaggio e conoscenza*, cit., pp. XXIX ss.

[29] T. Piazza, *Propaganda, linguaggio e conoscenza*, cit., p. XXVIII.

inconsci, sottesi, non detti, ma abilmente ricollegati a quanto esplicitato. Si genera una sorta di cortocircuito linguistico e comunicativo poiché, formalmente, le espressioni impiegate non sono offensive; sono tuttavia collegate a certi significati (valutativi) o a questioni all'apparenza non importanti (contenuti non a tema), che sono individuati proprio perché non li si vuole sottoporre a vaglio critico, e che insinuano in realtà un messaggio di disprezzo, di biasimo riguardo a quanto oggetto della comunicazione[30].

«La cosa importante che devi ricordare, Montag, è che siamo gli *Happiness Boys*, il *Duo Dixie*, tu ed io e gli altri. Ci opponiamo alla piccola marea di coloro che vogliono rendere tutti infelici con teorie e pensieri contrastanti. Abbiamo le dita nella diga. Tieni duro. Non lasciare che il torrente di malinconia e filosofia triste anneghi il nostro mondo. Dipendiamo da te. Non credo che tu ti renda conto di quanto sei importante, per il nostro mondo felice così com'è ora [...] Beh, Montag, prendi la mia parola per questo, ho dovuto leggerne alcuni, *ai miei tempi*, per sapere di cosa stavo parlando, e i libri non dicono nulla! Niente che tu possa insegnare o credere. Parlano di persone inesistenti, frutto dell'immaginazione, se sono finzione. E se non sono pura finzione, è peggio, un professore che chiama un altro idiota, un filosofo che urla nella gola di un altro. Tutti loro corrono in giro, spegnendo le stelle ed estinguendo il sole. Ne esci perso»[31].

L'espressione "ai miei tempi" – che funge da *not at-issue content*, da contenuto non a tema – pare indicare un tempo remoto, una condizione lontana, ormai superata, che non ha importanza per la discussione del momento presente. In effetti, il capitano Beatty, che incarna tutti i valori della propaganda, quando dice "ai miei tempi" usa la frase come un'altra forte spia semantica: egli ricorda che, molto tempo addietro, si credeva erroneamente che i libri servissero a qualcosa o che potessero portare benessere alla comunità. Usando l'espressione "ai miei tempi", Beatty vuole sottolineare la differenza che c'è tra il presente in cui il fuoco, distruggendo i libri, tiene al sicuro tutti (arginando la marea di coloro che leggono libri e generano insicurezza e infelicità e che minacciano la pace quotidiana), e il passato, in cui tale sicurezza non è stata sempre garantita. Pur in apparenza innocue, le parole che rinviano ad un tempo altro, lontano, hanno l'effetto di enfatizzare i valori promossi e tutelati nel presente. Infatti, Beatty è perentorio nel proporre un preciso contenuto a tema: gli incendiari sono da considerarsi in modo elogiativo, tanto da essere definiti *Happiness Boys*, perché distruggono ciò che produce inganno e confusione. I libri non dicono nulla, nulla insegnano e non consentono agli individui

---

[30] T. Piazza, *Propaganda, linguaggio e conoscenza*, cit., pp. XXX-XXXI.

[31] R. Bradbury, *Fahrenheit 451*, cit., p. 74.

di realizzare niente di buono. Sono, in breve *la* minaccia per la pace!

Oltre al celebre passo appena ricordato[32], possiamo tuttavia riscontrare che, in altre parti di *Fahrenheit 451*, la successione di argomenti a-tema con altri non a-tema è presente nel testo ed è usata, talvolta, in modo innovativo da Bradbury, tanto da farne una particolare tecnica narrativa. L'articolazione del racconto, in certi passaggi, infatti, *suona* direttamente come un esempio di propaganda; indirettamente, però, può essere altresì letta come una critica feroce della società stessa raccontata nel libro.

Nella *Parte Prima*, ad esempio, Montag domanda a Clarisse, la ragazzina che con le sue domande e le sue strane azioni solletica il dubbio e gli apre la mente, come mai lei non sia mai a scuola e la trovi sempre in giro. Clarisse risponde così: «Sono asociale, *dicono*. Non mi mescolo. È così strano. In realtà, sono molto socievole. Dipende tutto da cosa intendi per "sociale", non è vero? [...] Stare con le persone è piacevole. Ma non penso che sia sociale mettere insieme un gruppo di persone e poi non permettere loro di parlare, non credi? Un'ora di lezione televisiva, un'ora di pallacanestro o baseball o corsa, un'altra ora di storia trascritta o di dipinti, e ancora sport, ma sai, non facciamo mai domande, o almeno la maggior parte non le fa; ci tirano addosso le risposte, *bang, bang, bang*, e noi seduti lì per altre quattro ore di lezioni con proiezioni. Questo per me non è affatto sociale. È una grande quantità d'acqua versata a fiotti, e loro ci dicono che è vino, quando non lo è. Ci sfiancano così tanto che alla fine della giornata non possiamo fare altro che andare a letto o dirigerci verso un parco divertimenti per tormentare la gente intorno a noi [...]»[33].

L'argomento a tema "essere asociale", è in effetti una considerazione che, ragionevolmente, sarebbe potuta essere attribuita da esperti medici o pedagoghi alle condotte della ragazzina, sono cioè valutazioni apparentemente plausibili, ipoteticamente formulate da coloro che abbiano conosciuto, avuto come paziente, e dunque sottoposta ad esami, Clarisse. La frase *Sono asociale, dicono. Non mi mescolo, questo è strano*[34] è una forte spia semantica che fa capire subito cosa succede a chi non si adegua, a chi non si allinea. Poi, però, l'autore "gioca" con le componenti linguistiche del discorso di propaganda, perché alla frase detta da Clarisse innesta l'argomento non a-tema: "*dicono*": Bradbury, usando le parole dette da Clarisse, instilla l'idea, sulla base di un argomento non oggetto di discussione o di negoziazione, che "essere asociale" sia una presunzione discutibile, o quantomeno sbrigativa, non professionale, non all'altezza del soggetto che si intende studiare; in breve, tale giudizio non

[32] R. Bradbury, *Fahrenheit 451*, cit., p. 74.

[33] R. Bradbury, *Fahrenheit 451*, cit., pp. 34-35.

[34] R. Bradbury, *Fahrenheit 451*, cit., p. 34.

ha proprio a che fare con la natura di Clarisse, ma serve a giustificare quale sia la modalità, irrazionale, con cui si giunge a certe conclusioni e a certe "classificazioni" di alcuni soggetti, non proprio allineati al modello proposto di "buon cittadino". È proprio la stessa Clarisse, vale a dire lo stesso soggetto colpito da biasimo, che usa questa modalità argomentativa contro chi l'ha impiegata per denigrarla. All'interno della società descritta nel libro, del resto, è promosso un certo significato di educazione sociale e di socializzazione scolastica, che esalta l'immediatezza dei risultati, la visibilità della prestanza fisica e che deplora la pacatezza, il ragionamento e la fatica della riflessione. Clarisse non manca di canzonare e irridere, in diversi passaggi del racconto, l'idea di cultura propria del "regime". Si può quasi ritenere che si tratti di un espediente narrativo di contro-propaganda. In questo modo, infatti, si fa dire ad una ragazzina, qualificata nell'universo del discorso come "anormale", che è assurda, contraddittoria e *ideologica*[35] la concezione di educazione, di formazione, di istruzione stessa che è messa in evidenza nel testo.

Nel discorso di *undermining propaganda*, ad un certo punto, infine, si può notare che l'uso di termini ed espressioni particolarmente distorcenti genera alcune imprevedibili conseguenze nel linguaggio dei soggetti colpiti dallo stigma insito nella propaganda: costoro, infatti, sebbene in modo non del tutto consapevole o con modalità indirette, ricorrono spesso allo stesso linguaggio deprecabile a cui sono associati[36], perché lo ritengono, almeno *prima facie*, una modalità *accettabile* in quanto *abitualmente usata* in un certo contesto, per discutere proprio la condizione di svantaggio e/o di discriminazione che quel linguaggio ha contribuito ad accentuare e che vorrebbero superare. Ad esempio, alla fine del racconto di Clarisse, si produce un effetto distorcente attraverso il cortocircuito linguistico preannunciato, nel senso che è Clarisse stessa che chiosa così, nel salutare il suo interlocutore, al termine di uno dei tanti incontri con Guy: «Suppongo che io sia tutto ciò che dicono che io sia, va bene. Non ho amici. Questo dovrebbe dimostrare che sono anormale»[37].

4.2. Propaganda e credenze ideologiche fallaci in *Fahrenheit 451*

Come abbiamo argomentato (vedi *retro*, cap. 2, Sezione I) e come è stato riscontrato nell'analisi di *Fahrenheit 451* fin qui condotta, i discorsi, reali o

[35] Uso il termine "ideologica", qui, nel significato kelseniano del termine: tutto ciò che maschera qualcosa, facendolo passare per qualcos'altro: H. Kelsen, *Lineamenti di dottrina pura del diritto*, Einaudi, Torino, 2022, pp. 129-130.

[36] T. Piazza, *Propaganda, linguaggio e conoscenza*, cit., p. XXXI.

[37] R. Bradbury, *Fahrenheit 451*, cit., p. 35.

letterari, segnati dall'uso di linguaggi di propaganda, hanno a che fare col disprezzo o con la promozione di certi valori, o di talune condotte, proposte come "modelli positivi o negativi" da seguire e ritenuti (buoni) modelli di riferimento. Abbiamo inoltre riflettuto sulle ragioni che fanno della propaganda un linguaggio efficace e diffuso [38].

Possiamo a questo punto rilevare che, tra i diversi scopi per i quali la propaganda risulta particolarmente funzionale, uno riguarda la sua funzione di linguaggio di guerra, o di linguaggio di conflitto in atto [39]. Essa, infatti, è lo strumento comunicativo migliore per veicolare le credenze ideologiche fallaci (*ideological and fallacious beliefs*) [40] (vedi anche *retro*, cap. 2, Sezione I). Ricordiamo che, con questa espressione, si denotano argomenti irrazionali, il più delle volte stereotipati, palesemente falsi o frutto non di conoscenze verificate, bensì di meri pregiudizi, che sono però radicati in un soggetto o in un gruppo di individui, sulla base di elementi psicologici, emotivi, e che vengono mascherati da fondate ragioni culturali, politiche, sociali. Le credenze ideologiche fallaci denotano una certa confusione, un errore (logico, empirico, argomentativo) o una distorsione della realtà dei fatti o degli elementi richiamati; tuttavia, in modo irrazionale, esse persistono, come abbiamo detto, *nonostante* l'evidenza.

Un esempio letterario di credenza ideologica fallace, in riferimento a *Fahrenheit 451* lo si ritrova nella *Parte Prima*, quando il protagonista, Montag, si dice pubblicamente felice, ed innamorato della moglie, anche se ha contezza e percezione di essere tutto il contrario, vale a dire infelice e non più innamorato. Quando torna a casa, infatti, dopo un turno di lavoro, e si reca in camera da letto, leggiamo che: «Era come entrare in una fredda sala marmorea di un mausoleo dopo che la luna è tramontata. Tenebre assolute, non il minimo indizio del mondo argenteo, fuori, le finestre ermeticamente chiuse, la camera trasformata in un mondo sepolcrale dove nessun suono della grande città poteva giungere. [...] Tenebre. No, non era felice. Non era felice. Si ripeté le parole nella mente. Riconobbe che questa era veramente la situazione. Egli portava la sua felicità come una maschera» [41].

Ciononostante, il protagonista si aggrappa alla propria credenza ideologica fallace. Egli ha una relazione stantìa, spenta, con sua moglie, ma risponde alla

---

[38] H.D. Lasswell, *La propaganda*, cit., pp. 142 ss.; G. Fatelli, *Il dovere della persuasione*, cit., pp. 37-42.

[39] H.D. Lasswell, *La propaganda*, cit., pp. 142 ss.; G. Fatelli, *Il dovere della persuasione*, cit., pp. 37-42.

[40] J. Stanley, *La Propaganda. Cos'è e come funziona*, cit., pp. 203 ss.

[41] R. Bradbury, *Fahrenheit 451*, cit., p. 13 ss.

ragazzina che gli chiede se sia innamorato: «Io sono davvero innamorato, certamente! Lo sono!»[42].

Il suo ruolo gli impone, infatti, conformemente ai valori propugnati dalla propaganda, di essere sempre di buon umore, soddisfatto, sereno e di avere una relazione (all'apparenza) gratificante. Nonostante sia dimostrato il contrario, egli insiste nella propria convinzione.

Un secondo esempio è dato dall'episodio in cui Montag non si presenta ad un turno di lavoro, perché dice di essere malato. A dire il vero, è tormentato dai dubbi sulla moralità e sulla legittimità della propria professione, disagio acuito dalla curiosità di leggere i libri che, in segreto, ha nascosto. Egli, davanti al Capitano Beatty che gli fa visita a casa, e poi discutendo anche con Mildred, sua moglie, si dice "quasi sicuro" di tornare al lavoro nel turno successivo. Nonostante l'evidenza della propria avversione per l'attività di bruciare i libri, e nonostante li legga avidamente, mentre è convalescente, non matura, non porta a consapevolezza il rifiuto che ha per il corpo in cui opera e per la missione affidata ai pompieri, che nel suo vissuto profondo, inconscio, continuano ad essere chiamati con la potente spia semantica di *Happiness Boys*. Montag sa di essere un *unhappy boy*. È la sua attuale condizione. Egli è triste, è tormentato. Eppure, continua a sentirsi parte, almeno in questa fase, degli *Happiness Boys*.

Un ulteriore esempio di messaggio di propaganda che radica credenze ideologiche fallaci, attraverso l'uso di particolari spie semantiche, può essere rinvenuto nel dialogo che la moglie di Montag, Mildred, ha con alcune sue "amiche", in un dopocena, in salotto. L'argomento in questione è che "la guerra sia veloce, rapida, immediata" ma, soprattutto, è la credenza radicata, la profonda convinzione che "in guerra nessuno muore". Dopo aver introdotto la questione con una narrazione costruita secondo lo schema elemento "a-tema", seguito da un elemento "non a-tema" di questo tenore: «È sempre il marito di qualcun'altra a morire, *dicono*»[43], la discussione è tutta incentrata sui contenuti della propaganda propri di una credenza fallace. «Non ho mai conosciuto nessun uomo morto ucciso in guerra. Uccisi lanciandosi dai palazzi, sì, come il marito di Gloria la settimana scorsa, ma morti in guerra? No!»[44].

La guerra è spia semantica di qualcosa di lontano, di positivo, rapido, veloce. La guerra è un concetto opaco, ma ciononostante, Mildred è sicura che la guerra non porti la morte. Certo, gli uomini muoiono, muoiono i mariti di altre donne, ma perché si gettano da un palazzo, non perché combattono al fronte (vedi *retro*, ultimo paragrafo del cap. 2, Sezione I).

---

[42] R. Bradbury, *Fahrenheit 451*, cit., p. 26.

[43] R. Bradbury, *Fahrenheit 451*, cit., p. 112.

[44] *Ibidem*.

Si realizza una perfetta credenza ideologica fallace, una mistificazione della realtà e, in generale, lo scostamento tra gli accadimenti che avvengono nel vissuto reale, la loro rappresentazione/narrazione distorta e l'impianto valoriale ideale promosso nella società immaginaria di Bradbury. Questi elementi rendono il vissuto individuale e il conteso sociale ambiti fertili in cui insinuare, far attecchire e coltivare forme di *undermining propaganda* e di credenze ideologiche fallaci.

5. Perché (non) ci accorgiamo della linea sottile che separa la nostra realtà dalla realtà della narrazione distopica

Sia nella finzione letteraria, sia nella realtà, il linguaggio manipolativo e ingannatore è usato da, o riguarda, istituzioni e individui che hanno il potere di istituire procedure e introdurre norme, al fine di incidere, condizionare, trasformare il vissuto dei cittadini.

Quando ci si sente scivolare dalla realtà del presente all'interno di una rappresentazione distopica, si ha la sensazione di oltrepassare un confine sottile. La confusione che si avverte, talvolta, è dovuta al fatto che, non sempre in modo consapevole, scatta un meccanismo di difesa proiettivo, che fa valutare come preferibile, leggendo una narrazione distopica, confinare manipolazioni e sofisticati inganni entro un contesto narrativo, di *fictio*, per non ammettere che anche nella nostra vita quotidiana vi sono – e ne diventiamo destinatari, se non talora anche utilizzatori – linguaggi con evidente funzione di menzognera alterazione dei fatti.

Sia che la narrazione propagandistica riguardi il presente[45], sia che sia riferita ad un contesto narrativo, c'è un *fil rouge* che accomuna i due ambiti: la finalità tipica della propaganda, volta a deformare la percezione della realtà, distraendo sia singoli soggetti, sia grandi masse di individui da problemi o questioni (politiche, giuridiche, sociali) che li riguardano, e che sono sottratte alla pubblica discussione.

Nel caso di *Fahrenheit 451* ciò che viene dissimulato, distorto, di fronte invece al presunto incremento dei problemi di sicurezza "interna", come la salvaguardia della popolazione dai libri, ad esempio, è la guerra che sta scoppiando. Non è precisato contro chi sia prossima l'entrata in guerra, contro una o più nazioni, e per quali ragioni. Le decisioni politico-giuridiche, che trasfor-

[45] Per quanto riguarda discorsi di propaganda durante il periodo pandemico e nel perdurare del conflitto tra Russia e Ucraina, L. Forni, *Ragionando su* pandemia *e* guerra: significati, discorsi, prospettive, cit., pp. 119-123.

mano radicalmente il vissuto di ogni popolazione in guerra, non sono evidenziate, e resta solo sullo sfondo, nella società marcata dalla propaganda come linguaggio prevalente, la questione di un imminente scontro bellico. Di tanto in tanto, nella narrazione compaiono, tra vari dialoghi dei protagonisti, frasi come le seguenti: «Da qualche parte un ronzio alla radio diceva: "La guerra potrebbe essere dichiarata in qualsiasi momento"» [46].

Oppure: «I bombardieri attraversarono il cielo e sorvolarono la casa, ansimando, sussurrando, fischiando come un immenso ventaglio invisibile, circolando nel vuoto. "Dio mio", disse Montag., "[...] Come diavolo fanno quei bombardieri ad arrivare lassù ogni singolo secondo delle nostre vite! Perché nessuno vuole parlarne? Abbiamo iniziato e vinto due guerre atomiche dal 1960!"» [47].

Ad un certo punto, e inaspettatamente, nella costruzione della narrazione, si dà conto del fatto che, alla radio, viene dato l'annuncio: «La guerra è stata dichiarata» [48] come se fosse un'inezia. La pace è stata ormai compromessa, ma tutto accade ed è percepito come se fosse un'ovvietà o un fatto inevitabile.

Un altro elemento che, costantemente, viene depotenziato e trasformato in un aspetto banale e poco rilevante è la discussione su contenuti specifici di rilevanza politica.

A dirla tutta, non vi sono più temi politici di cui i cittadini comuni possano discutere e/o debbano occuparsi. Il linguaggio della propaganda porta in evidenza solo elementi superficiali e banali, come ad esempio la statura, la corporatura, la capigliatura e i nomi dei candidati alle elezioni politiche. Le amiche di Millie, infatti, quando discutono tra loro di politica, ammettono di aver votato questo o quel candidato Presidente perché è un bell'uomo, e ha un bel nome; perché è alto, veste elegante e parla in modo appropriato. «Cosa è saltato in mente ai Fuoricampo [Outs, in originale *NdA*] di proporre un simile candidato? Non si sostiene un mezzo nano contro un uomo alto come il presidente. Inoltre... non parlava, biascicava... Per quasi tutto il tempo non riuscivo a sentire una parola di quello che diceva. E le parole che sentivo non le capivo! È pure grasso e non fa nulla per nasconderlo. Non c'è da meravigliarsi che la vittoria sia stata per Winston Noble. Anche i nomi fanno la differenza. Confronta Winston Noble con Hubert Hoag [Pork, nella traduzione italiana, *NdA*] per dieci secondi e quasi riesci a immaginare i risultati» [49].

Infine, il linguaggio della propaganda porta a ritenere che siano la cultura e

---

[46] R. Bradbury, *Fahrenheit 451*, cit., p. 38.

[47] R. Bradbury, *Fahrenheit 451*, cit., p. 86.

[48] R. Bradbury, *Fahrenheit 451*, cit., p. 147.

[49] R. Bradbury, *Fahrenheit 451*, cit., p. 115.

il pensiero critico dissenziente, rispetto a quello espresso da chi detiene il potere, il problema sociale a cui porre rimedio: grazie, tuttavia, ad una potente spirale crescente di notizie che riguardano roghi di libri e di case di dissidenti, si allontana presto il desiderio di interrogarsi su altre questioni e di porsi domande su temi diversi.

Una tale situazione ha generato così tanta paura e terrore, da lasciare impreparati coloro che intendevano opporsi, perché di fronte alla violenza – non solo linguistica – della propaganda in atto, gli atti di resistenza diventano azioni che non tutti sono o si sentono in grado di compiere, perché non tutti sono o si sentono capaci di gesti eroici. Il prof. Faber, ad esempio, quando incontra per la seconda volta Montag, che lo raggiunge nella sua abitazione con una delle rare copie rimaste dell'Antico e del Nuovo Testamento, ammette: «Signor Montag, voi state guardando un codardo. Ho visto come stavano andando le cose molto tempo fa. Non ho detto niente. Sono uno degli *innocenti* che avrebbe potuto parlare chiaro e tondo quando nessuno era disposto a dar retta ai "colpevoli", ma non ho parlato e così sono diventato colpevole anch'io. E quando alla fine si è giunti legalmente a organizzare il rogo dei libri, usando i pompieri, ho borbottato un paio di volte e mi sono arreso, perché non c'erano altri che borbottassero o urlassero con me, a quel punto. Ora è troppo tardi» [50].

5.1. Il potere del linguaggio: un ponte verso la pace

In *Fahrenheit 451* il linguaggio del diritto (testi di legge, decreti, sentenze, norme, ordinanze, etc.) è completamente assente dalla vita del cittadino medio, ma anche dalla vita di coloro che sono in prima linea, per rendere effettive le scelte giuridiche-politiche. Il linguaggio del diritto è oscurato e indisponibile ai cittadini, tanto che nessuno rivendica di avere o di poter godere di certi *diritti soggettivi*. Il linguaggio normativo in generale, e quello giuridico in particolare, è un linguaggio conosciuto, scritto e parlato solo in ristrettissime cerchie di coloro che detengono il potere. Le conseguenze pratiche delle scelte giuridiche sono note e comprensibili, il più delle volte, solo attraverso altri linguaggi, come quello non verbale, corporale e gestuale, come ad esempio quando intervengono gli *Happiness Boys*, che bruciano libri e incendiano, fieri e anche un po' arroganti, le case di chi detiene testi da leggere.

L'intera vicenda di *Fahrenheit 451* è una narrazione continua di propaganda che, oltre alla finalità diretta di veicolare valori e disvalori funzionali a chi ha il potere, con contenuti ingannatori e manipolativi, ha altresì una funzione

---

[50] R. Bradbury, *Fahrenheit 451*, cit., p. 96.

indiretta: è cioè volto anche a dare rilevanza al superfluo, a ciò che è effimero, commerciale, o comunque in grado di stordire gli individui e spegnere le loro capacità critico-riflessive e di "spegnere" ogni riflessione sulla pace, ed in particolare sulla sua assenza.

I linguaggi proiettati tutto il giorno sulle pareti dei soggiorni delle abitazioni propongono contenuti solo di intrattenimento, orientati a distogliere l'attenzione dalle questioni rilevanti della società e a far concentrare i cittadini su trame sentimentali di sceneggiati o su performances canore o teatrali che vengono proposte senza sosta. Nonostante questa condizione di continuo bombardamento dei *media* produca disagi psichici e fisici negli individui, non sono criticamente prese in esame le conseguenze dannose dell'esposizione a questo tipo di linguaggi, poiché ciò che conta, ciò che deve essere costantemente al centro di ogni comunicazione, sono la giovinezza, la salute, la forza fisica e la rapidità nel risolvere i problemi. La società che brucia i libri vive pericolosamente, in un vorticoso presente, e compensa questo straniamento con sostanze stupefacenti e sonniferi.

Quando si esagera con l'assunzione di tali sostanze psicotrope, sono previsti interventi di squadre di medici e paramedici che "disintossicano" in loco coloro che hanno sbagliato le dosi per il dolce sonno.

Ci si droga per dormire, si diventa dipendenti dall'adrenalina andando a folle velocità con le automobili per diletto, per distrarsi dalla pesantezza della vita quotidiana. Ogni gratificazione è ricercata solo nella prestanza fisica, nell'esaltazione della velocità, nella radicalità delle sensazioni corporee. Il piacere che scaturisce dal maneggiare, odorare, contemplare un libro non è più permesso.

Questa forma di gratificazione, fisica e intellettuale, che si ottiene interagendo con elementi che fanno pensare, che possono essere oggetto di attenta valutazione, e che restano nel tempo, è una forma non solo trasgressiva, ma una vera e propria condotta illecita.

I linguaggi, con le diverse funzioni, descrittiva, prescrittiva, espressiva, un tempo veicolati prevalentemente da libri cartacei, sono ridotti alla sola propaganda, che propugna per lo più *slogan*, attraverso canali televisivi o radiofonici. Ciò che viene comunicato è un contenuto orale breve, superficiale, banalizzato, se non distorto e destrutturato.

Il linguaggio delle istituzioni, vale a dire di chi detiene il potere, quando è rivolto alla cittadinanza, è un linguaggio che impiega, in via pressocché esclusiva, la propaganda. Usa, altresì, come simbolo efficace di questo linguaggio, il fuoco. Il fuoco che brucia ciò che è illecito, che distrugge le fonti della discordia, della confusione e dell'insicurezza, almeno fino a che, con un cambio paradigmatico, un numero crescente di soggetti comprende che strumenti e simboli, per quanto potenti, possono avere diverse funzioni, se impiegati, in modi differenti, in nuovi linguaggi.

Quando Montag si unisce al gruppo della "resistenza", comprende, ad esempio, che il segno "fuoco" non denota più solo l'elemento connotativo degli *Happiness Boys*: non serve solo a bruciare i libri, serve a scaldare le persone ed è simbolo di una rinascita, personale, culturale e collettiva. I "dissidenti" si ritrovano intorno al fuoco, e così (ri)scoprono il piacere del racconto, senza paura di essere stigmatizzati come devianti o nemici pubblici; (ri)vivono la condivisione di tradizioni culturali che non sono ancora andate perdute; sono consapevoli che la solidarietà e il rispetto delle differenze, più che l'omologazione e l'individualismo, potranno aiutare a rinascere; intorno al fuoco consumano pasti e li condividono e si organizzano per dare vita a segni e suoni portatori di nuovi significati.

Sebbene sia una resistenza difficoltosa e clandestina, coloro che vi aderiscono comprendono l'importanza della memoria, della narrazione, dei racconti e del linguaggio. Esso diventa uno strumento dirompente. Imparare a memoria i libri è, pertanto, un'azione fortemente anti-propagandistica e rivoluzionaria: si fa ricorso proprio alla memoria, tipico elemento della tradizione orale, ritenuto lo strumento da privilegiare, il più importante, dalla cultura dominante entro la società descritta nel testo, e lo si usa come arma contro quella società, per scardinarne i valori, e le sue regole assurde.

Da oggetti deprecati, considerati veicoli di disvalori e cause di guai infiniti, i libri si trasformano, non tanto perché bruciati, bensì perché i loro contenuti riescono a trovare nuovi supporti. Nonostante Mildred abbia ripetutamente sottolineato che «I libri non sono persone» [51], essi possono tuttavia cambiare natura e diventarlo.

I libri e le persone si integrano, non solo per mantenere un patrimonio di sapere e per non dimenticare, non far dissolvere la conoscenza, ma anche per *supportare* idee e valori, ed in particolare i valori della libertà, della solidarietà, della conoscenza. Come ricorda il vecchio professor Faber, «I libri erano soltanto una specie di mezzo, di veicolo, di ricettacolo in cui riponevamo tutte le cose che temevamo di poter dimenticare. Non c'è nulla di magico nei libri, la magia sta solo in ciò che essi dicono, nel modo in cui hanno cucito le pezze dell'Universo per mettere insieme così un mantello di cui rivestirci» [52].

I linguaggi dei libri diventano i linguaggi di coloro che si impegnano in una lotta difficile, nella resistenza al regime in atto, per superare la guerra e ricostruire la pace.

---

[51] R. Bradbury, *Fahrenheit 451*, cit., p. 85.

[52] R. Bradbury, *Fahrenheit 451*, cit., pp. 97-98.

Ogni individuo che abbia imparato a memoria il contenuto di un libro *diventa quel libro*. Chi memorizza un certo contenuto, espresso in certo linguaggio, diventa *quel linguaggio*. Così facendo, esercita un potere che va ben oltre i contenuti veicolati da un linguaggio particolare. Si dà vita ad una nuova forma di performatività, si incarna la performatività stessa, si diviene, nel momento in cui le si pronuncia, la rappresentazione fisica delle parole che si sono salvate. Affinché un immaginario culturale, valoriale, un insieme di contenuti meritevoli di essere custoditi e tramandati sia messo al sicuro non è più indispensabile il supporto della carta stampata. È sufficiente il supporto della memoria umana, come conseguenza di un atto di coraggiosa disobbedienza e di ritrovata libertà.

Il linguaggio del potere ha sottovalutato il potere del linguaggio.

6. Guerra, pace e linguaggio. Alcune considerazioni conclusive

Anche se la guerra, per molta parte della narrazione, pare lontana e scoppia quasi senza clamore, non si può dire che quella descritta nel romanzo sia una società in pace. Le istituzioni, così come risultano sullo sfondo della rappresentazione di *Fahrenheit 451*, sono andate riducendosi fino ad essere schiacciate su un unico Organo/Potere, l'Esecutivo, che promulga leggi e pone regole, dà ordini e prescrive di applicare sentenze sommarie e sanzioni (sproporzionate), senza procedure trasparenti e definite, senza criteri di proporzionalità, senza misure di revisione o controllo, ma sempre affinché ogni azione/esecuzione sia svolta a favore di telecamera. C'è una sorta di sovrapposizione tra ciò che è deciso e la sua rappresentazione o sceneggiatura televisiva. Si fa fatica a distinguere ciò che è un atto, una decisione giuridico-politica dalla sua raffigurazione nei *media*. Un adempimento giuridico, una decisione di diritto risulta spesso indistinguibile da un programma di *fiction*. Il Potere è divenuto una sorta di nuovo Leviatano mediatico, un Sovrano assoluto in chiave distopica, irrazionale, fortemente distruttivo e autodistruttivo. Si pensi, ad esempio, al fatto che, senza alcun preavviso o comunicazione data alla cittadinanza, e come segno della totale opacità nella gestione di delicate questioni politico-militari, ad un certo punto, improvvisamente, vengono sganciate bombe nucleari sulla città. Le detonazioni spengono tutto: i media, il loro linguaggio di propaganda, i Segugi, gli *Happiness Boys*. Il linguaggio del Potere, che propugnava, esaltando la forza fisica e militare, implode su se stesso e si trasforma in devastazione e silenzio.

I linguaggi della poesia e della letteratura, ma anche della scienza, della filosofia e della religione hanno resistito, tramandati nella memoria di coloro che li hanno assimilati, e hanno rappresentato un insieme di saperi e conoscenze per costruire un nuovo modello etico-politico di pacifica convivenza.

I linguaggi messi al sicuro dalla memoria individuale e collettiva diventano la base sulla quale costruire nuovi linguaggi (anche normativi) e nuove prescrizioni.

Pur dovendo fronteggiare le conseguenze di una guerra atomica, e nonostante vi siano gravi conseguenze dopo decenni della più pervasiva propaganda, resta tuttavia incomprimibile, non manipolabile e sottratto ad ogni forma di potere un nucleo di libertà (di pensiero, di parola, di azione, di scelta, etc.) fatte proprie da un piccolo gruppo di consociati, che le qualificano – e le preservano – come i valori più alti, da tutelare ad ogni costo. Sulla base di questi valori, ritenuti irrinunciabili, un gruppo di individui sta ponendo le basi[53] per nuove forme sociali organizzate[54].

Con le loro scelte, con le loro parole e il loro *nuovo* linguaggio, gli appartenenti ad una minoranza stigmatizzata hanno fatto sì che si possa scegliere di fondare e di dare durevole obbedienza a rinnovate e pacifiche istituzioni. Uno sparuto gruppo di individui ha compiuto una vera e propria rivoluzione non violenta, ponendo le fondamenta per nuovi e migliori paradigmi di organizzazione politica, giuridica e sociale.

A differenza di quanto immaginato da Orwell in *1984*, (vedi *infra*, cap. 2 di questa Sezione) ad esempio, Bradbury non propone il collasso della società e la completa rovina degli individui; egli, invece, consegna al lettore la speranza di una rinascita. Come il fuoco brucia e purifica, così la caduta della società dei *firemen*, attraverso coloro che si sono ribellati alla propaganda, e al linguaggio violento da essa veicolato, rinnova i valori e le libertà, per dare forma ad una nuova, pacifica, migliore società.

Quanto qui richiamato è l'analisi di una *fictio*, certamente, ma può anche essere considerato un primo, elementare modello *normativo* di resilienza, per immaginare e iniziare a (ri)costruire istituzioni e organizzazioni politico-sociali migliori, laddove si voglia lavorare a favore della pace: e questo è un auspicio che dovrebbe valere non solo in un mondo distopico, ma anche nel nostro mondo.

---

[53] Sul punto, si rinvia, sinteticamente a H. Kelsen, *Lineamenti di dottrina pura del diritto*, 2012, cit. e a N. Bobbio, *Studi per una teoria generale del diritto*, a cura di T. Greco, Giappichelli, Torino, 2012, in particolare pp. 106-147.

[54] Si profila, in questo caso, uno spunto di riflessione riguardo alla fondazione di nuovi assetti giuridico-politici, sulla base del concetto kelseniano di *Grundnorm*, e si prospetta un'analisi riguardo al rapporto tra diritto e poteri. Si profila, altresì, la rilevanza della dimensione sovraindividuale quale condizione necessaria per fondare l'esperienza giuridica, teoria cara, ad esempio, a Santi Romano. S. Romano, *L'ordinamento giuridico*, Annali delle Università Toscane, vol. 1, 1917, più di recente riproposto in M. Croce (a cura di), *S. Romano. L'ordinamento giuridico*, Quodlibet, Macerata, 2018.

Capitolo 2

1984. Il *contrario della pace* immaginato da George Orwell

1. Il linguaggio perfetto per demolire la pace

"Distopia", come abbiamo già avuto modo di chiarire, è il termine che denota una precisa forma letteraria. Si tratta di una narrazione che racconta, con descrizioni dettagliate, una società frutto di immaginazione, proiettata in un imprecisato futuro, che è espressione di una realtà politica, giuridica e sociale che non esiste (o non esiste ancora) e che è ritenuta peggiore della società in cui si vive. È l'opposto di una realtà immaginaria e ideale, che si vorrebbe veder realizzata [1].

Dopo aver proposto un percorso d'analisi [2] di *Fahrenheit 451*, ci occuperemo del rapporto tra linguaggio, guerra e distopia [3] in una delle opere di George Orwell più note, *1984* [4], perché esso può essere considerato uno strumento utile per mettere in luce la stretta rilevanza [5] che c'è tra linguaggio di guerra e linguaggio di propaganda. Essa, infatti, si rivela non solo particolarmente effi-

---

[1] Per un approfondimento sul tema, ad esempio, V. Fortunati, R. Trousson (a cura di), *Dictionary of the Literary Utopias*, Honoré Champion, Paris, 2000; G. Claeys (a cura di), *The Cambridge Companion to Utopian Literature*, Cambridge University Press, Cambridge, 2010. Infine, si rinvia a X. Mao, *Il linguaggio nella distopia, i linguaggi della distopia*, in *Azimuth: Philosophical Coordinates in Modern and Contemporary Age*, n. 1, 2014, pp. 139-153.

[2] A. Lucci, M. Tirino, *Filosofia e fantascienza. Spazi, tempi e mondi altri*, in *Philosophy Kitchen. Rivista di filosofia contemporanea*, cit., p. 177.

[3] S. Moras, *La distopía como camino hacia una nueva interacción*, in *Estudios de Teoría Literaria. Revista digital: artes, letras y humanidades*, n. 19, 2020, pp. 56-63.

[4] In questo capitolo si prende come riferimento G. Orwell, *1984*, trad. it. a cura di A. Büchi, Crescere Edizioni, Vedano Olona, Varese, 2021.

[5] M. Satta, *George Orwell's Philosophical Views*, in *1000 Philosophy. An Introductory Anthology*, 2021, consultabile al seguente indirizzo https://1000wordphilosophy.com/2021/12/17/george-orwell/.

cace, sul piano della narrazione, a dare conto di una particolare condizione immaginaria ma, a partire da questa, ci consente di capire quanto tale linguaggio sia funzionale a legittimare, anche fuori dall'abito letterario, la condizione di guerra, il *contrario della pace*.

La narrazione è ambientata, per l'appunto, nel 1984 [6], a Londra. Il futuro immaginato è segnato da fatiche quotidiane, da un sistema oppressivo e da continue paure e frustrazioni. Londra è collocata nell'Oceania, che comprende i territori delle Americhe, le isole dell'Atlantico fino alle isole britanniche, l'Australia e la parte meridionale dell'Africa. Questa nuova rimodulazione geopolitica dei territori del mondo si caratterizza per una perenne contrapposizione violenta, per una guerra continua, con le altre due aree nelle quali è stata divisa la terra: Estasia ed Eurasia. La sicurezza e l'ordine sono garantiti attraverso un governo totalitario: nel romanzo la società è dominata dal c.d. Grande Fratello, un ente/istituzione tanto opaco e sfuggente quanto pervasivo. Nessuno ha però mai incontrato di persona il Grande Fratello, la cui missione politico-sociale è monitorare costantemente la vita dei cittadini, in ogni frangente possibile. Per questo scopo si impiegano speciali dispositivi, vale a dire particolari teleschermi posizionati in ogni abitazione privata, che osservano e registrano la vita degli individui. Sebbene possano essere attenuate, tali forme invasive di controllo non possono mai essere disattivate completamente. A tale riguardo, e come promemoria, le città sono tappezzate di poster intimidatori, che raffigurano il volto di un uomo che afferma che: "Il Grade Fratello ti guarda!", ovunque e sempre [7].

Un'ulteriore modalità di potente controllo è la creazione e l'introduzione del *bipensiero* e della *neolingua.* Come riportato nella stessa Appendice del romanzo, «la Neolingua era la lingua ufficiale in Oceania ed era stata inventata per venire incontro alle necessità ideologiche del Socing, o Socialismo Inglese. Nell'anno 1984 non c'era ancora nessuno che usasse la Neolingua come unico mezzo di comunicazione, sia a voce che per iscritto» [8] e, ciononostante, era molto diffusa, perché obiettivo del Grande Fratello, per mantenere l'ordine interno, era la sostituzione delle lingue native, definite *archeolingue* [9], con quella nuova, utile al Regine. «Fine della Neolingua non era soltanto quello di fornire un mezzo di espressione per la concezione del mondo e per le abitudini

[6] Orwell scrive il romanzo decenni prima, nel 1936, immaginando appunto un futuro distopico, idealmente collocato nel 1984.

[7] T. Shiang, *George Orwell's 1984 and Peter Weir's The Truman Show under the perspective of Michel Foucault*, in *Journal of Artistic Creation and Literary Research*, 2018, 6.2, pp. 48-64.

[8] G. Orwell, *1984*, cit., p. 303.

[9] *Ibidem*.

mentali proprie ai seguaci del Socing, ma soprattutto quello di rendere impossibile ogni altra forma di pensiero. Era sottinteso come, una volta che la Neolingua fosse stata definitivamente adottata, e l'Archeolingua, per contro, dimenticata, un pensiero eretico (e cioè un pensiero in contrasto con i principi del Socing) sarebbe stato letteralmente impensabile, per quanto almeno il pensiero dipende dalle parole con cui è suscettibile di essere espresso. Il suo lessico era costituito in modo tale da fornire l'espressione esatta e spesso assai sottile per ogni significato che un membro del Partito desiderasse esprimere, escludendo, al contempo, qualsiasi altro significato [10], compresa la possibilità di arrivarvi con metodi indiretti» [11].

Il bipensiero [12], pertanto, è il risultato dell'uso della neolingua, che si realizza attraverso il controllo della realtà mediante l'impiego di certe parole ed espressioni, che vanno a sostituire altre parole e altre espressioni, che diventano vietate e qualificate come illecite.

In un dialogo iniziale dell'opera, Syme, un funzionario del ministero della Verità, chiarisce: «Non capisci che l'intero scopo della neolingua è restringere il raggio del pensiero? Alla fine, renderemo il crimine mentale letteralmente impossibile, perché non ci saranno parole per esprimerlo. Ogni concetto che possa mai essere necessario sarà espresso esattamente da una parola, con il suo significato rigidamente definito e tutti i suoi significati sussidiari cancellati e dimenticati... la Rivoluzione sarà completa *quando il linguaggio sarà perfetto*» [13].

La neolingua è funzionale all'affermazione del linguaggio imposto da chi è al potere, attraverso una lingua artificiale, dissimulata, tuttavia, come se fosse un elemento *naturale* della realtà. Possiamo evidenziare che è proposta l'idea che la lingua perfetta, la lingua di chi stabilisce la verità ufficiale, ed è al potere [14], sia quella in cui, ad un certo punto, vi sia la fissità dei segni e dei significati. Vi è un forte richiamo ad una sorta di naturalismo linguistico [15],

---

[10] Si escludono i problemi del linguaggio, come ambiguità e vaghezza, e si esclude che si possa giungere ad altri significati usati o utilizzabili, se non prima approvati dal partito!

[11] G. Orwell, *1984*, cit., pp. 303-304.

[12] G. Orwell, *1984*, cit., p. 38.

[13] G. Orwell, *1984*, cit., pp. 55-56.

[14] Orwell ha scritto spesso a proposito dell'interconnessione tra politica, potere linguaggio e pensiero. Sul punto: G. Orwell, *Politics and the English Language*, in *Horizon*, Londra, aprile 1946; ID., *Politics and the English Language*, in *Horizon*, 1946, consultabile al seguente indirizzo https://www.orwellfoundation.com/the-orwell-foundation/orwell/essays-and-other-works/politics-and-the-english-language/.

[15] B.L. Whorf, *Language, Thought and Reality*, a cura di J.B. Carroll, MIT Press, Cambridge, 1956; R. Fowler, R. Hodge, G. Kress, T. Trew, *Language and Control*, Routledge & Kegan Paul, Londra, 1979; N. Fairclough, *Language and Powe*, Longman, Londra, 1989.

secondo il quale, cogliendo "la vera essenza delle parole", se ne fissa, una volta per tutte, l'unico e appropriato significato (sotto il profilo morale, politico e giuridico, oltre che strettamente linguistico) [16] (vedi *retro*, cap. 1, Sezione I).

Si deve tuttavia rielevare anche un *paradosso* linguistico. Se l'essenzialismo [17] è considerato una sorta di lingua naturale in cui le parole hanno un legame rispecchiativo con la loro vera essenza, coglibile in un piano di realtà sovrasensibile, la neolingua può essere allora considerata la massima espressione di un linguaggio, costruito a tavolino, del tutto convenzionale, che però, pur di apparire un elemento naturale, da sempre e per sempre parlato in un certo modo e uguale a se stesso, è spacciato per una *nuova espressione* di filosofia del linguaggio essenzialista e rispecchiativa (vedi *retro*, cap. 1 Sezione I), come se fosse, appunto, una lingua naturale.

Attraverso la neolingua, si veicolano principalmente contenuti propagandistici, e con essi, si instilla continuamente l'idea di vivere in una società perfetta e pacificata, dissimulando invece la realtà violenta e infelice in cui si è inseriti. La neolingua è lo strumento dell'oppressione, politica, intellettuale e linguistica, perfetta per far sembrare che, al posto delle macerie della società e invece dei continui messaggi di guerra, il Grande Fratello abbia realizzato una dimensione costruttiva e armoniosa, priva di conflitti.

Orwell racconta la storia di Winston Smith, un uomo di trentanove anni, introverso, che ha avuto un'infanzia difficile e che lavora al Ministero della Verità. Il suo compito è modificare le registrazioni dei fatti che gli vengono inviate, riscrivendo letteralmente la storia, assicurandosi che le narrazioni di ciò che è già accaduto, e di cui viene dato conto negli articoli di giornale esaminati, siano in linea con la versione attuale voluta dal Partito. Winston sa che qualsiasi avvenimento può essere modificato e che, di fatto, ogni informazione può essere riscritta e manipolata. Tuttavia, egli crede che ciò che accade per ogni azione raccontata, non accadrà mai a lui e alla sua esperienza: egli è convinto che la sua mente non potrà essere manipolata e che i suoi ricordi, pertanto, possano sopravvivere anche in presenza del forte condizionamento a cui è costantemente esposto (e a cui coopera, col suo lavoro). Proprio sulla base di questa sua fallace convinzione, Winston, ad un certo punto della sua grigia e routinaria esistenza, decide di compiere un atto rivoluzionario: acquistare un

[16] Per una lettura fortemente critica dell'essenzialismo e delle teorie, vecchie e nuove, che propongono la fissità dei concetti, si rinvia a P. Borsellino, *Storicità del diritto e filosofia di orientamento analitico-linguistico. Quale rapporto?*, in A. Ballarini (a cura di), *La storicità del diritto. Esistenza materiale, filosofia, ermeneutica*, Giappichelli, Torino, pp. 107-128, in particolare pp. 122 ss.

[17] R. Brown, *Words and Things*, Free Press, New York, 1958.

diario per scrivere i propri pensieri. «Si trattava di un quaderno di rara bellezza, con la carta liscia e vellutata, un poco ingiallita dal tempo, di una qualità che almeno da quarant'anni non si produceva. [...]. Winston l'aveva messo nella cartella e con un senso di colpa se l'era portato a casa. [...] Quello che stava per fare era iniziare un diario. Non era una cosa di per sé illegale, (nulla era illegale, dal momento che non c'era più alcuna legge), ma era ragionevole supporre che, se l'avessero scoperto, l'avrebbero punito con la morte, oppure, nella migliore delle ipotesi, con venticinque anni di lavori forzati» [18]. A questo primo gesto ne seguiranno altri, quasi a voler affermare, attraverso piccole nuove forme di ribellione quotidiana, spazi di libertà ritenuti incomprimibili. Si tratterà, però, di gesti molto pericolosi, destinati ad essere intercettati e repressi dal regime, che porteranno all'arresto, alla tortura e all'annullamento psicologico del protagonista.

2. Distopia e assenza di libertà in *1984*

L'introduzione della neolingua, come abbiamo poco sopra menzionato, è funzionale all'oligarchia al potere. Sul piano politico e giuridico essa è altresì lo strumento che, in modo subdolo ma persistente e con modalità pervasive, consente non solo di impoverire il linguaggio dei cittadini, deformarne e condizionarne il pensiero, ma anche di privare tutti i consociati di qualunque libertà fondamentale.

Se si è liberi di fare o non fare ciò che è consentito dal Grande Fratello, i cui contenuti prescrittivi, etici e giuridici, sono formulati con una lingua nuova, allora si è liberi di fare o non fare solo e tutto ciò che è prescritto negli enunciati in neolingua.

In *1984* ogni libertà (di pensiero, appunto, di parola, di espressione in qualunque forma, ma anche ogni altra libertà, come quella associativa, di circolazione, di iniziativa, di riunione, etc.) viene repressa, resa pressocché impraticabile.

Le caratteristiche precise delle istituzioni giuridiche e politico-sociali sono molto complesse da ricostruire. Nel testo pare esistano ancora regole ed istituzioni di diritto internazionale, di diritto pubblico, così come di diritto privato, anche se non sono richiamate o esplicitate e, anzi, sono ammantate da un pesante velo di opacità. La loro conoscenza e comprensione sembra destinata a pochi, a coloro che hanno il privilegio di lavorare a stretto contatto col Grande

[18] G. Orwell, *1984*, cit., p. 10.

Fratello. Alla maggior parte dei consociati, tuttavia, non è chiesto, né permesso di *sapere*. Ciò a cui si è chiamati è compiere azioni doverose e necessarie per il funzionamento degli apparati statali, delle articolazioni dei ministeri: il mistero della Pace, che presiede alla guerra, il ministero dell'Amore, che presiede alla sicurezza, il ministero della Verità, (quello in cui lavora il protagonista) che presiede alla propaganda e al revisionismo storico e, infine, il ministero dell'Abbondanza, che presiede all'economia.

In questa realtà sociale manca totalmente la dimensione della libertà in senso forte, positiva e negativa, così come teorizzata, ad esempio, da Isaiah Berlin [19]. La narrazione dà conto di compressioni enormi dei diritti di libertà personale e della privacy. Il concetto di libertà positiva [20] (*libertà di fare, pensare, essere, dire, etc.*) è assente. La libertà che traspare da testo, nel suo più pregnante significato, ha un contenuto riconducibile, almeno in prima approssimazione, ad un distorto concetto di libertà negativa [21]: essa dovrebbe essere intesa, cioè, primariamente come astensione dall'intromissione pubblica nelle azioni di vita privata e quotidiana. Tale ridefinizione di libertà negativa (*libertà da*), a dire il vero, e come ricordato, risulta fortemente circoscritta e limitata, fino ad assumere un significato deformato. In effetti, non si può dire che le istituzioni o le autorità dell'Oceania si astengano dall'intromettersi nella vita e nelle scelte privatissime dei consociati. In 1984, tali "libertà" si riducono a brevi momenti della vita quotidiana, e nello specifico solo a quelli sottratti alla visibilità e al controllo dei teleschermi del Grande Fratello [22].

Del resto, gli slogan del Partito, ben presenti in ogni edificio governativo, scritti in maiuscolo, recitavano: "La guerra è pace, la libertà è schiavitù, l'ignoranza è forza". La potenza manipolatrice di questi enunciati non è compresa dalla maggior parte della popolazione, che recepisce, assuefatta, ogni contenuto propinato. I cittadini, infatti, sono esposti all'uso continuo e martellante di un linguaggio pubblico improntato alla retorica di propaganda (vedi *infra*, par.

---

[19] I. Berlin, *Due concetti di libertà*, Feltrinelli, Milano, 2000; Id., *Libertà*, a cura di H. Hardy, ed. it. a cura di M. Ricciardi, Feltrinelli, Milano, 2005. Sui concetti di "libertà positiva" e di "libertà negativa", nel dibattito filosofico, filosofico-politico o filosofico-giuridico, è presente una vastissima letteratura. Per una rassegna critica dei principali contributi, I. Carter, M. Ricciardi (a cura di), *L'idea di libertà*, Feltrinelli, Milano, 1996. Del volume menzionato, si segnala, ai fini di questo lavoro, nello specifico, G.C. MacCallum Jr., *Libertà negativa e positiva*, pp. 19-42 e J.N. Gray, *Sulla libertà negativa e positiva*, pp. 73-44.

[20] I. Carter, M. Ricciardi (a cura di), *L'idea di libertà*, cit., pp. 8-9.

[21] *Ibidem*.

[22] F. Schoeman, *Privacy: Philosophical Dimensions*, in *American Philosophical Quarterly*, vol. 21, 1984, pp. 199-213.

2.2), diventano schiavi[23] di un sistema oligarchico, oscuro, e senza ribellarsi, quasi senza accorgersi, vivono priva di ogni libertà.

La stessa parola "libertà", distorta e deformata fino al punto di trasformarsi in una sorta di "nuova forma di schiavitù", è funzionale al regime per radicare nella società idee e valori precisi.

L'omologazione è il valore dominante: omologarsi alla "versione ufficiale" è importante, per non avere fastidi, per evitare di incorrere in sanzioni, prima sociali e poi istituzionali, di stigmatizzazione, di esclusione, di privazione di ogni bene (residuo) e di ogni libertà (di fatto) residuale.

La guerra, inoltre, diventa, nel linguaggio distopico del romanzo, la condizione normalizzata in cui vivere (vedi *infra*, par. 4), affinché ogni cittadino possa contribuire alla realizzazione di grandi, misteriosi e non discutibili piani del Grande Fratello. A questo è funzionale la riduzione del pensiero, libero e critico, con la neolingua e l'imposizione del bipensiero (oltre alla presenza, già attiva, della psicopolizia[24]).

2.1. La propaganda *positiva* e *negativa* in *1984*

Per quanto riguarda la *supporting propaganda* (la propaganda positiva), ci riferiamo all'obiettivo di convincere qualcuno – in modo non razionale – a compiere/non compiere certe azioni, facendo leva su emozioni piacevoli, suscitate nei destinatari per ottenere uno scopo appagante, caricato di valore positivo. Nel testo di Orwell essa è impiegata prevalentemente nella comunicazione interpersonale, sul posto di lavoro. Vi sono diversi esempi, che si traducono però i discorsi ampollosi, percepiti più che altro come comunicati eccessivamente retorici, ridondanti, vuoti[25], anche se volti a suscitare emozioni e sentimenti positivi, da mostrare nei riguardi del Grande Fratello. Nel testo troviamo la descrizione di personaggi che lavorano al Ministero della Verità, colleghi di Winston, e che di fronte alla distruzione di parole inglesi

---

[23] J. Sekora, *Black Message/White Envelope: Genre, Authenticity, and Authority in the Antebellum Slave Narrative*, Callalloo, John Hopkins University Press, 1987, pp. 482-515.

[24] Nel romanzo di Orwell la Psicopolizia (in inglese *Thought police*, in neolingua *thinkpol*) è l'istituzione paramilitare, funzionale alla sicurezza e all'ordine, che ha il compito principale di controllare la popolazione attraverso i teleschermi, per prevenire e scovare autori di *psicoreati*. G. Orwell, *1984*, cit., p. 65.

[25] F. Biondo, *Retorica della guerra, retorica della pace*, in *Ragion Pratica*, n. 20, 2003, pp. 297-306. C. Belli, *Nemesi tecnologica, pace distopica: l'espropriazione della pace*, in F. Attinà, L. Bozzo, M. Cesa, S. Lucarelli (a cura di), *Eirene e Atena. Studi di politica internazionale in onore di Umberto Gori*, Firenze University Press, Firenze, 2022, pp. 93-103.

(native), per fare spazio alla neolingua e al bipensiero, assumevano un'aria "quasi estatica"[26]. Allo stesso modo, Orwell descrive l'euforia degli speaker che dai teleschermi annunciavano ennesime vittorie militari, oppure, con la stessa enfatica soddisfazione, snocciolavano numeri (improbabili) riguardo a notizie straordinarie in merito alla "battaglia vinta per nuovi successi nella produzione"[27].

Oltre ai messaggi di propaganda positiva possiamo individuare almeno un altro tipo di propaganda, che abbiamo chiamato, come noto, *undermining propaganda*, o propaganda negativa[28]. La propaganda negativa spesso è indotta suscitando sentimenti di paura, evocando pericoli, o minacciando ripercussioni gravi nella sfera personale degli interlocutori.

L'intero testo di Orwell può essere considerato esemplificazione piena della *undemining propaganda.*

È il senso profondo dello slogan: *L'ignoranza è forza*. Una società perennemente in guerra necessita di masse di individui che, dismesso ogni pensiero libero e ogni ricerca di fini autonomi, portino avanti come unico valore buono e condiviso l'uguale sacrificio di ciascuno, sforzo necessario per conseguire l'ennesima vittoria. Gli altri due slogan, *La guerra è pace* e *La libertà è schiavitù*, prescrivono esattamente uno scenario di tal sorta. In questo orizzonte, non sono ammissibili forme di pensiero creativo, divergente, critico, poiché si vuole plasmare una massa sociale che adempia in modo perpetuo e irriflesso ad ogni comando impartito. Distanziarsi da quanto atteso dal Grande Fratello è un male, genera non solo disapprovazione e biasimo morale, ma anche paura diffusa e rappresenta la causa prima di ogni sanzione giuridica e della conseguente pena. La disobbedienza, le condotte non allineate sono espressioni di atti deprecati, da squalificare e considerati illeciti, la cui gravità non è previamente nota o conosciuta, ma la cui punizione (spesso sproporzionata e fuori da ogni criterio di certezza e di legalità) suscita forti sentimenti negativi. Solo nel Grande Fratello vi è rassicurazione, solo obbedendo a ciò che impone e solo aderendo al modello individuato dal Partito (modello produttivo, sociale, ma anche modello di lavoratore, di esponente politico, etc.) svanisce la paura, cosicché la vita, individuale e collettiva, possa procedere in modo ordinato. Le conseguenze orribili a cui è andato incontro, le sofferenze fisiche e psicologiche che ha patito e il dolore di Winston sono l'esemplificazione (letteraria) della più efficace propaganda negativa, che raggiunge il proprio culmine alla fine del testo, quando ogni speranza di ribellione e di libertà sono state soffo-

---

[26] G. Orwell, *1984*, cit., pp. 54-55.

[27] G. Orwell, *1984*, cit., pp. 61-62.

[28] T. Piazza, *Propaganda, linguaggio e conoscenza*, cit., pp. VIII-IX.

cate nel protagonista: «Guardò su, alla faccia enorme. Gli ci erano voluti quaranta anni per imparare che specie di sorriso era nascosto sotto quei baffi neri. Oh, che equivoco crudele, e inutile! Oh, quale indocile esilio volontario da quell'affettuoso seno! Due lacrime puzzolenti di gin gli sgocciolavano ai lati del naso. Ma ogni cosa era a posto, ora, tutto era definitivamente sistemato, la lotta era finita. Egli era riuscito vincitore su se medesimo. Amava il Gran Fratello» [29].

2.2. Cosa rende la propaganda in *1984* uno strumento potente?

I discorsi di propaganda, come abbiamo fin qui argomentato, sono particolarmente efficaci nel radicare, rafforzare e divulgare *credenze ideologiche fallaci* [30]. Con tale espressione (vedi *retro*, cap. 1, Sezione III e cap. 2, Sezione I), si denotano alcuni argomenti oggettivamente sbagliati, errati, o quantomeno fuorvianti, ingannatori, che tuttavia vengono mascherati da *ragionevoli* opinioni o da ragioni culturali, politiche, sociali ritenute accettabili o *comunemente accettate*. Queste ragioni sono, in realtà, disvalori mascherati da fatti, sono veri e propri pregiudizi e credenze irrazionali, che hanno la caratteristica particolare di permanere, nonostante la prova del contrario. Sono una specifica e insidiosa forma di ostacolo alla verità e alla chiarezza, a discernere ciò che corrisponde ai fatti reali o all'acquisire conoscenze fondate e certe. Esse, proprio per i profili ricordati, sono particolarmente funzionali alla propaganda negativa.

Orwell, in *1984*, propone tutti questi elementi. Le credenze ideologiche fallaci, offuscando la riflessione razionale, fanno sì che non si capisca che i valori a cui si tende sono, in realtà, gli stessi che si vogliono compromettere. Ciò che si promuove (la fedeltà al partito, l'omologazione delle condotte, l'efficienza nel lavoro ai Ministeri, etc.) con la propaganda negativa lo si ottiene colpendo uno o più soggetti (Winston, ad esempio), in modo da persuadere una più ampia classe di individui su ciò che è bene o male fare ed essere. Infatti, chi cerca spazi di libertà e assume atteggiamenti critici nei confronti del Grande Fratello, come Winston, è un modello da biasimare, da allontanare e punire: in breve, deve essere *corretto*.

Il contenuto veicolato e proposto è irrazionalmente distorto: viene cioè instillata e si vuole radicare una particolare credenza, su basi non razionali, proprio perché funzionale agli scopi della propaganda.

---

[29] G. Orwell, *1984*, cit., p. 302.

[30] J. Stanley, *La Propaganda. Cos'è e come funziona*, cit., pp. 203 ss.

Un esempio di credenza ideologia fallace in *1984* è ben rappresentato da questo episodio del terzo capitolo della Parte Prima: «Winston lasciò cadere le braccia lungo i fianchi e pian piano riempì d'aria i polmoni. La sua mente era persa nel labirinto del bipensiero. Sapere e non sapere. Essere coscienti della suprema verità mentre si dicono ben architettate menzogne, condividere contemporaneamente due opinioni che si annullano a vicenda, sapere che esse sono contraddittorie e credere in entrambe. Usare la logica contro la logica, ripudiare la morale mentre la si adotta, credere che la democrazia è impossibile e che il Partito è il custode della democrazia. Dimenticare tutto quel che era necessario dimenticare, e quindi richiamarlo alla memoria nel momento in cui sarebbe stato necessario, e quindi, con prontezza, dimenticarlo da capo: e soprattutto applicare lo stesso processo al processo stesso. Questa era l'ultima raffinatezza: assumere coscientemente l'incoscienza, e quindi, da capo, divenire inconscio dell'azione ipnotica or ora compiuta. Anche per capire il significato della parola "bipensiero" bisognava mettere, appunto, in opera il medesimo»[31].

3. La guerra invisibile di *1984*

La realtà distopica di *1984* è caratterizzata dal *clima di guerra*, che è un altro *contrario della pace*. Come peraltro già rilevato nel capitolo precedente, a proposito di *Fahrenheit 451*, anche in *1984* la guerra vera e propria non è descritta. Certo, c'è *qualche segno di guerra*: gli edifici pericolanti e fatiscenti, perché distrutti da precedenti bombardamenti, le istituzioni ad essa intitolate, come il Ministero della Guerra, i comunicati contro il nemico per eccellenza, Goldstein, la cui effige è usata per rinfocolare i sentimenti di rabbia, di odio, e per rinforzare l'amore per chi tiene la guerra lontana dalla quotidianità immediata: il Grande Fratello.

Guerra, in effetti, è una parola pervasiva che, nell'ideologia del potere[32], convoglia tutte le paure, che riduce all'obbedienza per preservare la vita propria e altrui, ma che, allo stesso tempo, incanala il senso patriottico di appartenenza dei singoli ad un popolo che deve credersi glorioso e coraggioso, il cui destino vale le fatiche, le sofferenze e le privazioni che si patiscono, e che so-

---

[31] G. Orwell, *1984*, cit., p. 38.

[32] S. Petrilli, A. Ponzio, *Ideology and Semiosis*, in J. Pelkey (a cura di), *Bloomsbury Semiotics Volume 1: History and Semiosis*, Bloomsbury Academy, London, 2023, pp. 259-283.

no prospettate, dal Grande Fratello, come vittorie, momenti di abbondanza e di successi senza fine.

Il *clima di guerra* è presentato non solo come *condizione normalizzata*, elemento costante della vita, ma anche e primariamente come scelta politica positiva, che giustifica il proprio ruolo, la propria fedeltà al partito e il lavoro che si svolge.

In *1984* vi è un uso retorico e propagandistico del linguaggio [33], nel quale la guerra è l'ideale politico positivo per cui tutti si devono impegnare, che diventa un valore da condividere, qualificato con affermazioni elogiative e da sostenere [34]. Tuttavia, le stesse parole della propaganda di regime nascondono il più rilevante inganno che, operando un capovolgimento semantico, fa passare la guerra come la condizione pacifica, normalizzata, a cui si di deve abituare. «Ciò di cui si vuoi definire qui la natura non è tanto la *morale delle masse*, il cui atteggiamento ha un'importanza trascurabile per tutto il tempo in cui esse sono occupate a lavorare, quanto la morale dello stesso Partito. Si suppone che anche il più umile membro del Partito sia competente, industre, ed anche intelligente, seppure entro certi limiti; ma è assolutamente necessario che egli abbia una fede cieca, che sia un fanatico ignorante, i cui sentimenti fondamentali han da essere la paura, l'odio, l'adulazione, e lo stato orgiastico del trionfo. Si richiede, in altre parole, ch'egli abbia la mentalità *conforme allo stato di guerra*. Né importa che la guerra ci sia realmente, e dal momento che non è possibile, per nessuna delle parti, una vittoria decisiva, non importa nemmeno se la guerra va bene o va male. *La sola cosa indispensabile è che esista tale stato di guerra*» [35].

Si legge, inoltre, che: «[...] la stessa parola guerra è divenuta equivoca. Sarebbe probabilmente esatto dire che, una volta divenuta continua, senza più interruzione, la guerra ha cessato propriamente di esistere. [...]. L'effetto sarebbe lo stesso anche i tre superstati, invece di combattersi l'un l'altro, si accordassero per vivere in perpetua pace e restare ciascuno inviolato nei propri confini. Poiché in tal modo ognuno potrebbe essere un universo bastevole a se stesso, liberato per sempre da ogni influenza che provenga dal pericolo esterno. *Una pace che fosse davvero permanente sarebbe in tutto identica a una*

---

[33] M. Richey, *The Future in Fragments: Three Critical Dystopian Works by Fernando Contreras Castro*, in *Alambique. Revista académica de ciencia ficción y fantasía /Jornal acadêmico de ficção científica e fantasía*, n. 9, 2023, articolo 5, pp. 1-23, disponibile al seguente indirizzo: https://digitalcommons.usf.edu/alambique/vol9/iss2/5.

[34] P. Fernandes, *War is peace, freedom is slavery, ignorance is trength – The violent, in power of language*, in A.S. Ferreira, J. Madeira, P. Casanellas (a cura di), *Violência Política no Século XX. Um balanço*, Instituto de História Contemporânea, Lisbona, 2017, pp. 32-40.

[35] G. Orwell, *1984*, cit., pp. 195-196.

guerra, appunto, permanente. Questo è il vero significato dello slogan del Partito: La guerra è pace» [36].

4. La *guerra* tra reale e immaginario

La riflessione sulla guerra, come condizione diffusamente accettata dalle masse e quale realtà fondata su credenze ideologiche fallaci, instillate nelle menti dei consociati attraverso la neolingua e il bipensiero, ci consente di portare attenzione, con un parallelismo, in chiusura di capitolo, tra quanto narrato e quanto sta accadendo nei nostri giorni. L'attualità del testo orwelliano, infatti, è data dalla sua capacità di offrire un'originale interpretazione del presente, specie pensando al conflitto, a cui stiamo assistendo da più di un anno, tra Federazione russa ed Ucraina.

Come in *1984*, il linguaggio di propaganda (positiva e negativa) diventa una tra le armi [37] micidiali messe in atto non solo dal soggetto aggressore, ma da entrambe le parti del conflitto [38].

Come peraltro già osservato in precedenza (vedi *retro*, cap. 2, Sezione II) la qualificazione dell'invasione russa è un esempio di propaganda (positiva). Tale azione non è stata definita come un "atto di guerra", bensì è chiamata "operazione militare speciale" [39]; allo stesso modo, l'invasione russa è stata ridefinita un'opera di "denazificazione" [40] del popolo ucraino. Queste espressioni, che restano però vaghe e ambigue nei discorsi in cui sono impiegate, dovrebbero essere interpretate dai cittadini a cui sono rivolte come finalità lodevoli, positive, da supportare e da non biasimare, poiché attuate per salvare un popolo fratello da un male terribile, e a giu-

---

[36] G. Orwell, *1984*, cit., p. 203.

[37] R. Ranieri, *Language and Power. George Orwell's 1984 and Cormac McCarthy's The Road as sources for a critical study on ecclesial discursivity and hermeneutic*, in *Disputatio philosophica. International Journal on Philosophy and Religion*, n. 18, 2016, pp. 93-100.

[38] L. Forni, *Ragionando su* pandemia *e* guerra: *significati, discorsi, prospettive*, cit., pp. 112-136.

[39] Si veda quanto riportato sulla rivista *Internazionale*, al seguente indirizzo https://www.internazionale.it/opinione/pierre-haski/2022/03/18/discorso-putin-purificazione.

[40] Per la spiegazione della qualifica di "denazificazione" del popolo ucraino, si rinvia ai contenuti presenti ai seguenti indirizzi: https://www.corriere.it/esteri/22_aprile_04/denazificazione-secondo-mosca-durera-25-anni-lavori-forzati-via-nome-ucraina-610e2240-b40e-11ec-a8ea-1989748a429c.shtml; https://www.ilpost.it/2022/04/05/articolo-ria-novosti-ucraina-denazificazione/.

stificazione delle quali si impiegano armi e si è invaso un territorio sovrano [41].

Nel linguaggio della propaganda, la guerra è una narrazione funzionale ai valori e ai disvalori propugnati da chi detiene il potere [42].

Abbiamo dedicato a questo tema il capitolo precedente (vedi *retro*).

Tuttavia, nel caso che stiamo considerando, il linguaggio di propaganda, da entrambe i lati del conflitto, ha dato conto di alcuni elementi nuovi [43]. Ad esempio, la stessa parola "guerra" è vietata in Russia, se utilizzata in relazione al conflitto con l'Ucraina [44] (si tratta di un caso di *undermining* propaganda – vedi *retro*, cap. 1, Sezione II).

Riguardo al fronte ucraino, invece, *guerra* è divenuto un termine capace di denotare non solo violenza, morti, ferimenti, distruzioni, etc. Essa è divenuta simbolo linguistico; per i cittadini, del proprio valore, è segno del valore del popolo a cui si appartiene, del valore del Paese per cui si combatte. *Guerra* è termine volto a designare, in modo sintetico e unitario, i valori del coraggio e della resistenza [45].

Anche questo, certamente, può essere considerato un contenuto di (*supporting*) propaganda: serve a tenere alto il morale di chi combatte; è funzionale alla circolazione di una idea di vittoria sul nemico. Offre una rappresentazione accettabile (moralmente e socialmente) del sacrificio di migliaia di donne e uomini per la libertà dall'oppressore, e dunque non è vano; infine, ogni sforzo assume un nuovo significato, di appartenenza e di costruzione di un nuovo domani.

Nel conflitto in atto nel cuore dell'Europa, e nelle sue narrazioni, la guerra è divenuta, da realtà letteraria, una costante presenza nella quotidianità di milioni di individui.

Maggiore è lo spazio della narrazione di guerra, minore diventa, però, lo spazio per la costruzione di discorsi di pace [46]. Pare infatti che, nel discorso pubblico, stia scomparendo la parola "pace". Sentiamo parlare di negoziati (non ancora effettivi ed efficaci), di mediazioni, ma "pace", per dirla con Bob-

---

[41] L. Forni, *Ragionando su* pandemia *e* guerra. *Significati, discorsi, prospettive*, cit., p. 121.

[42] G. Diesen, *Language and Strategic Narratives: Imparting Legitimacy*, in Id., *Russophobia: Propaganda in International Politics*, Springer, Singapore, 2022, pp. 115-143.

[43] S. Fields, *Do You See What I See? Russian Propaganda on Ukraine from a US Perspective*, in *Globus Mundi*, n. 12, 2022, pp. 56-61.

[44] L. Forni, *Ragionando su* pandemia *e* guerra. *Significati, discorsi, prospettive*, cit., pp. 122 ss.

[45] S. Prisco, *La guerra, la pace, il compito del giurista. Voci dalla grande letteratura russa dell'Ottocento*, in *ISLL Papers. The Online Collection of the Italian Society for Law and Literature*, n. 16, 2023, pp. 1-24.

[46] L. Forni, *Discutendo una nuova guerra. Alcune riflessioni filosofico-giuridiche, tra vita e libertà*, in *Milan Law Review*, n. 2, 2022, pp. 53-73.

bio, risulta ancora una parola estremamente spinosa [47].

Rileggendo gli attuali accadimenti a partire dai brani di *1984* richiamati, pare davvero che, nel lungo termine, la guerra perpetui se stessa, per giustificare il potere di chi l'ha scatenata e avallata. Essa è interpretata e qualificata come una dolorosa, eppur necessaria condizione, funzionale alla distruzione di significati [48], alla distruzione di uomini, di donne, di luoghi, come anche alla distruzione di lingue, di concetti, di pensieri, per consolidare gerarchie che schiacciano masse di individui, rese sempre più «povere e ignoranti» [49].

Riproponendo alcune considerazioni di Ferrajoli, bisogna tuttavia evitare di cadere in «[...] un fallace "determinismo realista". [...] Nei processi in atto, non c'è nulla di naturale, né di necessario» [50].

Non appare poi una prospettiva insostenibile l'impegno di ciascuno affinché si usi in modo consapevole, radicato e diffuso un linguaggio pubblico povero di retorica e di propaganda, attento alla costruzione di significati positivi, per la composizione di conflitti. Certamente, questo altro non è che un piccolo passo, che ciascuno può compiere, verso la fine della guerra (e di ogni guerra) [51].

In questo tempo segnato da violenza e scarsi risultati contro molte guerre, con gli strumenti della riflessione intellettuale possiamo individuare e difendere un insegnamento forte: il valore dell'impegno democratico per le fine di ogni conflitto [52], attraverso l'analisi (anche) di realtà distopiche.

A differenza però del finale di *1984*, possiamo e dobbiamo immaginare un futuro in cui le libertà non siano cancellate ed in cui le regole della convivenza pacifica non siano piegate al volere del più forte.

Abbiamo il dovere di ricordare che, nonostante ogni guerra, il valore della pace non è utopia, ed è senz'altro il primo e più importante valore, contrario ad ogni distopia.

---

[47] Non è possibile, in questa sede, offrire un'analisi concettuale approfondita di *pace*. Si rinvia, pertanto, e senza pretesa di esaustività a N. Bobbio, *La pace ha un futuro? Una domanda difficile*, in C.M. Martini, N. Bobbio, *Pace. Dialoghi sul futuro*, Feltrinelli, Milano, 2014, p. 13-25, in particolare pp. 21 ss. Id., *Il problema della guerra e le vie della pace*, cit.

[48] F. Montanari, *Linguaggi della guerra*, Meltemi, Roma, 2004, p. 9.

[49] G. Orwell, *1984*, cit., p. 195.

[50] L. Ferrajoli, *Diritti fondamentali e democrazia costituzionale*, in P. Comanducci, R. Guastini (a cura di), *Analisi e Diritto, Ricerche di giurisprudenza analitica 2002-2003*, pp. 331-350, in particolare p. 349.

[51] In relazione alla costruzione soprattutto "dal basso" di nuove dinamiche politiche, giuridiche e sociali di pace, si veda C. Belli, *Nemesi tecnologica, pace distopica: l'espropriazione della pace*, cit., pp. 100-103.

[52] Su questo specifico tema, L. Ferrajoli, *Per una Costituzione della Terra*, cit., pp. 17-19.

Capitolo 3
Cosa resta della *pace*

1. Il linguaggio della pace ...

In questo lavoro abbiamo dato conto, in contesti letterali, di finzione, così come in ambiti "reali", di alcuni "contrari della pace" che connotano il nostro presente (vedi *retro*, Sezione II e i primi due capitoli di questa Sezione). Abbiamo altresì avuto modo di considerare la pace una risorsa politica, economica, sociale, giuridica, filosofica [1], etc. tra la più preziose (vedi *retro*, cap. 2, Sezione II). Abbiamo dato conto anche del fatto che, per avere consapevolezza del *vantaggio* [2] che comporta acquisire e mantenere tale risorsa, sia importante analizzarla all'interno di alcune *dimensioni linguistiche* nelle quali viene espressa. Come abbiamo sottolineato, *pace*, nei discorsi in cui è usata, assume importanza talora in una dimensione privata, o *interna* ("stare in pace, sentirsi in pace", etc.) così come può assumere un insieme di significati riguardo alla sua dimensione *esterna* (pace come assenza fattuale di conflitti armati, che Bobbio ridefinisce pace in senso *debole*, oppure pace come regolazione, normazione di una situazione di cessato scontro, che è anche considerata "pace in senso *forte*") [3].

Accanto ad un nucleo semantico di sicura inclusione (cessazione o assenza di scontri, di conflitti), si riscontra, pertanto, anche una zona semantica di incertezza, di vaghezza, laddove le ostilità o i combattimenti cessati o assenti

---

[1] Senza pretesa di esaustività, segnaliamo che la discussione sul tema della pace come valore *filosofico* irrinunciabile e quale risorsa capace di trasformare i singoli e le collettività è stato di recente oggetto di riflessione, tra i molti, di T. Greco, *La pace come principio*, in *Parolechiave*, n. 2, 2022, pp. 43-55. Si rinvia anche a E. Lévinas, *Etica come filosofia prima*, in F. Ciaramelli (a cura di), *Etica come filosofia prima*, Guerini e Associati, Milano, 2001; M.T. Pacilé, *Quale pace per il nuovo millennio?*, in *Heliopolis. Culture, Civiltà, Politica*, n. 2, 2017, pp. 35-49.

[2] A. Sen, *L'idea di giustizia*, cit., pp. 262-277.

[3] N. Bobbio, *La pace ha un futuro? Una domanda difficile*, cit., pp. 21 ss.

riguardano non solo e non più ciò che accade nel "foro interno" di un individuo – la dimensione privata, interna di *pace* –, bensì si riferiscono a situazioni *esterne*, più o meno formalizzate, che investono due o più soggetti diversi. È il caso in cui pace si riferisce all'assenza di *guerra*, nella sua accezione comune e classica (vedi *retro*, cap. 1 e cap. 3, Sezione II), così come ne è esempio il significato di *pace* quale superamento di conflitto asimmetrico tra due o più gruppi nei casi di terrorismo, nazionale o internazionale (vedi *retro*, cap. 1, Sezione II).

Pace, allora, denota sia una condizione individuale di assenza di scontri o conflitti interiori, sia una situazione in cui gli individui, in una realtà sovraindividuale spesso fluida, non sempre regolata da norme e prassi, vivono in una dimensione politico-sociale priva di violenza organizzata contro le istituzioni e/o rivolta contro le persone comuni [4].

Pace, in una accezione riferita specificamente al contesto normativo del diritto, denota altresì il ruolo forte che le regole giuridiche assumono [5] nell'accrescere posizioni soggettive, che consentano agli individui di vivere meglio, di godere di migliori garanzie, di poter avere una condizione materiale e morale di convivenza reciproca, il più possibile caratterizzata dall'assenza di fenomeni generalizzati di violenza.

Il linguaggio della pace, da un punto di vista descrittivo, allora può essere considerato un insieme di segni e suoni, di proposizioni e discorsi, volti a evidenziare le condizioni di un'esistenza (individuale) e/o di co-esistenze (sovraindividuali) non bellicose, ordinate, (ri)conciliate.

Da un punto di vista prescrittivo, invece, possiamo considerarlo un insieme di discorsi volti alla promozione del valore della pace, tanto a livello individuale, quanto a livello collettivo, tanto in ambito filosofico-morale, quanto e specialmente, in ambito economico, ma soprattutto in ambito politico e giuridico.

L'analisi fin qui compiuta, tuttavia, ha portato attenzione ad un ulteriore elemento di interesse, vale a dire ai linguaggi che si sono rivelati particolarmente funzionali ai "contrari della pace"; in breve, abbiamo a lungo esaminato e discusso vari ambiti in cui si usa e si è impiegata la *propaganda* quale specifico linguaggio prescrittivo, volto a opacizzare valori e disvalori sottesi ai mes-

---

[4] Le differenti aree semantiche di "pace" sono state oggetto di specifica analisi, in ambito filosofico-linguistico, in diversi autori e opere. Rinviamo, per una rassegna e per un'analisi interessanti e proficue a S. Petrilli (a cura di), *Pace, pacificazione, pacifismo e i loro linguaggi*, Ed. Mimesis, Milano-Udine, 2017; Id., *Maestri di segni e costruttori di pace*, Ed. Mimesis, Milano-Udine, 2021.

[5] I. Trujillo, *L'oblio del diritto alla pace nella pratica dei diritti*, in *Ragion Pratica*, n. 1, 2019, pp. 19-33.

saggi proposti, in modo da puntare sull'emotività e la manipolazione dei riceventi i contenuti veicolati nella comunicazione. Abbiamo dato conto, infatti, di quanto sia uno strumento potente ed efficace quando si vuole promuovere il bagaglio di credenze, opinioni, valori di chi è al potere e, specialmente, quando il potere ha determinato o vuole generare un contesto bellicoso, di guerra (vedi *retro*, in particolare capp. 1 e 2 della Sezione III).

In poche parole, *propaganda* è un potente linguaggio *retorico*[6]. Il termine "retorica" è ambiguo, nel senso che può riferirsi, in un primo, ampio significato, caricato di particolare valore negativo[7], all'uso di un linguaggio ampolloso e ridondante, enfatico e sostanzialmente vuoto, privo o povero di impegno intellettuale, civile e morale; quando si riferisce, nello specifico, ad atteggiamenti o a condotte, spesso "retorico" è inteso nel significato di comportamento privi di sincerità e impegno[8].

In un secondo, e più preciso significato, si ridefinisce "retorico" il discorso caratterizzato da una concatenazione di proposizioni linguistiche volte ad indurre un atteggiamento, o a condizionare scelte, comportamenti, azioni, in un certo uditorio, non sulla base di contenuti verificabili sul piano logico o empirico, ma attraverso un uso evocativo e suggestivo del linguaggio emotivo, che viene però mascherato e proposto come "bel parlare", oppure dissimulato e presentato come un discorso (solo) apparentemente logico-razionale[9]. In questo specifico significato, "retorica" denota l'abilità o la capacità manipolativa di persuadere con le parole, cioè di far prendere decisioni, o orientare o determinare certe prese di posizione, preferenze, scelte, sulla base di un discorso apparentemente bello, gradevole, appagante, ma che si fonda, in realtà, su argomenti non razionali[10].

In questa seconda accezione, tutti i discorsi di *propaganda* sono retorici.

---

[6] Ai fini di questo lavoro, per la ricostruzione bibliografica del concetto complesso di "retorica", rinviamo, sinteticamente, a M. Serra, *Retorica, argomentazione, democrazia. Per una filosofia politica del linguaggio*, Aracne, Roma, 2017. Si rimanda, inoltre a F. Piazza, *Retorica vivente. Un approccio retorico alla filosofia del linguaggio*, in *Rivista italiana di filosofia del linguaggio*, n. 1, 2105, pp. 232-250.

[7] R. Covelli, *Argomentare è diabolico. Retorica e fallacie nella comunicazione*, Edizioni effequ, Firenze, 2022.

[8] L. Spina, *Parrhesia e retorica: un rapporto difficile*, in *Paideia: rivista di filologia, ermeneutica e critica letteraria*, LX, 2005, pp. 1-30.

[9] C. Perelman, L.O. Tyteca, *Trattato dell'argomentazione. La nuova retorica*, cit.; F. Rigotti, *La verità retorica: etica, conoscenza e persuasione*, Feltrinelli, Milano, 1995; F. Piazza, *Linguaggio, persuasione e verità. La retorica nel Novecento*, Carocci, Roma, 2004.

[10] A. Prato, *La retorica. Forme e finalità del discorso persuasivo*, Edizioni ETS, Napoli, 2012; G. Barzaghi, *Verità e persuasione*, in *Divus Thomas*, n. 3, 2020, pp. 132-146.

Dobbiamo ora considerare se, ed in che eventuale misura, anche i discorsi sulla pace si prestino ad uso retorico.

1.1. … è un linguaggio retorico?

«Si può parlare di un "linguaggio di pace" di portata universale?» [11]. Nel rispondere a questo (pur stimolante) interrogativo, si può cadere nel tranello di individuare, ritenendole semplici e appropriate, risposte *retoriche* riguardo alla ridefinizione di pace e del suo linguaggio.

Se, infatti, intendessimo il linguaggio della pace un insieme di discorsi capaci di contrastare ogni forma di conflitto che «separa e distrugge» [12] molti luoghi, corpi, individui, aspetti, ambiti del mondo odierno, etc., utilizzandolo potremmo probabilmente individuare uno scopo degno, e molto impegnativo, per coloro che si fanno portatori di questo primo significato di "pace", ma allo stesso tempo esso risulta ampio e generico, difficile da concretizzare.

Promuovere la pace può significare impegnarsi per la formulazione di segni e suoni, di discorsi e ragionamenti, che possano essere considerati espressione di un patrimonio valoriale e morale universale, che cioè appartengano a tutti, che siano condivisi da ogni individuo e che impegnino ciascuno di noi per la loro promozione e affermazione [13].

Il problema, tuttavia, sta nel fatto che la pace, oggi come in qualunque altra epoca storica, denota sistemi morali, giuridici, politici diversi ed eterogeni [14].

A fronte di tale rilievo, appare dunque "retorico", cioè eccessivamente enfatizzato e fumoso, sostenere il valore della pace come un valore di cui sia possibile, soprattutto nel breve periodo, predicarne l'auspicata condivisione da parte dell'umanità nel suo complesso, senza impegnativi e strutturati percorsi argomentativi, supportati da dati o evidenze concrete, a cui diano seguito scelte politiche e giuridiche difficili, a livello nazionale e internazionale.

Nella riflessione filosofico-politica e filosofico-giuridica, tuttavia, quando si rinvia alla "retorica" della pace [15] si fa generalmente riferimento all'uso ri-

---

[11] M. Bisignani, *Il linguaggio come mezzo di espressione dell'idea di pace*, in *Futuribili*, nn. 2-3, 2008, pp. 79-82.

[12] M. Bisignani, *Il linguaggio come mezzo di espressione dell'idea di pace*, cit., p. 79.

[13] M. Bisignani, *Il linguaggio come mezzo di espressione dell'idea di pace*, cit., pp. 80-81.

[14] G. Di Crostofaro Longo (a cura di), *Si vis pacem para pacem: la pace una scelta di vita*, Armando editore, Roma, 2022.

[15] F. Biondo, *Retorica della guerra, retorica della pace*, in *Ragion Pratica*, n. 1, 2003, pp. 297-306. Si veda anche A. Castelli, *Apologie della guerra e retoriche della pace in Europa (1914-1915)*, in *Storia del pensiero politico*, n. 1, 2014, pp. 239-263.

corrente di una strategia argomentativa [16], che si sostanzia, in una prima versione, nell'affermazione che possiamo chiamare "argomento semplice della pace radicale" e in una seconda versione, che consiste nella rimodulazione, talora più articolata e complessa, del primo argomento.

Nel merito, la prima modalità argomentativa della "pace radicale" consiste nel preferire, nel discorso pubblico, la ridefinizione di pace in un significato specifico, che assume una valenza particolare: "pace" è parola che designa, sempre e comunque, l'alternativa *radicale* alla guerra, ad ogni guerra, intesa come conflitto armato tra due o più Stati o tra due o più soggetti istituzionali e politico-giuridici. Si può sintetizzare nella frase: "C'è sempre un'alternativa non militare a qualunque conflitto e, dunque, c'è sempre una possibilità di non andare in guerra" [17].

Chi sostiene tale argomento, il più delle volte lo riferisce alla guerra classicamente intesa, e orienta il discorso in modo da porre particolare enfasi sul dolore, sulla morte, sulla distruzione che devono sopportare (migliaia o milioni) di individui, vittime incolpevoli della volontà di potenza bellica, messa in atto da coloro che hanno scatenato la guerra vera e propria. Per superare tale dolore, per non strumentalizzare le morti e per dare senso alle vite di coloro che sono sopravvissuti (vedi *retro*, cap. 2, Sezione II), si deve invocare il prima possibile il "cessate il fuoco" come condizione fattuale preliminare e necessaria per ogni altra operazione. Affinché questo si realizzi, esso dovrebbe essere un impegno che chiama in causa non solo chi ha dato vita all'attacco bellico, ma anche e specialmente chi è stato aggredito.

Si farebbe ricorso, in tal modo, ad una sorta di norma *deontologica* universale [18], per la quale "la vita e la pace vanno salvaguardate a qualunque costo" [19]. Alla norma *deontologica*, spesso si associa una valenza prescrittiva ulteriore, vale a dire si considera un altro fine meritevole di essere perseguito (profilo *teleologico*) [20]: la minimizzazione della sofferenza in atto, e di quella che prevedibilmente si realizzerà in futuro, di coloro che sono coinvolti nel conflitto [21].

---

[16] C. Belli, *Nemesi tecnologica, pace distopica: l'espropriazione della pace*, cit., pp. 93-103.

[17] F. Biondo, *Retorica della guerra, retorica della pace*, cit., pp. 299 ss.

[18] Questo argomento è stato discusso in modo molto critico, ed efficace, da F. Biondo, *Retorica della guerra, retorica della pace*, cit. in particolare pp. 290-300.

[19] Nel merito, i contro argomenti a questi rilievi sono stati già proposti nella Sezione precedente di questo volume. Qui si rammenta solo L. Forni, *Discutendo una nuova guerra. Alcune riflessioni filosofico-giuridiche, tra vita e libertà*, cit., in particolare pp. 53-60.

[20] F. Biondo, *Retorica della guerra, retorica della pace*, cit., pp. 298 ss.

[21] F. Biondo, *Retorica della guerra, retorica della pace*, cit., pp. 299 ss.

Perché, allora, tale primo argomento, risulterebbe "retorico"? Come è stato ricordato (vedi *retro*, Sezione II), "pace" è messa in relazione con altri termini, che in modo sintetico ed unitario rinviano a precise – e tra loro differenti – scelte etico-politiche, e opzioni morali particolari molto diverse. "Pace" può essere collegata, ad esempio, con complesse argomentazioni, sia al concetto di "mantenersi in vita – lo stare in vita come bene primario da garantire", sia al concetto di "vita nella libertà – vita come qualità dell'esistenza, materiale e spirituale" (vedi *retro*, cap. 2, Sezione II).

L'argomentazione qui discussa risulta pertanto retorica, in quanto, sul piano dell'individuazione di differenti paradigmi etico – politici di riferimento, è volta a banalizzare o semplificare la complessità dei problemi; è poco analitica, scarsamente rigorosa; non prende in esame, inoltre, il fatto che esistono contesti eterogenei "di guerra", non considera la presenza di casi particolari, o che certe situazioni "di conflitto" possano risultare, nei differenti possibili percorsi d'analisi, tutt'altro che semplici o semplificabili. Al contrario, si è spesso di fronte a realtà storicamente, politicamente, giuridicamente complesse, difficili da gestire o interpretare sulla base di pochi elementi, astratti dai contesti e radicalizzati nelle discussioni, ragioni per cui appare pomposo e distante asserire che "la pace si fa senza *se* e senza *ma*". Tale conclusione, infatti, sul piano normativo (morale, politico o giuridico), come abbiamo più volte ricordato, non è la sola a cui sia possibile pervenire[22].

Inoltre, quest'argomento è usato per costruire ragionamenti ellittici: si pongono premesse il più delle volte generalissime ed opache, non chiarite, di cui si predica una sorta di non controversa semplicità ("La guerra va sempre rigettata, senza *se* e senza *ma*"), e si traggono conclusioni altrettanto semplificate, che non esplicitano i molti passaggi necessari (passaggi connotati, in realtà, da elementi prescrittivi, di *scelta* di certi *valori preferiti* ad altri, come il valore della vita a qualunque costo, preferito, nell'argomento qui sopra richiamato, ad altri valori, come la libertà e l'autodeterminazione).

Così facendo, si vogliono proporre soluzioni solo all'apparenza univoche, lineari, o considerate di buon senso, che mascherano, come direbbe Kelsen, in modo ideologico[23], una serie di opzioni morali forti, sottaciute e strumentalmente fatte passare come realtà di fatto, ovvie. Talora, chi ha discusso criticamente questo argomento, ne ha rilevato il carattere fortemente pomposo,

[22] *Ibidem*.

[23] Kelsen impiega il termine "ideologia" per riferirsi all'insieme di valutazioni, o giudizi di valore su ciò che sia da ritenersi preferibile, giusto, migliore, desiderabile, che però non vengono proposti come tali, ma mascherati, nella riflessione normativa e giuridica in particolare, tanto da essere spacciati per mere situazioni di fatto. H. Kelsen, *Lineamenti di dottrina pura del diritto*, cit., pp. 129-130.

lontano dalla realtà, e che denota solo apparentemente un impegno intellettuale serio e approfondito [24].

Oltre a tali osservazioni, si può riscontrare una seconda, e più articolata riformulazione del primo argomento della c.d. "pace radicale", che può tuttavia generare esiti paradossali.

Ponendo apparentemente rimedio alle criticità che caratterizzano l'argomento "semplice", i sostenitori della "pace radicale" propongono talora una seconda versione basata su analisi, ragionamenti, discorsi, più articolati. Chi se ne fa sostenitore, però, come per la prima formulazione, non esplicita che si tratta di una precisa scelta di valore, e non la sola opzione o soluzione possibile. La "guerra come male assoluto" è sempre la tesi difesa, a sostegno della quale, in modo analitico, si portano in evidenza elementi specifici, volti a evidenziare con-cause della realtà conflittuale che si sta considerando; si offrono svariati distinguo, specificazioni, ricostruzioni di decisioni politiche su responsabilità storiche, giuridiche, geopolitiche, economiche, etc., recenti o passate, in capo a tutti i soggetti in guerra o implicati nel conflitto [25]. Riguardo a specifiche "situazioni di guerra", pertanto, formulano analisi mirate, specifiche, per chiarire o evidenziare le ragioni [26] (storiche, filosofiche, politiche, etc.) a sostegno del rifiuto di ogni forma di belligeranza [27].

È stato fatto notare [28], però, che tali argomenti hanno la caratteristica di essere analisi o proposte politico-giuridiche non praticabili o ritenute implausibili dalle stesse parti interessate dal conflitto. In breve, non solo si ripete, solo con formulazioni più articolate, l'errore tipico della "pace radicale" nella sua versione "più semplice", ma viene anche taciuta una sorta di superiorità morale [29] dei proponenti, che assolutizzano il significato di pace nel significato di scelta *doverosa* di rifiuto, sempre e comunque, di qualunque forma di scontro, di conflitto e, soprattutto, di uso delle armi.

L'uso di questo significato di "pace" ha come conseguenza il fatto che, spesso, è proprio l'impiego di tali ragioni a radicalizzare le posizioni sui conflitti, almeno sul piano politico, giuridico e del confronto istituzionale. Si arriva, in breve, all'esito paradossale di aumentare gli elementi di contrapposizione, proprio in ragione del fatto che chi propone l'argomento della "pace radi-

---

[24] F. Biondo, *Retorica della guerra, retorica della pace*, cit., pp. 304 ss.

[25] Un esempio è offerto, al riguardo, da M. Travaglio, *Scemi di guerra. La tragedia dell'Ucraina. La farsa dell'Italia*, Paper First, Roma, 2023.

[26] G. Di Crostofaro Longo (a cura di), *Si vis pacem para pacem: la pace una scelta di vita*, cit., in particolare pp. 89 ss.

[27] F. Biondo, *Retorica della guerra, retorica della pace*, cit., p. 305.

[28] F. Biondo, *Retorica della guerra, retorica della pace*, cit., pp. 303 ss.

[29] *Ibidem*.

cale", anche nella sua versione più articolata, non tiene in considerazione che esiste una pluralità di posizioni filosofico-politiche, filosofico-giuridiche, oltre che filosofico-morali da cui si può partire per elaborare strumenti normativi, e si dà per scontato, come conseguenza, che si debbano compiere solo alcuni percorsi d'analisi e che siano da considerare conclusive solo alcune opzioni e non altre. Non si evidenzia che ci sono molti "se" e molti "ma" di cui tenere conto in tutta la fase di analisi, argomentativa e deliberativa, se si vuole capire, sul serio, come sia possibile superare una condizione di guerra.

I proponenti forme articolate di "pace radicale", alla fine, si sentono in dovere di prescrivere, al posto di chi ha in gioco la propria pace (quella esterna e quella interiore), oltre ai propri confini, alla propria libertà o alla propria vita, quali torti e quali fatiche siano meritevoli di essere tollerati e quali no [30].

Le linee d'azione individuate sono proposte come quelle da preferire, non tanto in ragione di profili razionali posti a giustificazioni delle opzioni indicate, e nemmeno in forza di una sorta di autoevidenza, coglibile con i potenti canali della mente, l'intuizione e la deduzione [31], bensì sulla base di elementi *retorici*.

«[...] Non si affermerebbe una posizione strettamente deontologica perché si è convinti della sua giustezza, correttezza, evidenza, ma perché si riterrebbe probabile che su certe tesi si possa mobilitare un *consenso*» [32].

Anche questa modalità argomentativa risulta retorica, allora, proprio perché è finalizzata a far prevalere certe convinzioni, per ottenere consenso. Questa è una particolare forma di manipolazione dell'opinione pubblica, messa in campo in nome di "buoni e nobili" valori, ma in realtà funzionale alla promozione di scopi volti più a soddisfare obiettivi in senso lato politici di chi la propone, che non per favorire e diffondere un significato forte di pace. Si intendono mobilitare grandi masse di individui (o lo si vorrebbe fare) perché, sotto la bandiera suadente della *pace radicale*, si vogliono portare avanti e perseguire altri scopi, non sempre apertamente dichiarati (ad esempio: si promuove la contrarietà assoluta all'uso delle armi, anche nei casi di legittima difesa, in una situazione di guerra subita perché, così facendo, si vuole in realtà andare a colpire lobbies e multinazionali che producono e vendono armi; oppure, si vuole rivitalizzare la discussione politica, nazionale e internazionale, sul valore della ridistribuzione delle risorse naturali e della ricchezza, etc.) [33].

Si tratta di valori e scopi meritevoli di essere oggetto di riflessione e dibat-

---

[30] F. Biondo, *Retorica della guerra, retorica della pace*, cit., p. 303.

[31] L. Forni, *Il diritto e i suoi strumenti*, cit., pp. 76 ss.

[32] F. Biondo, *Retorica della guerra, retorica della pace*, cit., p. 305.

[33] F. Biondo, *Retorica della guerra, retorica della pace*, cit., p. 305.

tito, ma che sono altri e differenti rispetto all'ideale della pace radicale sostenuto, che è invece ideologicamente proposto nella pubblica discussione.

"Pace", pertanto, talora diventa il *simbolo* funzionale a far conoscere certe agende politiche [34] che, in alcuni periodi storici, hanno perso *appeal* sul grande pubblico o che, diversamente, non hanno più molta visibilità e non ottengono attenzione nei *mass media* o nei *social media.*

In entrambi i casi poco sopra ricordati, sia a proposito dell'argomento semplice, sia nella sua versione arricchita, si è in presenza di un uso *retorico* della *pace radicale*, in quanto "strumentale o strategico", nel senso che "pace", più che un argomento vero e proprio (vale a dire più che una ragione addotta a sostegno di un certo valore, scelta, situazione, azione, etc.), è proposta al pubblico (e percepita dall'uditorio) come un espediente, cioè come un tema trattato in modo tutt'altro che approfondito, anzi, diventa un argomento di cui si fa un uso strumentale, fittizio, o forzato [35], in senso lato *retorico.*

2. La pace come linguaggio

«In un contesto così distorsivo si sta pericolosamente facendo avanti un'idea distopica del concetto di pace, le cui fondamenta non sono più identificabili nella capacità di ciascun individuo di costruirsi interiormente un mondo di pace e armonia che possa poi riflettersi e diffondersi nella propria collettività di riferimento e nell'intero tessuto sociale. I singoli individui e i gruppi sociali tendono, così, ad accettare di perdere – cedendola – qualsiasi responsabilità relativa alla costruzione della pace, demandandola a entità materiali (organismi e governi sovranazionali, *deep states*, ...) che, paradossalmente, risultano pressoché invisibili, organicamente non-responsabili nei confronti delle moltitudini» [36].

Cosa resta, allora, della pace e del suo linguaggio? Nonostante alcuni autori abbiano evidenziato la deriva *distopica* [37] che lo stesso concetto di pace rischia

---

[34] C. Belli, *Nemesi tecnologica, pace distopica: l'espropriazione della pace*, cit., pp. 97 ss.

[35] C. Perelman, L.O. Tyteca, *Trattato dell'argomentazione. La nuova retorica*, cit., p. 473.

[36] C. Belli, *Nemesi tecnologica, pace distopica: l'espropriazione della pace*, cit., p. 93.

[37] Verrebbe a profilarsi, secondo alcuni studiosi, una "pace distopica", in cui «l'individuo diventa oggetto anziché soggetto di un ordine imperscrutabile imposto dai vertici della gerarchia politico-sociale – si accompagna ad una vera e propria religione, quella del transumanesimo tecnocratico, che vede appunto nei tecnocrati i suoi sacerdoti: come in una religione, vi sono allora tutta una serie di credenze, assunti non dimostrabili, dogmi incomprensibili, riti e costrizioni, che limitano, fino ad annullarle, le potenzialità materiali e spirituali degli individui

di prendere, nel nostro tempo, non dobbiamo cedere alla tentazione disfattista di ritenere che, poiché talora anche la parola *pace* è usata in modo criticabile, retorico, distorto, essa sia sempre proposta con linguaggi inadeguati e in contesti narrativi segnati da elementi negativi, di manipolazione.

Sebbene siano riscontrabili tendenze di deresponsabilizzazione individuale [38], non siamo ancora arrivati ad una vera e propria situazione di «espropriazione della pace» [39], nel senso che la rivitalizzazione della discussione pubblica sul tema della pace è segno di un processo culturale, filosofico, politico, giuridico e sociale in atto, mediante il quale i singoli individui, soprattutto i giovani, gli studenti (ma non solo), stanno prendendo coscienza e consapevolezza delle responsabilità individuali nei processi "a favore della pace". L'attenzione al tema ha evidenziato la densità semantica del termine, che dunque è stato qui usato non come formula vuota, retorica, appunto, bensì come parola che impegna attivamente soggetti a favore di riflessioni, contenuti, discussioni, e che ci spinge ad essere nuovi "costruttori di pace" [40].

Un primo passo da compiere per ridefinire la pace impone, contro-intuitivamente, di fermarsi un momento, per una riflessione (quasi conclusiva). Dobbiamo ricordare che *pace* è tutt'altro che una parola semplice, e che risulta faticoso riempirla di adeguati significati. È altresì un obiettivo politico e giuridico di difficile realizzazione, specialmente quando si deve fronteggiare uno dei suoi "contrari".

Ripartiamo allora dalla definizione di linguaggio che abbiamo adottato, fin dal primo capitolo di questo lavoro. Linguaggio è un insieme di segni e suoni, aventi un significato. Potremmo a questo punto domandarci, se consideriamo la pace un linguaggio, quali segni e suoni possano essere ad essa riferita, e con quali significati.

Sono segni convenzionalmente [41] collegati a "pace" la bandiera arcobaleno (che spesso reca al centro proprio la parola "Pace"), la colomba bianca, il ramoscello d'ulivo, le mani intrecciate, così come il simbolo c.d. "Peace and Love", nato negli anni Sessanta del Novecento (e che si identifica con un pen-

---

e delle società, espropriando il loro diritto di costruire e vivere forme di pace vere e sostanziali» C. Belli, *Nemesi tecnologica, pace distopica: l'espropriazione della pace*, cit., p. 94.

[38] R. Bettiga, D. Forti, *Pace-guerra-conflitto, tra paranoie buone e cattive*, in *Educazione sentimentale*, n. 38, 2022, pp. 34-48.

[39] C. Belli, *Nemesi tecnologica, pace distopica: l'espropriazione della pace*, cit., p. 95.

[40] M. Pianta, *Il pacifismo e i movimenti globali*, in *Parolechiave*, n. 2, 2008, pp. 193-205, in particolare pp. 199 ss.

[41] Quelli qui ricordati sono solo una selezione di segni comunemente associati alla pace, poiché non dobbiamo scordare che esistono molte rappresentazioni simboliche utilizzate in diverse culture e contesti per esprimere il significato di *pace*.

daglio, in genere, tondo, al cui centro c'è una sorta di Y rovesciata ☮).

I suoni convenzionalmente associati alla pace, invece, possono variare sulla base delle preferenze delle persone e, anche in questo caso, varieranno a seconda delle culture. Tuttavia, ci sono alcuni suoni che vengono comunemente associati alla pace, come ad esempio alcuni "suoni naturali", come il canto degli uccelli, il fruscio delle foglie, il rumore delle onde del mare o il suono di una cascata. Questi suoni possono essere considerati rilassanti e tranquillizzanti, evocando un senso di serenità e armonia. Sono suoni che denotano (o che sono capaci di suscitare) "pace interna". A questi possiamo affiancare anche melodie proprie di canti o preghiere di diverse tradizioni spirituali o religiose, che promuovono la pace individuale, interiore, ma anche quella sovraindividuale, tra differenti soggetti, in gruppi sociali. Un esempio di combinazione di segni e suoni aventi il significato di pace può essere l'*Inno alla gioia*, il cui testo si deve al poeta tedesco Friedrich Schiller e che è poi stato musicato da Ludwig Van Beethoven. È un esempio di linguaggio misto, combinazione di quello verbale e quello musicale, adottato come inno ufficiale dell'Unione Europea. La melodia potente e lirica, combinata con il testo che celebra la fratellanza umana, evoca emozioni positive, come armonia e speranza.

Anche il silenzio può essere considerato una manifestazione di pace. Se con *silenzio* intendiamo l'assenza di fonemi o suoni in genere, accompagnato talora da riflessione, lo si può richiamare, in relazione alla pace, per denotare momenti di calma interiore e meditazione, ma anche ciò che si produce quando le armi smettono di combattere.

Queste osservazioni mostrano che "pace" ha molti referenti, è parola a cui sono associati molteplici segni e suoni, e altrettanti significati, descrittivi e normativi.

Il termine consente di individuare elementi personali, che ciascuno di noi può associare al proprio vissuto di "pace", non meno che elementi propri del discorso sovraindividuale, e pubblico in particolare, che portano a considerare "la pace" una parola *prescrittiva* centrale nella riflessione sul rapporto tra regole, situazioni individuali e realtà politiche e storico-sociali.

È infatti un concetto al quale può essere riconosciuta una «forza emotiva favorevole ed intensa» [42], proprio perché, impiegandola in discorsi normativi, essa ha una particolare caratteristica: usare la parola "pace" fa sì che si chiamino altri accanto a sé, che ci si faccia animo con loro, come diceva Uberto

---

[42] U. Scarpelli, *Diritti positivi, diritti naturali: un'analisi semiotica*, in S. Caprioli, F. Treggiari (a cura di), *Diritti umani e civiltà giuridica, Centro studi giuridici e politici*, Pliniana, Perugia, 1992, p. 41.

Scarpelli[43]. *Pace* denota l'intento di non voler rimanere soli «in una lotta da sostenere»[44]. Scarpelli, quando richiamava l'idea di una lotta da sostenere, si riferiva all'impegno comune per affermare nuovi diritti in senso soggettivo e, senza dubbio, non intendeva "la lotta" come un momento di scontro fisico violento. Utilizzare la parola "pace" per inserirla in un discorso di battaglie comuni da portare avanti significa pertanto, in questo caso, impiegarla a favore di iniziative tenaci e durature, di tipo culturale, politico e giuridico, caratterizzate da confronti franchi, duri o, in alcuni momenti, anche da scontri (il più delle volte) di tipo dialettico e istituzionale: si lotta per la pace nel senso che si convogliano competenze, volontà ed energie valorizzando quanto più possibile la forza di ragioni giustificanti, poste a fondamento delle scelte compiute o che si vorrebbero veder attuate, e non per legittimare il solo uso della forza.

Così come altri termini normativi, essa funge da nozione-guida per orientare le scelte etiche e politiche di singoli ed istituzioni, e più in generale le azioni da fare, affinché siano funzionali alla realizzazione di certi valori, in conformità ai bisogni e agli interessi di certe categorie di soggetti, vale a dire, nella maggior parti dei casi in cui "pace" è usata nel discorso normativo pubblico, di coloro che non hanno più, o non ancora, nel contesto politico-giuridico in cui vivono, una condizione in cui siano praticabili, operando una semplificazione, i valori della libertà, della tutela della vita, dell'affermazione dei diritti fondamentali degli individui, dell'ordinato svolgimento di ogni attività.

2.1. Alcune considerazioni al termine di questo percorso

In chiusura di questo lavoro, possiamo dunque ricordare il rapporto virtuoso esistente tra linguaggio e "pace". Tale relazione, in primo luogo, ha evidenziato la necessità di chiarire le regole d'uso delle parole e/o delle espressioni impiegate nei discorsi. Ha significato, altresì, imparare a pensare, a conoscere (e a riconoscere) in modo consapevole ciò che, comunemente, è considerato segno o suono di pace; ha portato a comprendere, inoltre, anche ciò che è espressione dei contrari della pace.

In secondo luogo, ragionare sul linguaggio della pace e sulla pace come linguaggio significa impegnarsi nella costruzione di discorsi, di ragionamenti, capaci di promuovere scelte e valori che limitino i conflitti nelle differenti dimensioni in cui si opera. In questa ridefinizione, pace denota l'assenza di con-

[43] Scarpelli attribuiva la particolare forza evocativa positiva all'espressione "diritti" nel significato di diritti soggettivi. U. Scarpelli, *Diritti positivi, diritti naturali: un'analisi semiotica*, cit., p. 41.

[44] *Ibidem*.

trasti, interni ed esterni. Assume altresì il significato di condizione ideale o reale, individuale e collettiva, di risorsa spirituale e materiale. Tale ricchezza ridefinitoria è resa possibile alla luce di un impegno per un certo linguaggio: un linguaggio non propagandistico, povero di retorica, sobrio, privo di eccessi evocativi e persuasivi, volto a chiarire scopi e contenuti della comunicazione che si sta veicolando.

Si è consapevoli che, nonostante le precisazioni compiute e le considerazioni svolte a proposito del ruolo fondamentale del linguaggio per la promozione della pace, ci si dovrà probabilmente confrontare a lungo con realtà segnate da guerre e ostilità, e forse se ne produrranno di nuove.

Si ritiene, tuttavia, che gli argomenti trattati siano un primo, importante stimolo affinché ciascuno sia sollecitato a imparare a gestire eventuali conflitti, e auspicabilmente a prevenirli. Non è data una formula magica per limitare o immediatamente comporre, le aggressioni, gli scontri, i motivi di contrapposizione violenta. Siamo cioè consapevoli che non si possiede la soluzione definitiva per ogni *guerra* e per ogni *contrario della pace*, presente o futuro, reale o immaginario.

Riguardo ai contributi presenti nel dibattito sul tema[45], possiamo ritenere che ci sia una positiva relazione tra linguaggio individuale e contesto sociale in cui ci si esprime, nel senso che la pace delle collettività passa anche, sebbene non esclusivamente, dal vissuto di pace interiore di ciascuno, che può portare, in un secondo momento, i riflessi della pace come "assenza di conflitti" anche all'esterno. Da qui, allargando via via l'ambito e il numero dei soggetti coinvolti, si possono porre adeguate premesse affinché si giunga alla "pace" esterna vera e propria, quella che segna il superamento di ogni contesto di belligeranza.

Prendendo sul serio le dinamiche di reciproca influenza dei significati soggettivi e collettivi[46], si valorizza la "pace" come la risorsa[47] più importante da

---

[45] A. Prato, *Raccontare i fatti come non sono". L'uso dell'eufemismo nel discorso pubblico contemporaneo*, in *Versus*, n. 1, 2020, pp. 139-150. Si rinvia, tra i molti profili che indagano le aree semantiche di "pace", il ruolo delle donne nel contrasto alla Guerra, in diversi contesti storici. Sul punto, si rinvia ad esempio a C. Mercurelli, *La pace di genere tra emancipazione e liberazione: dagli anni Cinquanta dell'Ottocento alla vigilia del primo conflitto mondiale*, in *Storia e politica*, n. 2, 2016, pp. 357-397. Per un ulteriore esempio del fil rouge che segna la ricerca linguistica, politica e giuridica sul tema della pace, si rinvia, tra i molti, agli scritti raccolti da B. Bagnato (a cura di), G. La Pira, *La costruzione della pace. Scritti di politica internazionale*, Firenze University Press, Firenze, 2022.

[46] D. Novara, *La grammatica dei conflitti: l'arte maieutica di trasformare le contrarietà in risorse*, Edizioni Sonda, Casale Monferrato (AL).

[47] Oltre ai contributi di Amartya Sen, diverse volte richiamati nei capitoli precedenti, su questo profilo segnaliamo anche B. Latour, *Essere di questa terra: guerra e pace al tempo dei conflitti ecologici*, Rosenberg & Sellier, Torino, 2019.

preservare o riprendere, come lo scopo per il quale vale la pena battersi, con tutti gli strumenti a disposizione; un vantaggio che vale la pena scegliere, difendere, e anche riconquistare.

È stato osservato da alcuni studiosi che i meccanismi che danno origine ai contrari della pace possono essere strutturati su tre distinti livelli: il livello individuale, quello dell'organizzazione sociale e quello socioculturale generale[48]. Il primo livello, in genere, tende a sminuire e a squalificare il ruolo dei singoli nella costruzione di positive soluzioni a situazioni di contrasto o di conflitto[49]. Il secondo livello si caratterizza per la risposta violenta/repressiva a fronte di disagi e problemi sociali diffusi, anziché pensare e predisporre soluzioni giuridiche e politiche non violente. Il terzo livello riguarda fenomeni generalizzati di omologazione, di livellamento delle opinioni, di progressiva censura e limitazione del dissenso, a cui si accompagnano compressioni di diritti e libertà, e il contestuale biasimo per chi ha e sostiene, oltre a bisogni materiali, anche la necessità di una vita intellettualmente, emotivamente e spiritualmente appagante[50]. A questo livello (il terzo), nelle sue versioni deteriori, si ispirano le narrative distopiche, nelle quali le istituzioni dichiarano "guerra ad oltranza" a nemici immaginari o reali. Questo scenario è avvertito come particolarmente problematico, per via del fatto che è l'emblema della negazione sistematica delle minoranze e delle differenze[51], che invece dovrebbero valorizzare singoli e comunità. Esso, infine, è la rappresentazione puntuale di scelte e prassi volte ad anestetizzare, fisicamente e moralmente, gli individui, e con essi la loro creatività e le loro potenzialità culturali, personali e sociali.

Tutti e tre questi livelli hanno la caratteristica di essere capaci di generare linguaggi e discorsi che sono stati definiti *polemogenici*[52], che hanno cioè l'attitudine a creare scontri, a generare contrapposizioni, guerra, e che possono pertanto produrre tendenze patologiche al conflitto, compromettendo la pace.

Muovendo da queste considerazioni, possiamo individuare, in modo simmetrico e contrario, tre differenti strade di impegno *prescrittivo* per la pace. La prima, che potremmo chiamare di *impegno personale*, è volta a ridurre la polemogenesi individuale. Essa consiste nell'usare parole e discorsi buoni, cioè lavorare a favore della riduzione, della gestione e della composizione dei con-

---

[48] C. Belli, *Nemesi tecnologica, pace distopica: l'espropriazione della pace*, cit., pp. 101-105.

[49] C. Vercelli, *Pace-guerra-conflitto: le risposte di uno storico*, in *Educazione sentimentale*, n. 38, 2022, pp. 117-121.

[50] C. Belli, *Nemesi tecnologica, pace distopica: l'espropriazione della pace*, cit., pp. 101 ss.

[51] L. Ferrajoli, *Per una costituzione della Terra. L'umanità al bivio*, cit., pp. 55-61.

[52] C. Belli, *Nemesi tecnologica, pace distopica: l'espropriazione della pace*, cit., pp. 101-105.

flitti verbali (a casa, in famiglia, a scuola, sul posto di lavoro, nel partito, nell'associazione in cui fa volontariato, etc.) di cui si è direttamente responsabili, riflettendo sulle parole che si scelgono e che si usano.

La seconda strada potrebbe essere chiamata di *impegno intermedio*, perché consiste nell'affinare le capacità di sgonfiare, *ab origine*, i conflitti individuali e nella propria stretta cerchia di relazioni, così che si producano effetti anche sul piano sociale, nelle sfere sovraindividuali in cui siamo coinvolti. Si opera una creazione di benessere sociale indotto, che porta a interventi positivi e costruttivi in collettività di differenti dimensioni, riducendo la *polemogenesi sociale*.

La terza, come già notava Bobbio [53], può essere chiamata la strada dell'*impegno culturale* per la pace [54] (vedi *retro*, cap. 2, Sezione II). È una strada che possiamo solo tratteggiare per sommi capi perché, nonostante la sua rilevanza e centralità nel discorso pubblico, risulta la più complicata e faticosa. Essa comporta un impegno non solo individuale o limitatamente sovraindividuale, come nelle due ipotesi precedenti, ma richiede che, nel ridurre la *polemogenesi istituzionale*, siano coinvolti coloro che, a livello professionale, intellettuale, politico e giuridico, hanno la responsabilità di difendere, promuovere, garantire e (ri)costruire ogni percorso possibile, in ogni ambito possibile, ogni significato di "pace possibile" [55].

Certo, di fronte alle guerre vere a cui quotidianamente assistiamo, così come ad altri fenomeni che frantumano aree (di significato e concrete) di pace,

---

[53] N. Bobbio, *Il problema della guerra e le vie della pace*, cit., pp. 119-120.

[54] S. Natoli, *Del male e delle guerre*, in *Educazione sentimentale*, n. 38, 2022, pp. 25-33.

[55] In tal modo, si darà cittadinanza e legittimità a valori positivi e importanti, quelli che promuovono i diritti fondamentali dei singoli, e che, sinteticamente, sono tutelati dal metaprincipio di laicità dello Stato. Sul tema, AA.VV., *Filosofi per la pace*, a cura di D. Archibugi, F. Voltaggio, Editori Riuniti, Roma, 1991; A. Loretoni, *Teorie della pace. Teorie della guerra*, Edizioni ETS, Pisa, 2005; AA.VV., *La pace e le guerre. Guerra giusta e filosofie della pace*, a cura di A. Loche, CUEC, Cagliari, 2005. Per quanto riguarda la laicità come principio generatore di buone norme e, in senso lato, di istanze di pacificazione, si rinvia a M. Luciano, *La problematica laicità italiana*, in *Democrazia e diritto*, n. 2, 2008, pp. 105-133; P. Borsellino, *Le ragioni della laicità "procedurale" non fraintesa*, in E. D'Orazio (a cura di), *La laicità vista dai laici*, Università Bocconi Editore, Milano, 2009, pp. 75-82; L. Forni, *La laicità nel pensiero dei giuristi italiani. Tra tradizione e innovazione*, Giuffrè, Milano, 2010; più di recente, si rinvia a D. Ria, *Intervista (im) possibile ad Aldo Visalberghi*, in *Eunomia. Rivista di Studi su Pace e Diritti Umani*, n. 2, 2022, pp. 191-204; S. Prisco, *La guerra, la pace, il compito del giurista. Voci dalla grande letteratura russa dell'Ottocento*, in *ISLL Papers, The Online Collection of the Italian Society for Law and Literature*, n. 16, 2023, pp. 1-24, in particolare pp. 17 ss.; C. Calabrò, *Due generazioni a confronto: Carlo Rosselli e Rodolfo Mondolfo*, in *Storia e Politica*, n. 1, 2023, pp. 91-114.

queste riflessioni rappresentano solo un primo tassello di un articolato percorso che, però, vale la pena compiere [56].

Siamo consapevoli che, spesso, si diffondono sentimenti di paura, di diffidenza verso l'altro, il diverso, il *nemico*, colui o coloro che sono le "altre parti" di un conflitto o di una controversia e che, allo stesso tempo, si è portati a credere di non avere alcuna funzione rilevante nei processi di costruzione della pace [57]. Vogliamo tuttavia, e in proposito, ricordare che si vuole contrastare la convinzione distorta e propagandistica, manipolativa, che solo certi enti o istituzioni abbiano il potere e, di conseguenza, siano in grado di realizzare forme di convivenza sociale pacifiche; in breve, che siano solo le istituzioni i soggetti capaci di generare pace.

L'impegno di ciascuno, oltre a quello sociale e istituzionale, è una delle leve importanti per contrastare i molti problemi ed ostacoli all'individuazione e all'introduzione, ove necessario, di buone regole di convivenza pacifica per il «pericolante consorzio umano» [58].

In conclusione di questo percorso, facciamo nostri gli auspici già formulati da autorevoli studiosi: per costruire un presente ed un futuro non segnati da continui conflitti, bisogna essere animati non da un generico ottimismo [59], ma essere mossi da consapevolezza, speranze e idee fondate sulla ragione, cioè fondate sulla convinzione che la soluzione dei molti problemi di cui stiamo discutendo sia possibile dall'uso razionale delle migliori «[....] energie e delle passioni di tutti gli esseri umani, uniti intorno a battaglie comuni, contro minacce comuni, per la salvezza [60]» e per la *pace comune*.

---

[56] Come notava Bobbio, «Nessuna condanna, da qualunque pulpito pronunciata, ha mai fermato la guerra. E quel che è più grave, non ha mai impedito la sua giustificazione, non solo in sede di giudizio storico ma anche in sede di giudizio morale». N. Bobbio, *Il problema della guerra e le vie della pace*, cit., p. 150.

[57] Si veda, in proposito, il Documento delle Nazioni Unite, *Information Integrity to Sustain Peace during Electoral Processes*, 2023, pubblicato e consultabile al seguente indirizzo: https://www.sustainingpeace-select.org/wp-content/uploads/sites/48/2023/03/SELECT-Information-Integrity-report_compressed130323.pdf.

[58] U. Scarpelli, *Gli orizzonti della giustificazione*, in L. Gianformaggio, E. Lecaldano (a cura di), *Etica e diritto*, Laterza, Roma-Bari, 1986, p. 3.

[59] «Non sono ottimista, ma non per questo credo ci si debba arrendere». N. Bobbio, *Il problema della guerra e le vie della pace*, cit., p. 97.

[60] L. Ferrajoli, *Una costituzione per la Terra. L'umanità al bivio*, cit., p. 138.

Postilla

Chiedo spesso alle mie studentesse e ai miei studenti, quando discutiamo questi temi, di condividere alcune frasi sulla pace che, per loro, sono particolarmente significative. Li esorto, inoltre, a prendere contezza dell'importanza di scegliere, e usare, un linguaggio non ampolloso e vuoto, al contrario, di preferire un linguaggio capace di veicolare e promuovere contenuti il più possibile chiari, o che sono oggetto di ridefinizioni e chiarimenti, dove le opacità e le manipolazioni emotive siano ridotte al minimo.

In coda a questo lavoro condivido, spiegandone le ragioni, quale brano di pace è significativo per me.

Dalla prima lettera ai Corinzi, 13 di Paolo di Tarso.

«1 Se parlassi le lingue degli uomini e degli angeli, ma non avessi la carità,
sarei come bronzo che rimbomba o come cimbalo che strepita. 2 E se avessi il
dono della profezia, se conoscessi tutti i misteri e avessi tutta la conoscenza, se
possedessi tanta fede da trasportare le montagne, ma non avessi la carità, non
sarei nulla. 3 E se anche dessi in cibo tutti i miei beni e consegnassi il mio
corpo per averne vanto, ma non avessi la carità, a nulla mi servirebbe. 4 La ca-
rità è magnanima, benevola è la carità; non è invidiosa, non si vanta, non si
gonfia d'orgoglio, 5 non manca di rispetto, non cerca il proprio interesse, non
si adira, non tiene conto del male ricevuto, 6 non gode dell'ingiustizia ma si
rallegra della verità. 7 Tutto scusa, tutto crede, tutto spera, tutto sopporta. 8 La
carità non avrà mai fine.

Le profezie scompariranno, il dono delle lingue cesserà e la conoscenza svani-
rà. 9 Infatti, in modo imperfetto noi conosciamo e in modo imperfetto profetizzia-
mo. 10 Ma quando verrà ciò che è perfetto, quello che è imperfetto scomparirà. 11
Quand'ero bambino, parlavo da bambino, pensavo da bambino, ragionavo da bam-
bino. Divenuto uomo, ho eliminato ciò che è da bambino. 12 Adesso noi vediamo
in modo confuso, come in uno specchio; allora invece vedremo faccia a faccia.
Adesso conosco in modo imperfetto, ma allora conoscerò perfettamente, come

anch'io sono conosciuto. 13 Ora, dunque, rimangono queste tre cose: la fede, la speranza e la carità. Ma la più grande di tutte è la carità!» [1].

Il passo qui sopra riportato, molto conosciuto, e non solo nei contesti ecclesiali di riferimento, non rileva né per il suo significato religioso, né per una sua valenza metafisica in generale.

È un testo che dà conto del profondo senso di positività, tutto interno all'esperienza umana, di cui gli individui sono capaci.

È un passo scritto bene, musicale, ricco di parole positive, luminose, motivanti.

Carità è il termine con cui si rinvia ad una serie di qualità, pregi, attitudini morali positive, che prescindono dall'appartenere ad un preciso paradigma religioso o ad una specifica tradizione o cultura confessionale.

Carità, pertanto, in modo sintetico ed unitario, è la parola che un essere umano, tanti secoli fa, ha individuato per esprimere la fiducia in se stessi e verso il futuro, la propensione a lasciar andare le esperienze negative, l'attitudine a essere perseveranti e resilienti. È un termine potente, in grado di far capire quanta energia positiva, nonostante tutto, sia presente in ciascuno di noi.

Il brano esaminato, infine, è una iniezione di ottimismo e un impegno a considerare importanti per sé, per il proprio vissuto interiore e per le proprie scelte concrete, i valori che promuovano il nostro benessere, individuale e collettivo. È un'espressione di solidarietà tra simili e un inno alla dignità di ciascuno. È un proposito volto a essere persone migliori, che focalizzano le loro energie sulle questioni produttive e virtuose dell'esistenza, tanto a livello individuale, quanto a livello collettivo.

È, in breve, testimonianza di un linguaggio di pace.

---

[1] Paolo di Tarso, *Prima Lettera ai Corinzi*, 13, 1-13, in *Bibbia*, CEI, 2008, consultabile al seguente indirizzo https://www.bibbiaedu.it/CEI2008/nt/1Cor/1/.

Finito di stampare nel mese di agosto 2023
nella Rotolito S.P.A. – Via Sondrio, 3
20096 Pioltello (MI)

Il testo *I contrari della pace. Narrazioni e li*[illegible] *dell'immaginario* propone una serie di rifl[illegible] con strumenti di matrice linguistico-a[illegible] complessità degli accadimenti che ha[illegible] vissuti, anche recenti (come la pandemi[illegible] ra tra Federazione russa ed Ucraina) o in[illegible] rari, per comprendere la densità semantic[illegible] sottese alla nozione di "pace" e dei suoi contrari. I temi affrontati hanno messo in evidenza l'uso retorico e manipolativo del linguaggio di propaganda, impiegato in differenti ambiti segnati da conflitti, da *guerre*, dalla presenza di un *nemico*.

Ragionare su ciò che è stato "un contrario della pace" ha portato attenzione a molte narrazioni, linguaggi e vissuti che, come l'esperienza del terrorismo brigatista italiano, generalmente non sono associati ad un *clima di guerra*. Riflettere su cosa c'è in comune tra la realtà, presente o passata, e la finzione letteraria distopica può infine aiutare a comprendere, in modo razionale e argomentato, quale spazio e quali significati assume la pace nel nostro presente e può essere un primo passo per imparare ad usare più consapevolmente il linguaggio, per un migliore e più inclusivo futuro.

LORENA FORNI

(PhD) è Ricercatrice a tempo indeterminato in Filosofia del diritto ed è docente di Teoria generale e metodi del diritto nel Dipartimento di Giurisprudenza dell'Università degli Studi di Milano-Bicocca. Collabora con enti universitari e di ricerca, pubblici e privati, e con comitati editoriali di riviste scientifiche, nazionali e internazionali. Da più di dieci anni svolge attività di formazione e consulenza bioetica per gli operatori sanitari, in qualità di giurista bioeticista. È componente della International Chair in Bioethics dell'Unesco e collabora a diversi progetti di ricerca, con organismi italiani ed internazionali. È particolarmente interessata alla didattica del diritto e agli approfondimenti di Diritto e Letteratura. È componente e docente dell'iniziativa Bbetween Sustainability dell'Università di Milano-Bicocca, in adesione all'Agenda ONU 2030 per lo sviluppo sostenibile. Ha pubblicato numerosi saggi su questioni di interesse bioetico e teorico-giuridico, e ha scritto alcune monografie scientifiche, tra cui ricordiamo *La laicità nel pensiero dei giuristi italiani, tra tradizione e innovazione*, Giuffrè, 2010, *La sfida della giustizia in sanità. Salute, equità, risorse*, Giappichelli, 2016 e *Il diritto e i suoi strumenti. Un percorso di teoria generale*, Giappichelli, 2021.

€ 20,00

ISBN/EAN
9 791221 129380